Biblioteca de Derecho Penal y Procesal Penal

Carlos Pérez del Valle
(Director)

Justo Edward Nieves Chero
Daniel Armando Pisfil Flores
Carlos Antonio Agurto Gonzáles
Sonia Lidia Quequejana Mamani
(Coordinadores Generales)

ERNST VON BELING
Profesor de la Universidad de Tubinga

ESQUEMA DE DERECHO PENAL

Edición al cuidado de
Carlos Antonio Agurto Gonzáles
Sonia Lidia Quequejana Mamani
Benigno Choque Cuenca

Ediciones Olejnik

Título: ESQUEMA DE DERECHO PENAL

TRADUCCIÓN DE SEBASTIÁN SOLER.

Ediciones Olejnik
Huérfanos 611, Santiago-Chile
E-mail: contacto@edicionesolejnik.com
Web site: http://www.edicionesolejnik.com

ISBN: 978-956-392-154-0

Diseño de carátula: Ena Zuñiga

Diagramación: Hayden Méndez, yiset_mendez@hotmail.com

Impreso en Argentina 2018 Printed in Argentina

ÍNDICE

Capítulo Tercero
LA PUNIBILIDAD

Capitulo Cuarto
DE LOS DELITOS EN PARTICULAR (PARTE ESPECIAL)

DIRECTIVA PARA EL ESTUDIO DE CASOS DE DERECHO PENAL

PREFACIO DEL TRADUCTOR

La presentación de un libro como las Grundzüge *de* BELING *al público de habla castellana, requiere ciertas explicaciones, porque las características de la producción jurídica alemana de preguerra en Derecho penal están muy alejadas de las usuales en la literatura penal de nuestro idioma, y aun en la del idioma italiano. Hasta aquellas obras en las cuales los temas adquieren considerable desarrollo, producen en el lector latino cierta impresión de esquematismo formulario y de tecnicismo rígido. Esto señala un contraste muy violento con ese estilo pomposo y un poco oratorio, al que van a parar con frecuencia nuestras producciones jurídicas, en las cuales hasta se llega a la trascripción* in extenso *de las sentencias de los tribunales, a fuerza de querer explicar detalladamente todas las cosas. La anécdota anda siempre un poco cerca de nosotros.*

Habituados a tales formas expositivas, hemos visto a los alumnos de Derecho penal sorprenderse incluso ante libros como el Tratado de V. LISZT, *a pesar del intento de* SALDAÑA *de amenizar la ceñida traducción de* JIMÉNEZ DE ASÚA *con pintorescas notas, muy encuadradas en el estilo que censuramos. La sorpresa ante un libro como el presente debe, por cierto, ser mayor, porque dentro de los varios tipos de libros, corrientes en la literatura especializada, los* Grundzüge *son precisamente los que sólo contienen el esquema de la materia. En la rica bibliografía alemana, en efecto, se diferencian perfectamente varios tipos de libros, cada uno de los cuales desempeña una función característica: el tratado* (Lehrbuch), *que siempre es una exposición sistemática de la materia, en un volumen, que muchas veces comprende sólo la parte general. Aun cuando el objeto de este tipo de libros consiste en dar la sistematización personal de la materia, la forma en que todos esos tratados alemanes hacen juego entre sí es tal vez uno de los ejemplos más estimulantes de la ciencia jurídica moderna. Sólo un grave reproche puede formulárseles: su provincianismo científico; su total desconocimiento de la producción extranjera, pues parecen desconocer hasta la existencia de figuras tan egregias como la de* CARRARA. *Viene luego el Comentario* (Kommentar), *en el cual se toma como base el código, y se analiza cada uno de los artículos, después de transcribirlos. Los libros de mayor extensión suelen paradójicamente llamarse Manuales* (Handbücher), *y a éstos hacen oposición precisamente los libros del tipo del que hemos traducido, en los cuales se sintetiza la esencia de la materia, con un sentido didáctico y personal, como para dar su esquema y las direcciones fundamentales de las ideas que la rigen.*

No debe extrañar, pues, que en la presente obra se encuentre cierta rigidez no sólo en la estructura, sino en la prosa misma con que está escrita. Sólo con cierta licencia deformativa del texto podríamos haber suavizado esa dureza. Hemos preferido la textualidad, tendiendo a dar al lector la idea más aproximada posible de lo que es el libro en el original. Por otra parte, ha pasado un poco ya, afortunadamente, la época de las licencias en la traducción de textos jurídicos. El libro no tiene por qué ser más fácil en castellano de lo que es en alemán. Hacemos esta aclaración, no ya para que se nos disculpen los errores en que hayamos podido incurrir, no obstante nuestro cuidado, sino para que no se nos atribuya como defecto lo que es una característica del texto traducido. Estos son libros que no se pueden leer como quien lee una novela: las palabras tienen en ellos un valor técnico, siempre cuidado, y las doctrinas que en ellos se exponen versan sobre detalles de finura teórica, de los cuales nos ha tenido un poco alejados el vasto doctrinarismo médico-literario de los positivistas.

Una aclaración más. Ante el resurgimiento, evidente hoy, en los jóvenes juristas de América, del interés por el aspecto estrictamente jurídico del Derecho penal, que ha de contribuir incluso al saneamiento de los estudios criminológicos de carácter científico (confusamente mezclados hasta hace poco); ante el creciente interés por el estudio de teorías jurídicas finamente elaboradas, ya pusimos en guardia a los jóvenes contra la precipitada aceptación de construcciones dogmáticas, hechas sobre otras leyes y con otras necesidades teóricas. La teoría del delincuente nato puede ser universal; peor las construcciones técnicas sobre el Tatbestand *no tienen la misma pretensión. Su validez está generalmente condicionada a un sistema; sólo un examen siempre atento a las particularidades del derecho propio puede válidamente conducirnos a la aceptación o al rechazo.*

La utilidad fundamental de estas doctrinas consiste en que nos alecciona, un poco históricamente, acerca de las distintas posibilidades de los conceptos jurídicos, al mostrarnos las dificultades con que otros han tropezado, y las vías por las cuales han salvado los principios. Ese espíritu siempre abierto a las manifestaciones de la cultura universal, tan característico del latinoamericano, polo opuesto de aquel provincianismo técnico que denunciábamos, es una de las mejores virtudes de los estudiosos de este continente, y llegará a constituir un verdadero acontecimiento cultural, si superando los estados de pura adopción y acopio, alcanza a realizar síntesis de todos los aportes que inteligentemente sabe recibir. No parece ser destino de América el de crear, en el mundo de la cultura, una provincia más.

Rosario, octubre de 1943.

SEBASTIÁN SOLER

PRÓLOGO DEL AUTOR

Las ediciones anteriores estaban destinadas a dar una exposición compendiada del Derecho Penal, tal como el oyente la necesita para su iniciación, exposición que, en trazos nítidos, proporcione, en lo posible, la más estricta formulación de un esquema, e introduzca en la contienda de las opiniones científicas. Esta nueva edición aspira al mismo fin.

No obstante, el texto y el modo de construirlo se han variado radicalmente. Desde un comienzo, la materia de los "Grundzüge" la constituía un compendio claro de los resultados de la actividad docente. Después, las mismas doctrinas penales a través de las cuales se llegaba a ese resultado merecieron gradualmente, de edición en edición, un desarrollo mayor. Esta vez he hecho del trabajo intelectual jurídico penal y metódico los cimientos de la exposición, y, transformando los "Grundzüge" des Strafrechts (Esquema del Derecho Penal) en "Grundzüge der Strafrechts Lehre" (Esquema de la doctrina jurídico-penal), he cambiado fundamentalmente la total construcción del libro. Me ha determinado a ello la comprobación de la viva necesidad que los estudiantes tienen no sólo de que se les introduzca en el curso teórico de las lecciones del Derecho Penal, sino en poseer la "silueta" esencial de la materia. Así podrá manejarse continuamente como guía técnico-jurídica en los ejercicios de Derecho Penal.

A pesar de esa reconstrucción del contenido, he mantenido en la obrita su carácter compendioso. Con mayor desenvolvimiento se exponen las bases metódicas del Derecho Penal en mi "Doctrina del delito" (Lehre von Verbrechen) conjuntamente con mi reciente ensayo "Doctrina del delito-tipo" (Lehre von Tatbestand).

He separado esta vez los datos sobre las monografías de las doctrinas especiales. Requerían un espacio de no poca consideración y en este lugar molestarían, toda vez que se contienen en los tratados y comentarios, y quienes quieran dedicarse a profundizar las doctrinas particulares deben también servirse de esas obras mayores.

Ernst von Beling

AUXILIARES PARA EL ESTUDIO DEL DERECHO PENAL

LITERATURA

Tratados: v. LISZT-SCHMIDT, [25] 1927 ALLFELD, [8] 1922; GERLADN, 1922; KÖLLER, *Allgemeiner Teil,* 1917; M. E. MAYER, *Allgemeiner Teil,* 1915; WACHENFELD, 1914; FINGER, 1, 1904; BINDING, *Besonderer Teil,* [8] *1,* [2] 1913; VAN CALKER, [3] 1927; DÖRR, 1920; P. MERDEL, 1927; RICHARD SCHMIDT, 1925.

LIEPMANN, *Einleitung in das Strafrecht,* 1900; GERLAND, *Grunfragen des Strafrechts,* [2] 1922. Compendios de BINDING, *Allgemeiner Teil,* 1913; VAN CALKER, [3] 1927; DÖRR, 1920; P. MERKEL, 1927; RICHARD SCHMIDT, 1925.

Comentarios del C. P.: FRANK, [18] 1929; EBERMAYER-LOBE-ROSENBERG (*"Leipziger Kommentar"),*[4] 1929; OLSHAUSEN, [11] 1927. A las leyes penales complementarias: STENGELEIN (EBERMAYER, CONRAD, FEISENBERGER, SCHNEIDEWIN), [5] 1926 y sigs. Al C. P. M.: ROMMEN-RISSON, [3] 1918; FUHSE, [2] 1926; RITTAU, 1926.

BELING, *Die Lehre vom Verbrechen,* 1905; BELING, *Methodik der Gesetzgebung,* 1922; BINDING, *Handbuch des Strafrechts, 1,* 1885; BINDING, *Die Normen und ihre Uebertretung,* 1, [2] 1890, 2 (1), [2], 1914; 2 (2), [2]1916; 3 1918; 4 (1) 1919, 4 (2) 1920; ADOLF MERKEL, *Die Lehre vom Verbrechen und Strafe,* publicado por LIEPMANN, 1912; v. BAR, *Gesetz und Schuld des Strafrechts,* 1921; v. HIPPEL, *Deutsches Strafrecht,* 1, 1925.

M. A. MAYER, *Deutsches Militärsfrecht,* 1907; DIETZ, D. *P. . Mil.,* 1916.

Vergleichende Darstellung des deutschen und ausländischen Strafrechts, Allgemeiner Teil, 6 Vol.; *Besonderer Teil,* 9 Vol. (e índice) 1909.

Casos de derecho penal: FRANK, v. LISZT-ROSENFELD, v. ROHLAND, STOOSS; GRAF DOHNA, GOLDSCHMIDT.

Periódicos: "Gerichtssaal"; "Archiv für Strafrecht"; "Zeitschrif für die gesamte Strafrechtswissenschaft".

JURISPRUDENCIA

Jurisprudencia penal del Reichsgericht 1879-1888; Sentencias penales del RG desde 1880; Sentencias del Tribunal Militar del Reich 1902-1919. WARNEYER, *"Jahrbuch der Entscheidungen auf dem Gebite des Strafrechts",* etc. desde 1907; SÖRGEL-KRAUSE, *"Jahrbuch des Strafrechts",* etc. desde 1907.

Austria: Tratados de FINGER, [3] 1, 1912, 2, 1914; STOOS, [2] 1913.

Compendio de LAMMASCH, [5] de RITLER, 1926.

Suiza: HAFTER, *Lehrbuch, Allgemeiner Teil,* 1926.

INTRODUCCIÓN

I. El derecho penal (*jus criminale, jus pœnale,* derecho punitivo) es el conjunto de preceptos jurídicos por medio de los cuales se determina cuándo, cómo y bajo qué condiciones previas debe alguien sufrir una pena.

De este modo concebido el derecho penal (regulación de la "punibilidad", como contenido de una "pretensión (acción) punitiva" que tiene un titular contra el obligado a someterse a la pena, diferenciase de todas las otras partes del derecho. Encuéntrase sin embargo conceptualmente vinculado con éstas, en cuanto a ellas se refiere al regular los presupuestos de la punibilidad y de este modo representa sólo una parte secundaria del derecho, que no tendría sentido sin el orden jurídico restante.

II. Leyes vigentes del Reich (3ª edición completa: ALLFELD, Legislación del Reich alemán, 1926):

Código penal ("C. P.") del 15 de mayo de 1871 (con posteriores variaciones del texto) adjunta la Ley de introducción ("L. de I. al C. P", "I. C. P") del 31 de mayo de 1871 (Edición de los textos por BINDING-NAGLER, DÖRR, HONIG, KOHLRAUSCH, OLSHAUSSEN, v. STAUDINGER-SCHMITT, etc.).

Código Penal Militar ("C. P. M.") del 20 de junio de 1872, 16 de junio de 1926 (edición del texto por HERZ-ERNEST, OLSHAUSEN, etc.). Además, una gran cantidad de las llamadas leyes penales especiales (ediciones de SCHMITT, etc.), p. ej.: Ley de prensa, 1874; reglamentación de los concursos, 1898; reglamentación impositiva del Reich, 1919; Ley de Tribunales para menores, 1923; Ley de protección de la República, del 25 de marzo de 1930.

III. Lo *legislado* reclama como válida únicamente para sí la pretensión consistente en que, fuera de las regulaciones dispuestas por él (incluyendo las "ordenanzas" fundadas en ley), no hay punibilidad posible o punibilidad mayor, C. P. 2, Constitución, 116. *Nulla pœna sine lege pœnali.* Ninguna pena puede fundarse o agravarse de acuerdo al derecho penal consuetudinario o a la interpretación analógica.

Por el contrario, el derecho consuetudinario y la interpretación analógica conservan su valor cuando se trata de aminorar o excluir la punibilidad, y lo conservan también plenamente con respecto a las disposiciones de las restantes ordenaciones jurídicas presupuestas por el derecho penal y a las cuales éste hace simples referencias (así sucede con respecto a la cuestión del alcance de la antijuridicidad de la conducta, ver más abajo § 9).

IV. Entre las disposiciones legales destácanse como regentes aquellas que vinculan un determinado acontecimiento (como presupuesto) con una "pena legal" (como consecuencia jurídica), las llamadas *leyes penales propiamente dichas,* p. ej. § 211, C. P. Su texto no ofrece, sin embargo, ningún precepto jurídico prácticamente completo, sino que, con respecto a las condiciones de la punibilidad y en parte también con respecto a la responsabilidad misma, presenta, por el contrario, lagunas, que se salvan por medio de otros preceptos, como p. ej., el 32 y el 59.

Capítulo Primero

DE LA PENA Y SUS ESPECIES

El sentido de la pena del punto de vista político-jurídico

I. La pena, como institución jurídica, es un sufrimiento, que el ordenamiento jurídico hace seguir a un determinado hecho ilícito para el autor de éste. *(Punitur postquam peccatum est).* Las llamadas *teorías jurídico-penales* investigan en qué sentido se justifica tal imposición de un sufrimiento por el Estado, desde el punto de vista de una doctrina valorativa del derecho *(de lege ferenda).*

1. La llamada dirección clásica ve la esencia de la pena en la retribución de la ilicitud culpable. *Punitur quia peccatum est. Teoría de la retribución.*

2. Dentro de las llamadas modernas escuelas ("sociológicas") la dirección extrema desecha absolutamente la idea de retribución y concibe la pena exclusivamente como medio para que los castigados abandonen el camino de futuras lesiones jurídicas (sea ello en el sentido de la intimidación, del mejoramiento o de la innocuización). *Punitur ne peccetur. Teoría asegurativa o preventiva.*

3. Las *Teorías unificantes* (sincréticas) aspiran a una pena que en sí unifique las ideas de retribución y seguridad.

4. Finalmente, a veces se afirma que la lucha de escuelas carece de Importancia práctica, en cuanto todas coinciden en que la pena está destinada a la *defensa social.*

II. Esta última concepción descansa en un error, puesto que las medidas aplicables, en cuanto a su imposición y a su forma, están regidas de modo decisivo o por la retribución o por la prevención, según el caso. No hay retribución posible contra aquel que aún no ha delinquido, aunque sea fácilmente reconocible que algo malo se propone; por el contrario, la idea asegurativa reclama una intervención también contra tales individuos (así cuando llega a descubrirse un plan delictivo por una involuntaria autotraición, por conocedores, o por pasos preparatorios que el individuo ha realizado para el hecho a cometerse). Por el contrario, para la retribución, basta el hecho cometido, aun cuando sea seguro que no amenazan nuevos hechos de parte del autor, a pesar de que en tales casos faltan los presupuestos para una intervención preventiva. Por otra parte, la retribución supone que el autor con el hecho se ha cargado con culpabilidad; en cambio, la seguridad funciona también contra el peligroso que precisamente por su incapacidad de culpa es peligroso (contra el alienado). En consecuencia, si en la retribución la gravedad de la medida aplicable está regida por la idea (de proporcionalidad) de que el autor reciba lo que por su hecho merece, a la seguridad por el contrario, sólo le interesa disponer lo necesario para salvar el peligro, no importando que ello sea grave o leve para el individuo. Con esto, también cambia absolutamente el espíritu de la ejecución de la medida. Muéstrese así la "defensa social" como demasiado indeterminada y demasiado teórica para que pueda ser una directriz suficiente para las necesidades de la práctica legislativa y jurispericial. Considerada fundamentalmente, ella expresa sólo una meta que debe presidir todo el ordenamiento jurídico, y tornase simple palabrería si no se define más adecuadamente el sentido *específico* de la pena (*¿qué* es lo que debe defender y *cómo?).*

Se estrella también contra la diversidad de los resultados prácticos toda teoría unionista que quiera partir de una media unitaria, llamada "pena", la cual debería tener la doble función de retribución y seguridad. ¿Con cuánto deberá "castigarse" al autor cuando su falta sea mínima, pero en cambio, su peligrosidad requiera medidas más severas? "La pena" en tal caso debería o bien elevarse, contraviniendo injustamente la idea de la retribución, o negar el principio de seguridad. Es cierto que la retribución y la seguridad pueden unirse entre sí, pero no de modo que de su mezcla resulte "la pena".

Las puras teorías asegurativas (defensa social sin admisión de la idea retributiva) acentúan de modo meritorio que la organización de las profilaxis del delito es una tarea importantísima del Estado. Pero ellas no pisan en modo alguno el terreno del derecho penal. Los avances del poder público en la esfera jurídica de los individuos en gracia a la protección que mediante aquéllos se ejerce, contra las agresiones de los bienes jurídicos, ya se ejecuten por la policía o por otro órgano del Estado, tienen realmente puro carácter policial y asegurativo (de derecho administrativo). Llamarlos "penas" tampoco tiene sentido alguno, aun cuando el individuo haya cometido un delito, pues en la medida asegurativa, se trata solamente de proceder *con motivo* del hecho cometido y no se trata de una pena *para el hecho.*

III. Pena es textualmente retribución (es retribución *in malam partem,* así como "premio" lo es *in bonam partan).* La idea de retribución imprime su sello en los derechos penales existentes. Cuando en la historia jurídica universal la pena sustituyó a la venganza, no surgió en lugar de la retribución algo distinto, sino que sólo en lugar de la retribución instintiva, ilimitada y apasionada nación una retribución perfeccionada ("objetivada").

La justificación de la retribución se encontró primeramente en que el delito reclama puramente por sí mismo una reacción. De la idea del derecho fluye inmediatamente el postulado de la "abolición de lo ilícito", y la pena sería precisamente tal abolición. Nada importan "el fin" y la "utilidad". Teorías llamadas absolutas (teoría de la retribución divina, STAHL; de la retribución lógico-dialéctica, Hegel; de la retribución estética, HERBART; de la retribución moral, KANT, 1788; de una retribución específicamente jurídica, KANT, 1797). Estas concepciones puramente idealistas excedían los fines que el Estado y el ordenamiento jurídico terreno han de servir. El Estado, al actuar como sujeto retribuyente, necesita una legitimación basada en adecuados principios político-realistas.

Esta concepción político-realista (social-unitaria) correspondió, en principio, a las teorías asegurativas, que de este modo, se contrapusieron a las teorías absolutas de la retribución, como "leonas relativas". Pero ellas cometieron el error (prescindiendo de que las medidas de seguridad no son penas, arriba II) de no saber vincular la idea de finalidad con la retribución justa.

Esta vinculación surge de considerar que el Estado, castigando lo que según su entender es ilícito, concuerda con la idea de retribución dominante en el pueblo (Jorge Jellinek, compensación psico-social) y así conserva su autoridad, mientras que la omisión de la pena testimoniaría desorden y menosprecio del poder público, y con ello indirectamente se pondría en peligro el ordenamiento protegido por el Estado. La retribución está siempre y necesariamente entre las facultades del Estado, toda vez que éste no puede carecer de aquélla para alcanzar el fin de su autoafirmación. *Punitur quia peccatum est, ne respublica detrimentum auctoritatis capiat.* No es del caso que la pena tenga o no el efecto de que el individuo castigado no cometa después ningún otro delito; aun no concurriendo esa eficacia, la pena cumple su fin por medio de su efecto sustentador de la autoridad (efecto de "prevención general").

IV. En este sentido se ha afirmado cada vez más la ciencia del presente ("dirección neoclásica").

De ahí surgen las siguientes líneas directrices para la legislación:

1. Es preciso un código penal que comprenda la pena, en el sentido corriente, como retribución de la ilicitud culpable, ello es, que la gravedad de la pena mantenga relación con la gravedad del hecho; pero que, por otro parte, se consideren impunes o se castiguen con pena menor que la merecida ciertos hechos punibles, en cuanto ello sea compatible con el mantenimiento de la autoridad del Estado.

2. Al lado de esto, la reglamentación jurídica de un sistema de medidas de seguridad contra individuos peligrosos, medidas que no se calculen vinculándolas a los presupuestos de la pena, ni proporcionando la gravedad del hecho que eventualmente haya cometido.

3. Cuando concurran las condiciones necesarias para la pena y la medida de seguridad (hecho cometido *y* peligrosidad), deben arbitrarse, en cuanto sea posible, medidas que basten igualmente para la función punitiva y la asegurativa; debe utilizarse la ejecución penal poniéndola a un tiempo al servicio de influencias educativas; deben evitarse aquellas penas que influyen desfavorablemente sobre el individuo, en el sentido del principio asegurador. En cuanto el principio asegurativo exija una medida más enérgica que la que consienta el principio retributivo, anexión de medidas lie seguridad a la pena (p. ej., contra sujetos de voluntad débil, que por causa de su débil voluntad sólo merecen penas mínimas; pero cuya debilidad precisamente hace temer que su peligrosidad exceda el término de la condena penal).

Los proyectos alemanes y austríacos se acercan en general a este programa, mientras que el proyecto Ferri del Código penal para Italia, de 1921, se basa en puras "penas asegurativas".

El concepto de pena según el derecho alemán vigente

En el sentido del actual derecho penal alemán, la pena es la retribución de un mal, regulada por el Estado como medio para el mantenimiento de su autoridad, por una ilicitud cometida por un hombre.

I. La pena debe representar para el que ha de sufrirla un *sentimiento de desagrado.* Las medidas que no tienen ese fin no son, pues, penas; aunque causen, en realidad, un dolor al sujeto en quien recaen. Y así:

1. La reparación del daño; pertenece al derecho civil.

A la reparación del daño pertenece también la *Busse;*

2. Las llamadas medidas objetivas, aunque regularmente sean desagradables para el delincuente o un tercero, pero que logran su fin aun cuando no afectan al culpable o cuando por éste no son sentidas como un mal. Aquí deben expresamente contarse —aunque algunos casos son discutidos—: *a)* la confiscación de los llamados *instrumenta y producta sceleris* y la inutilización de escritos, etc.; *b)* la vigilancia policial; *c)* la detención correccional suplementaria; *d) la* expulsión de extranjeros del territorio del Estado; *e)* la incapacidad de declarar bajo juramento como testigo o perito, C. P., 161; *f)* la incapacidad de desempeñar cargos en ciertas ramas de la administración, C. P., 319; *g)* la publicación de una condena, en cuanto ello no se haga en beneficio de una persona privada; *h)* la detención de terceros por multas no dependientes de su propia inculpación. De *a* a *g* las "medidas de seguridad" son medidas preventivas; *h* es medida financiera. Ver página...

II. La pena es un mal infligido a alguien *a causa de un comportamiento antijurídico precedente.* Conceptualmente, es "antijurídico" todo aquello que es *contra jus.* Sin embargo, el actual derecho penal separa una serie de irregularidades a causa de su importancia mínima (p. ej., incumplimiento del deber de testimoniar en juicio, inconveniencias en las audiencias judiciales), imponiéndoles, como simples violaciones de la disciplina, simples penas disciplinarias.

III. Pena lo es solamente aquel mal que se impone *por* una violación jurídica. Por eso no caen bajo el concepto de pena aquellos males que, si bien se toman *con motivo* de una antijuridicidad, se proponen el fin de orientar en el futuro al autor en el sentido de una conducta conforme al derecho; así las medidas educativas según la Ley de tribunales de menores; por otra parte, la llamada *executio ad faciendum,* medidas coactivas para lograr el aporte de ciertos hechos individuales (p. ej., detención para prestar el juramento de manifestación en el proceso civil).

IV. En el sentido del derecho penal que aquí interesa, es pena sólo aquel mal que es amenazado *por el Estado,* las llamadas penas públicas. Por eso no corresponden aquí aquellas medidas semejantes, aplicadas en colectividades más restringidas, como la familia, la escuela, la iglesia, las corporaciones; ni tampoco las penas "contractuales" o convencionales, ello es, un perjuicio que alguien voluntariamente se impone por contrato para el caso de que no cumpla plenamente una obligación (ver C. C, 339 y sigs.).

V. Aquí sólo nos ocupamos de aquella pena que impone el Estado *como tal,* como titular del poder coactivo general y público, las llamadas penas criminales. Las medidas *internas* que el Estado impone en su carácter especial de amo de un servicio contra infracciones de servicio, o bien en una relación personal especial, es decir, las penas disciplinarias (penas de servicio), no son penas en nuestro sentido; pero, naturalmente, el Estado puede sancionar también las infracciones al servicio con penas criminales, *además* de hacerlo con penas disciplinarias (ver para eso C. P., 331 y sigs.).

LAS ESPECIES DE PENAS

FORMACIÓN HISTÓRICA DEL ACTUAL SISTEMA PENAL

Desde el período llamado iluminista (segunda mitad del siglo XVIII) el antiguo sistema punitivo común ha sido substituido gradualmente por un sistema más humano.

1. La pena de muerte fue duramente atacada por BECCARIA en 1764 *(Dei delitti e delle pene,* varias veces traducido al alemán y últimamente por Esselborn). Desde entonces restringióse considerablemente el campo de su aplicación, y cayeron en desuso las anteriormente usuales agravaciones. Algunas legislaciones particulares (p. ej., Sajonia) suprimieron totalmente la pena de muerte.

2. Desaparecieron las penas de mutilación, como también,

3. las penas de azotes.

4. El destierro subsistió sólo contra extranjeros y sólo como medida policial, no como pena.

5. Las penas prohibitivas de la libertad conquistan gradualmente el primer lugar entre los modernos medios penales.

Antes del año 1776 había graves inconveniencias. A las llamadas casas de corrección o de disciplina les faltaba toda orientación meditada de acuerdo a un plan; constituían el "vivero del crimen". Desde 1776 (JOHN HOWARD, *The State of Prisons in England and Wales)* comienza la reforma de las penas privativas de la libertad: mejor orientación de los institutos, separación de los detenidos según clases, organización del trabajo de los institutos.

En Norteamérica el llamado sistema penitenciario: influencia educativa sobre los condenados. Dos sistemas:

a. El sistema Pennsylvánico (Filadélfico): total y permanente aislamiento de los condenados, encierro celular;

b. El sistema Auburniano del silencio: trabajo común diurno de los condenados, pero bajo estricta prohibición de todo trato (imposición del silencio); aislamiento total nocturno.

En Europa también se aceptó como fundamental la ejecución de las penas privativas de la libertad en aislamiento, aunque *in praxi* no se cumplía plenamente.

Gran Bretaña introdujo la novedad de colocar gradualmente al condenado en situación de mayor libertad, de modo que el paso a la libertad, una vez cumplida la pena, no sea inmediato. Sistema progresivo, llamado también sistema irlandés, después de las modificaciones en él introducidas por Walter Crofton, en Irlanda (instituto intermedio).

6. Algunos estados establecieron la deportación entre las medidas penales.

7. El trabajo coactivo (pena de galeras, galeotes, etc.) es desconocido para el actual derecho como *especie de pena.* (Si bien el trabajo representa un accesorio de la pena privativa de la libertad, C. P., 15, 16, 362, *I,* y existen "casas de trabajo" como instituciones al servicio de la prevención, C. R, 362, *III).*

Excepción: Ley de introducción al C. R, 6, *II,* comparar Ley prusiana sobre hurto campestre, 14.

8. Según la actual concepción jurídica, es imposible la privación de la capacidad de tener derechos; la llamada muerte civil.

A este respecto, sólo es admisible la disminución o privación de los derechos civiles honoríficos.

9. No existe más la confiscación total de los bienes.

LAS ACTUALES ESPECIES DE PENA

I. División: Penas: *a)* contra la vida; *b)* contra la libertad; *c)* contra los bienes; *d)* contra el honor.

II. Pena de muerte (prevista para el asesinato —C. P., 211—, la clase más grave de los atentados dinamiteros —Ley contra uso de explosivos—, la clase más grave del rapto de esclavos —Ley contra el rapto de esclavos—, y diversos delitos militares —C. P.M. —) debe ejecutarse por decapitación, C. P., 13 (en el derecho penal militar, ordinariamente por fusilamiento), y ya no más públicamente, sino *intra muros,* C. de Proc. P., 454.

III. Penas contra la libertad:

1. Clases:

a) Reclusión (Casa de disciplina) (Zuchthaus), infamante, trabajo obligatorio y coactivo, C. P., 15 y 31.

b) Prisión, en sí misma no infamante, trabajo coactivo y facultativo, C. P, 16, *II, III.*

c) Detención en fortaleza, *custodia honesta,* sin coacción al trabajo, C. P, 17, *IV,* 20.

d) Detención, pena leve, generalmente sin trabajo obligatorio, C. P., 18, *II,* véase sin embargo 362, *I.*

2. La casa de disciplina y la detención en fortaleza pueden imponerse por toda la vida o por un cierto tiempo; la prisión y la detención sólo por un cierto tiempo.

3. Mínimo general: para la reclusión en casa de disciplina, 1 año, C. P, 14, *II;* para las restantes penas, un día, C. P, 16-18.

4. Máximo general de las penas temporales (C. P, 14, *II,* 16- 18): para reclusión en casa de disciplina y detención en fortaleza, 15 años; para la prisión, 5 años (ver, sin embargo, C. P, 74, *III,* Ley de tribunales de menores, § 9, *II);* para la detención, 6 semanas (ver, sin embargo, C. P, 77, *II).*

5. Unidad mínima (aplicable para la determinación de las magnitudes existentes entre mínimo y máximo): para la reclusión, 1 mes; para los demás casos, 1 día, C. P, 19, *II.*

6. La detención solitaria es sólo admisible en la reclusión y la prisión; importante, C. P, 22.

7. Sobre la "liberación condicional" (provisional) (el llamado sistema de licenciamiento), ver C. P, 23-26.

8. Penas privativas de la libertad contra menores, Ley de tribunales de menores, § 16.

9. Servicios religiosos y dirección espiritual, Constitución, art. 141.

10. Excepción hecha de esos detalles (6-9), la ejecución de las penas privativas de la libertad no está regulada por ley. Por el contrario, los gobiernos locales han establecido por vía de convenio (7 de junio de 1923) una serie de principios para la ejecución (Boletín Oficial, 1923, Parte *II*, pág. 623). Destacar el establecimiento de la "ejecución gradual".

11. El C. P. Militar fija como penas privativas de la libertad:

a. Reclusión en casa de disciplina (corno en el derecho penal común).

b. "Penas privativas de la libertad" en el sentido técnico jurídico militar, que son: la prisión, la detención en fortaleza y el arresto. Puesto que una pena privativa de la libertad de 1 día a 6 semanas es arresto, una mayor (temporal hasta 15 años o perpetua), es prisión o detención en fortaleza. El arresto, es o arresto en la casa, o arresto leve o grave. C. P. M., 16 y sigs.

IV. Penas contra los bienes:

1. "Multa": su mínimo lo da el § 27 del C. P.; los máximos generales, los § § 27, 27 a (con la reserva de las multas de cuantía ilimitada). La ley no habla de unidad mínima (¿Admisibilidad de fracciones de marco?)

2. Pérdida de cosas; C. P, 335.

V. Penas contra el honor:

1. Pérdida de los derechos civiles honoríficos C. P, 32 (ver también inc. 2) 33, 34 (aquí, sin embargo, C. C., 1780, 1781), 36, 37. Generalmente facultativa; obligatoria en el perjurio, el rufianismo grave y la usura habitual y profesional.

2. Pérdida de algún derecho civil, ver C. P, 35, 37, 81, 83, 84, 87-91, 94, 95, 128, 129, 358.

3. Publicación de la sentencia condenatoria como satisfacción para la víctima, C. P, 165, 200, Ley contra la concurrencia desleal del 7 de junio de 1909, § 23, *II*.

(El C. P. establecía como pena contra el honor para menores la amonestación. Ha sido suprimida por la Ley de Menores, § 9; lo que en esta ley, § 7, se llama "advertencia", es medida educativa y no pena).

EL EMPLEO DE LAS DIVERSAS ESPECIES DE PENA EN LAS DISPOSICIONES PENALES

I. Ninguna disposición penal está concebida hoy de modo que todas las especies de pena con todas las magnitudes que contienen queden a la libre disposición del juez. El C. P., 2 y (a pesar de su imprecisión verbal) la Constitución, 116, no admiten tal clase de *disposiciones penales absolutamente indeterminadas*. Por el contrario, Las penas son:

a) o bien (raramente) *"absolutamente determinadas":* precisa especificación de la pena aplicable, excluyendo toda elección, p. ej., C. R, 211, o bien,

b) (ordinariamente) *"relativamente determinadas"*, es decir, que el juez dispone de la facultad de elegir entre varias magnitudes de una especie de pena o entre varias especies de pena.

Las especies de pena que contienen diversas magnitudes posibles (penas privativas de la libertad, penas pecuniarias, pérdida de derechos civiles) se presentan regularmente en las leyes penales de tal manera que se sujetan a un *"marco penal"* firmemente delimitado en su máximo y en su mínimo, y éste se calcula de acuerdo al máximo y al mínimo generales de la correspondiente especie de pena (ver C. P., 14, *II,* 16-18, 27, 32, *II),* si la ley especial no prevé una mayor disminución (p. ej., C. R, 212) o un máximo menor (p. ej., C. R, 153). Es discutible si las penas que están en una especie penal sin ese marco "circunscripto" son conciliables, en general, con el § 2 del C. R y el 116 de la Constitución (así las multas previstas en el § 27 "de máximo ilimitado", es decir, con un marco penal no limitado hacia arriba).

II. Las penas contra el honor y la pérdida de las cosas son *clases de penas accesorias,* es decir, que por sí mismas no pueden representar el contenido de una pretensión punitiva. Las restantes especies de penas son *especies principales* (la multa en casos dados, p. ej., C. P., 263 es "segunda pena principal").

El fundamento moral *y* legal del derecho a castigar ha dado origen a numerosas doctrinas que van, desde las puramente retributivas, a las une apoyan ese derecho en una función defensiva de la sociedad. Vinculada a la necesidad de mantener el orden establecido por el Estado o aquellas que ven en la amenaza de la pena una forma de inhibir las pulsiones criminales, debido al temor que despierta todo castigo judicial, hasta las modernas de la llamada defensa social y las garantistas que, incluso, tienden a subrogar las sanciones penales por medidas cautelares.

No obstante, es necesario reconocer que existe un principio común a todas las teorías, que hace a la esencia del derecho a castigar el crimen, y este principio está enraizado en el inconsciente colectivo de todos los tiempos como una idea de fuerza que compone la noción de justicia: no podría existir una comunidad organizada, según patrones normativos —aunque sea elemental o tribal—, que no esté acompañada por el convencimiento de que el delito afecta al grupo y debe ser castigado y que la amenaza del castigo garantiza la paz social.

Que la dualidad crimen-castigo es una constante en las sociedades humanas, aún en las formas primitivas de organización, se demuestra recorriendo la historia de la pena desde la venganza privada. Decía Pessina refiriéndose a esto último: "La sociedad, desconociendo todavía su unidad, se afirma principalmente como agrupación de libres individualidades, fundada en la fe y confianza recíproca de los individuos. Quien rompe la paz, pierde la paz. El individuo que lesiona, hiere o mata a otro, no tiene derecho a la protección común, pierde la paz, y contra él tienen los ofendidos derecho a la guerra, derecho que, a su vez, llega a constituir un deber ineludible como venganza de familia" (Pessina, *Elementos de Derecho Penal,* pág. 40).

A la primera noción de venganza privada, sucede la de la composición, que atempera los rigores de aquella con el tributo que se paga al ofendido para obtener su perdón.

Frente a estas formas iniciales de castigo y enmienda, se levanta la concepción religiosa. En este período se identifica el delito con la ofensa a la religión. "La lucha contra el delito—afirma Pessina— tiene como nota propia la de ser ejecución de un mandato religioso, como expresión de la venganza divina aplacando, de este modo, la irritación del Ser Supremo (obra y página citadas)". A esto debe agregarse como manifestación, aún primitiva, la Ley del Talión (similitudo suplicci). Aún es un precepto bárbaro, pero ya se advierte en ciernes la existencia de un principio rector, como es la de la proporción entre el delito y la pena que le corresponde.

A estas formas primigenias de teorizar sobre el castigo penal, sigue una fase jurídica —aunque extremadamente cruel— enclavada en la Edad Media. En este período el derecho canónico tuvo, sobre el desenvolvimiento del derecho penal secular, una influencia considerable. La jurisdicción eclesiástica asimiló, en la esfera de su competencia, todo proceso que de lejos o de cerca, tocara los intereses religiosos, Garraud hace una amplia descripción de los atroces suplicios aplicados en aquella época, incluso hasta llegar al Antiguo Régimen, dice: "En todas esas épocas las penas son arbitrarias; varían siguiendo la calidad, el rango de los culpables antes que la naturaleza de sus crímenes. Las penas son crueles y bárbaras en su aplicación; la base del sistema penal es la pena de muerte y las mutilaciones corporales. En todas esas épocas, en fin, la ignorancia, los prejuicios y las pasiones crean delitos imaginarios y el círculo de la ley penal se extiende fuera de las relaciones sociales alcanzando, también, los dominios de la conciencia" (Garraud, *Droit Penal Francais,* T. 1, pág. 118).

En los siglos XVI, XVII, e incluso en el XVIII, la inimaginable crueldad de las penas, que tan vivamente describe Foucault, resultan inexplicables para la mentalidad contemporánea. El propio Foucault escribe: "De hecho, sin embargo, lo que hasta entonces había mantenido esta práctica de los suplicios, no era una economía del ejemplo, sino una política de terror: hacer sensible a todos, sobre el cuerpo del criminal, la presencia desenfrenada del soberano. El suplicio no restablecía la justicia; reactivaba el poder. En el siglo XVII y todavía a principios del XVIII, no era, pues, con todo su teatro de terror, el residuo aún no borrado de una época. Su encarnizamiento, su resonancia, la violencia corporal, un juego desequilibrado de fuerzas, un ceremonial esmerado, una liturgia de los suplicios" (Foucault, *Vigilar y castigar,* pág. 54).

Pero también en el siglo XVIII aparecen, como contrapartida de las costumbres penales de la época, los grandes reformadores como Beccaria. "Entre las penas —señala— y en la manera de aplicarlas en proporción a los delitos, hay que elegir los medios que hagan en el ánimo del pueblo la impresión más eficaz y la más duradera y, al mismo tiempo, la menos cruel sobre el cuerpo del culpable" (Beccaria, *Delits et des peines,* pág. 87).

Es a partir de las doctrinas expuestas por los reformadores que la idea de la pena se atempera y, de a poco, se va instalando en la doctrina y las legislaciones posteriores el pensamiento que ve, en el

castigo, no sólo la retribución de un daño, sino que está destinada a inhibir las inclinaciones criminales.

La concreción moderna de estas ideas aparece en el siglo siguiente. En la obra de Von Liszt, que concibe la pena como una forma de intimidar, mejorar en inoculizar al delincuente, la pena cambia de curso finalista encaminándose en dirección a una idea rehabilitadora de los sometidos al tratamiento carcelario.

A partir de tales premisas, la doctrina va poniendo de relieve la importancia del estudio y consideración de la personalidad individual, en función de la aplicación de la pena. Este destaque de lo personal es bien visible en las propuestas de la Escuela Positiva, entre cuyos postulados figura la división de las penas de acuerdo al grado de peligrosidad del autor, instituto que pasó a integrar el elenco normativo de códigos como el italiano de 1921 propiciado por Ferri.

Como desprendimiento de las nuevas ideas centralizadas en el delincuente, se van perfilando otros puntos de vista que Jiménez de Asúa denomina escuelas relativas y que encuentran su síntesis en las teorías de la defensa social. Aquí también yace la idea de que el juicio de disvalor que alcanza al delincuente, obra como control social, puesto que dicha reprochabilidad hace que el individuo común se obligue a un comportamiento social y jurídicamente adecuado en el sentido de no infringir la prohibición penal, siendo que la pena de prisión, por ejemplo, constituye la expresión más aguda de la desaprobación general contra el comportamiento asocial.

Esta función preventiva se une al ideal de mejoramiento e inoculización del delincuente propiciada por Von Liszt. pero, sobre estos aspectos de la pena, caben todavía algunas reflexiones que van a llevarnos al momento actual del pensamiento penal científico.

Para los seguidores de la política social, la sanción penal se encamina hacia una meta de carácter preventivo y "curativo" de las inclinaciones criminales de los sometidos a tratamiento. Esta forma de pensar que, como señalamos, se apoya en la doctrina de Von Liszt, ha hecho fortuna en los criterios modernos de la disciplina penal y puede decirse que es el antecedente del instituto de los sustitutivos penales. En efecto, a partir de las últimas décadas y luego de la desarticulación de los regímenes autoritarios que fue el corolario dela Segunda Guerra Mundial, las teorías penales fueron evolucionando hacia posiciones netamente garantistas. Pero, ¿qué es el garantismo? A grandes rasgos, digamos que se trata de preservar las garantías a las que tienen derecho incluso aquellos que han infringido la ley y, aún más, tratar en lo posible de morigerar las penas privativas de la libertad y, en su caso, reemplazarlas por medios acordes con la idea de resocialización de aquellos individuos sujetos a una condena penal.

Uno de los teóricos más agudos de estas tesis reformistas ha sido, sin duda, el profesor Roxin. Para el citado autor la prevención general se encuentra como fin último de la imposición de la pena. Esta estaría justificada cuando se consiga la compaginación de la necesidad de imponer la sanción, para beneficio de la comunidad jurídica y el respeto a la autonomía de la personalidad del delincuente. Explicando sus puntos de vista, decía Roxin que hasta comienzos de 1960 dominaba, en la doctrina alemana, la teoría de la retribución tal como podía deducirse de las teorías de Kant y Hegel, lo cual quiere decir que la finalidad de la pena es, antes que otra cosa, la idea de justicia y que el autor debe ser castigado de acuerdo a su culpabilidad, lo que debe hacerse es esclarecer el injusto y restablecer la justicia. Agregaba más adelante que luego de la guerra se percibe que con la sola teoría de la retribución no se puede combatir con éxito el delito, es decir, que con la sola aplicación de la pena privativa de la libertad, como lo sugieren las leyes penales en general, lo único que se obtiene es que el delincuente, abandone la cárcel más peligroso e inadaptado de lo que era a su ingreso.

Es por ello que, en la segunda mitad de esa década, se impuso en Alemania un sistema que renunció a la teoría de la retribución poniendo el acento en el tema de la resocialización, que considera la pena como protección social y reinserción social del condenado, para lo cual se previeron establecimientos social-terapéuticos para tratar al condenado bajo dirección médica (Proyecto Alternativo de 1966) o sea la concreción del derecho penal del tratamiento. Se tuvieron en cuenta para la redacción de dicho Proyecto, desde los postulados de la escuela sociológica de Von Liszt como proyectos escandinavos y americanos incluyendo influencias de la Escuela de Defensa Social (Roxin, *Política criminal y estructura del delito,* págs. 9 y sig.).

La propuesta de esta nueva dirección de las ideas penales es eliminar en el interno las causas que lo han llevado a delinquir y capacitarlo para una vida futura con responsabilidad social. En este sentido se define la Ley 12. 256 de Ejecución Penal Bonaerense; su artículo 4° dispone: "El fin último de la presente ley es la adecuada inserción social de los procesados y condenados, a través de la asistencia o tratamiento y control". El artículo 5° aclara estos conceptos diciendo: "La asistencia y/o tratamiento estarán dirigidos al fortalecimiento de la dignidad humana y el estímulo de actitudes solidarias inherentes a su condición de ser social, a partir de la satisfacción de sus necesidades y del desarrollo de sus potencialidades individuales".

La política criminal —como lo expresa Roxin— no puede ser ajena a las normas del derecho penal positivo, pero adquieren su justo valor cuando se la considera como limitadora del poder punitivo del Estado. Esta limitación está en razón directa con la humanización de la pena y toma como modelo el conjunto de garantías constitucionales que la concretan. Dichas garantías que nacen del texto constitucional son: el principio de legalidad, el *non bis in ídem,* el de igualdad, la presunción de inocencia y la regla *in dubio pro reo.* A través de tales principios, es el propio Estado que pone una valla jurídica a su facultad represiva.

Ahora bien, como quiera que sea, el Estado no puede renunciar a una de sus obligaciones específicas como es la de proteger la sociedad contra los ataques de quienes desconocen los derechos que ella tiene, a la seguridad jurídica y la paz social, de modo que la facultad de perseguir los delitos y castigar a sus autores es una función estatal indelegable.

Sin embargo, esa lucha contra el delito, no sólo se lleva a cabo con la aplicación de penas privativas de la libertad, sino que también es posible —de acuerdo a la doctrina que venimos examinando— la sustitución de tales penas por medidas preventivas que, a su vez, significan una advertencia al autor para que, en el futuro, se abstenga de cometer nuevos hechos. De esta manera, han surgido, en la práctica penal-penitenciaria, institutos como la condena condicional, la libertad condicional y los sustitutos de las penas cortas de prisión como la *probation* o la multa. Mediante ellas se trataba de evitar los males sociales que implicaban la aplicación y ejecución del encarcelamiento, buscando, a la vez, incidir en el delincuente, obtener su resocialización (Robledo Ramírez, *Concepto y principios para la aplicación de los sustitutivos penales,* pág. 129).

Mediante estos arbitrios se trató de evitar los perjuicios irrogados por la prisión efectiva, procurando la enmienda del delincuente, lo cual, por otra parte, es el fundamento de las ideas emergentes de la Escuela de Política Criminal. De la misma tesitura, las leyes procesales contemporáneas, receptan los denominados sustitutos penales a fin de que las penas cortas de prisión sean sustituidas por sanciones que no pongan en riesgo la integridad física y psíquica de los condenados, las mismas deben ajustarse, en primer término, al principio de proporcionalidad, es decir, que el castigo debe adecuarse a la gravedad que, pata la sociedad, tenga el delito considerado, a lo que debe agregarse que la pena debe remitirse a la culpabilidad del agente, esto es, a las circunstancias subjetivas del acto que conforman su reprochabilidad. En el sentido indicado, señala Robledo Ramírez: "En este aspecto es indiscutible que las sanciones sustitutivas cumplen una función fundamental, al ser las sanciones más adecuadas para ser aplicadas a determinada categoría de delitos y determinados tipos de delincuentes, frente a los cuales sería excesivo, además de inútil y contraproducente, imponer y ejecutar una pena corta, privativa de la libertad" (Robledo Ramírez, obra citada, pág. 171).

Se entiende que, en estos casos, el condenado se encuentra en libertad, lo cual resulta importante a los efectos de que permanezca en su medio social y familiar, sin embargo no debe dejarse de lado filie los sustitutos son parte integrante del sistema punitivo en general. Una ojeada sobre el catálogo de las posibles medidas que los componen lo demuestra así:

a) Fijación de una residencia estable.

b) Vigilancia de la autoridad policial o judicial mientras dure la medida.

c) Reclusión el fin de semana en el establecimiento penitenciario.

d) Abstención de concurrir a determinados lugares como locales de expendio de bebidas o de juego.

Tales medidas de control y los deberes que conlleva la situación del sometido a los sustitutos penales, implican restricciones a la libertad ambulatoria y al derecho a la intimidad, lo cual, por otra parte, está condicionado, además, a que el beneficiario no cometa un nuevo delito durante el tiempo de ejecución de las sanciones sustitutivas.

Los sustitutos o los beneficios que puedan establecerse para evitar penas cortas de prisión o favorecer a quienes no representan un peligro social, significan la adopción del denominado "sistema sancionatorio diferenciado" cuyo objetivo es adecuar la sanción al delito cometido, reduciendo el empleo indiscriminado de privación de libertad a los casos realmente necesarios para ser reemplazado, cuando ello sea posible, por medidas como el arresto de fin de semana, las salidas laborales e incluso la *probation.*

Como señalábamos algo más atrás, los estudios penales modernos se adscriben a los sistemas garantistas o confluentes de la Escuela de Política Criminal. Algunos proyectos legislativos fueron elaborados, dentro de esta tesitura, por las Naciones Unidas, como recomendación para los países miembros, siendo en no pocas ocasiones, receptados por las legislaciones americanas como el Código Penal mexicano o por la Ley de Ejecución Penal Bonaerense.

Sin embargo, existe otro elemento en el problema de la pena, que es necesario contemplar como extremo opuesto a la ideología garantista, y es el tratamiento de la criminalidad grave. Para abordar el tema es necesario señalar un hecho de características sociales que resulta liminar para nuestro propósito, y es que los núcleos urbanos contemporáneos han aumentado singularmente el número de sus habitantes y la complejidad de sus relaciones interactivas, pero ese crecimiento no ha sido acompañado por un correlativo aumento de los recursos económicos, lo cual ha dado lugar a la formación de fenómenos sociales negativos como el desempleo, la pobreza y la marginación que, a su vez, han incidido en los niveles de la criminalidad en general.

Aparecen también los consecuentes de la criminalidad organizada: el narcotráfico, el lavado de dinero, los fraudes a gran escala por medios informáticos, el secuestro extorsivo. etc., que deben tener una respuesta penal en proporción a la gravedad de los hechos y, en este aspecto de las cosas, creemos que se debe volver a un concepto netamente retributivo de la pena, sin renunciar por ello a la posible labor de readaptación en los casos de la criminalidad menor u ocasional.

La represión del delito, por medio de la retribución penal, es una necesidad que se mantiene vigente debido a las especiales características de la criminalidad actual.

El propio Roxin ha reconocido en su trabajo que: "Sorprendentemente la meta de resocialización y la tesis del tratamiento, que durante más de veinte años dominó la discusión político-criminal, cayó

internacionalmente en crisis. En América y en los países escandinavos, que fueron entonces los precursores de un derecho penal puramente preventivo de carácter resocializador, se despidieron de la "euforia del tratamiento". En Italia, refiriéndose a su evolución, Palazzo ha señalado que las reformas de 1974 y 1975 permiten reconocer... una clara sinceridad del legislador por una urgencia de la resocialización, pero que 1975 debe ser visto como el año del cambio en la política criminal italiana. Desde entonces, la idea de la resocialización, ha quedado postergada y, en su reemplazo, se ha iniciado el camino de una progresiva agudización del sistema penal (Roxin, obra citada, pág. 15).

Aun admitiendo entonces, la utilidad del "sistema sancionatorio diferenciado" para la resocialización eventual del delincuente condenado a penas menores de prisión o para beneficiar a quienes no representan una verdadera amenaza social, debemos admitir que la represión del delito y la reparación por medio de la pena, son nociones que se mantienen vigentes por las especiales características de la criminalidad contemporánea, pero sin dejar de tener en cuenta los avances indudables de la política criminal, que reconocen su raíz en el positivismo y, en particular, en las directivas que Ferri impuso en materia de sustitutivos penales. En este sentido, se puede, aún hoy, recurrir provechosamente al concepto de peligrosidad, para proponer la siguiente división de las sanciones penales: a) Para los delincuentes primarios, ocasionales o autores de delitos merecedores de penas cortas de prisión, la solución de los sustitutivos penales resultan lo más adecuado para evitar el encarcelamiento que sólo trae perjuicios para el imputado e, indirectamente, para la sociedad en general; b) Para los delincuentes peligrosos, debe observarse el sistema retributivo-resarcitorio común, porque, en estos casos, el beneficio del cumplimiento de la pena en libertad o en semilibertad, sólo sirve para que los liberados vuelvan a delinquir aprovechando su situación. Las estadísticas demuestran que los delincuentes habituales (peligrosos en general) reinciden a veces en hechos más graves que los que los han llevado a la cárcel anteriormente.

Capítulo Segundo

LA PRETENSIÓN PUNITIVA Y SUS PRESUPUESTOS

Primera sección: La pretensión punitiva en general

I. Pretensión punitiva, Derecho Penal en sentido subjetivo, jus *puniendi,* es la relación jurídica fundada en el Derecho Penal en sentido objetivo, por medio de la cual un determinado sujeto de derecho tiene el derecho de que el delincuente sufra su pena; éste es, pues "punible", tiene un deber de sometimiento penal.

1. Titular de la pretensión punitiva, autorizado para punir lo es hoy:

a) exclusivamente, el Estado, ello es, aquel Estado que ha sancionado la correspondiente ley penal. Las penas que constituyen el objeto de una pretensión punitiva del Estado, se llaman "públicas".

b) son desconocidas para el derecho actual las "penas privadas". Sólo la llamada facultad de publicar, que tiene el lesionado por el hecho, debe concebirse como satisfacción privada, ello es, como pena privada (concepción opuesta: recompensa ideal del daño).

2. Existe pretensión punitiva contra aquel que ha cometido una "acción punible" (delito en sentido lato), bajo la ulterior condición de que no medie para él ninguna "causa personal" de exclusión de pena" y ninguna "causa de extinción".

II. El deber de sometimiento penal es personalísimo.

1. No es admisible una substitución en el cumplimiento de la pena (ni en las penas de multa). Ver C. P., 257.

2. Con la muerte del culpable concluye la pretensión punitiva. Excepción: C. P., 30.

Segunda sección: Los presupuestos de la punibilidad

Primera parte: La acción punible (El delito en el sentido lato)

Generalidades

La acción

I. Para un individuo, la punibilidad surge siempre solamente de sus propias *acciones.* Debe entenderse por "acción" un *comportamiento corporal (fase externa, "objetiva" de la acción)* producido por el dominio sobre el cuerpo (libertad de inervación muscular, *"voluntariedad"), (fase interna, "subjetiva" de la acción);* ello es, un *"comportamiento corporal voluntario",* consistente ya en un "hacer" (acción positiva), ello es, un movimiento corporal, p. ej. levantar la mano, movimientos para hablar, etc., ya en un "no hacer" (omisión), ello es, distensión de los músculos.

II. De punibilidad sólo puede hablarse en relación con una acción determinada de cierto individuo. El delito sólo en eso puede consistir, *y no*

1. en una propiedad del hombre (por ej., en su "peligrosidad", ésta es sólo una condición para "medidas de seguridad");

2. en un *estado* del hombre (enfermedad, sueño, etc.);

3. en el simple *querer o pensar o* algo que sea puramente interno. El querer no ejecutado no es punible. *Cogitationis poenam nenio patitur.* El pensamiento no es punible;

4. En un *comportamiento del cuerpo* que *no provenga de la propia voluntariedad,* sino que surja mecánica o automáticamente, ya sea:

a) que el hombre esté inconsciente, C. P., 51 (actividad e inactividad durante el sueño, en un desmayo, en ebriedad completa, en hipnosis; también a consecuencia de amenazas cuando

éstas hacen perder la conciencia al amenazado de tal modo que no sabe lo que hace; su voluntad está paralizada);

b) que el hombre, no obstante ser consciente de su comportamiento corporal, sea sólo juguete de excitaciones irresistibles que se producen en el cuerpo como mecanismo físico, llamados *movimientos reflejos,* p. ej., estornudar; o bien sea que su propia disposición sobre sus movimientos corporales esté excluida por la coacción irresistible, ejercida por otro hombre, o por una amenaza que quebrante totalmente la voluntad los *llamados movimientos pasivos* (p. ej., A tomando la mano a B, inútilmente resistente, le hace disparar una escopeta; A obra, B no), ver C. P., 52.

Es posible, sin embargo, en los casos 2 y 4, que una *acción precedente* sea sometida a responsabilidad penal, porque haya acarreado a la otra.

III. Puede obrar:

1. Sólo el hombre. No existen acciones penales contra animales, así como no existen contra las fuerzas naturales.

2. Sólo el hombre individualmente. Las personas jurídicas y las sociedades son incapaces de obrar penalmente, no pueden por ello cometer ningún delito y ser punibles. Ver, sin embargo, Ley de Impuestos, 357.

La antijuridicidad de la acción

Generalidades

I. Del sentido de las amenazas penales del Estado se deduce que aquéllas solamente valoran conducta antijurídica, es decir, aquélla que está objetivamente en contradicción con el orden jurídico del correspondiente Estado. Una conducta que no esté en contradicción con éste hállase fuera de lo punible (aun cuando contradiga un ordenamiento jurídico extraño, o las costumbres o la moral; y aun cuando —como en los "delitos putativos", "delitos Imaginarios"— el que actúa considere erróneamente su acción como antijurídica). *La antijuridicidad de la conducta es, sin excepciones, el presupuesto general de la punibilidad.* En el texto de la ley penal está esto unas veces expresamente dicho (así, p. ej., C. P., 123, 127, 303) y otras veces presupuesto como implícitamente evidente, así, p. ej., 211, 223).

II. No se deduce, sin embargo, del Derecho Penal mismo *cuándo y en qué medida es antijurídico* (ilícito, contrario al derecho, no permitido) el comportamiento humano; aquél sólo establece que el castigo debe infligirse *siempre y cuando* el comportamiento descripto en la ley penal sea antijurídico. La antijuridicidad de ese comportamiento dedúcese más bien de las restantes partes del derecho, el Derecho Civil, el Derecho Administrativo, etc. Estos son los que el delincuente "lesiona", los que quebranta, contra los cuales obra. La afirmación corriente de que el delincuente "lesiona" la ley *penal,* que la quebranta, que obra contra ella, es falsa (ver p. ej., C. P., 73); por el contrario, el delincuente obra según lo presupone la ley penal y, de este modo, más bien la "realiza" (Teoría de las normas de BINDING).

III. Por medio del método jurídico general debe averiguarse la manera en que el ordenamiento jurídico regula la conducta humana. El contenido de esos principios jurídicos surge en parte de las *leyes.* Por eso las leyes *penales* sirven también como medios de interpretación. No tendría sentido, en efecto, dictar una ley penal si la conducta en ella descripta no fuese nunca antijurídica. Así, de la sanción de la ley penal debe inducirse que la clase de conducta a que se refiere la ley penal, para el legislador, es antijurídica en todo caso, *dentro de ciertos límites,* de modo que sólo resta establecer cuáles son esos límites. Algunas leyes penales que no destacan *expressis verbis* la antijuridicidad como requisito de la punibilidad (p. ej., C. P, 211, 223) parecen más bien suponer que las acciones en ellas descriptas son antijurídicas *en general,* sino siempre, de acuerdo con el orden jurídico. El conjunto de preceptos jurídicos sobre la antijuridicidad extraído del cuerpo de disposiciones penales ("indiciados" por éste) no da, como a veces se ha dicho, una "antijuridicidad penal específica". No se trata ni de una antijuridicidad "contra el Derecho Penal" ni de una antijuridicidad que lo sea *tan sólo* para el Derecho Penal y no para el ordenamiento jurídico en general.

Para dilucidar cuándo y en qué medida es antijurídica una conducta humana, a la par del derecho legislado debe atenderse al derecho *no escrito,* de conformidad con la doctrina general de la metodología jurídica.

Frecuentemente se designa como *"formal"* la antijuridicidad deducida del *texto de la ley,* y como "material" a la otra. Tal modo de expresión es, sin embargo, muy poco útil. "Formalmente", antijuridicidad significa siempre contradicción ai orden jurídico; la palabra "material" hace alusión sólo al contenido, ello es, a la conducta humana, que es formalmente antijurídica. En toda antijuridicidad están unidos lo "formal" y lo "material".

IV. El ordenamiento jurídico puede considerar de tres maneras la conducta humana: o la declara antijurídica, o conforme al derecho, o jurídicamente indiferente (irrelevante). Pero no procede de modo que ciertos comportamientos sean siempre antijurídicos y los restantes nunca. Siempre median las circunstancias (personales o reales) del proceder: toda clase de conducta es, en ciertas circunstancias, antijurídica, y en otras, no. La interpretación singular es la que nos dirá cuáles son esas circunstancias.

Hay aún circunstancias cuya existencia está dotada, según el orden jurídico, con el efecto de despojar de la antijuridicidad a una clase de acciones que, sin ello, serían antijurídicas: "*causas de exclusión de la ilicitud*", "causas que excluyen la antijuridicidad", por cuyo concurso desaparecen a un tiempo la ilicitud y la punibilidad. Su regulación jurídica encuéntrase, como la de la antijuridicidad misma, en zona extra penal. Nada importan, en consecuencia, las solas causas de justificación previstas por el C. P., (como que, por otra parte, el hecho de mencionarlas el C. P., no significa que sean de carácter jurídico-penal o que solamente sean de importancia jurídico-penal). Aquí también vale lo dicho más arriba, *III*.

Las causas de exclusión de la ilicitud, se diferencian:

1. porque

a) a veces, su concurso torna permitida, conforme al derecho, a la acción: causas de justificación, p. ej., 53;

b) a veces, su concurso si bien no torna a la acción no antijurídica, tampoco la torna permitida (acciones jurídicamente irrelevantes); simples causas de exclusión de la ilicitud. Ambas clases tienen la misma significación con respecto a la existencia de un delito: en ambos casos falta la antijuridicidad necesaria para la punibilidad.

2. Las causas de exclusión de la ilicitud también se diferencian en cuanto

a) algunas favorecen a cualquiera, p. ej., 53; mediando ellas falta el delito, quien quiera que haya sido el autor;

b) el punto opuesto lo representan las causas personales de exclusión de la ilicitud que sólo corresponden a los que pertenecen a determinada clase de personas; así la orden superior en el sentido del § 47 del C. P. M., es sólo una causa de justificación para el soldado. En tal caso, no obra antijurídicamente tan sólo aquél que pertenece a esa clase de personas.

ANTIJURIDICIDAD

La antijuridicidad es la acción contraria al derecho, esto es, aquella conducta que desconoce un mandato jurídico. Ahora bien, para que esta contradicción, entre el acto y la norma, sea un delito, debe ser también un acto típico, o lo que es lo mismo, adecuado a una figura penal, en tanto la antijuridicidad confiere al hecho típico su carácter valorativo. Un acto típico aislado no es un delito si, además, no resulta ser antijurídico, pero en este punto cabe una aclaración; para que la antijuridicidad se manifieste, es necesario que la conducta típica no esté cubierta por una causal de justificación, puesto que la aparición de una de ellas —la legítima defensa valga el caso— hace del acto típico un acto lícito, en tanto que la ilicitud ha sido desplazada por la justificante (así el esquema típico "matar a un hombre" es en principio antijurídico, salvo que esté justificado por legítima defensa). "La antijuridicidad misma —afirma Stratenwerth— es, en cierta medida, sólo el resultado de la adecuación al supuesto hecho típico y la falta de causas de justificación" *(Derecho Penal*, pág. 67).

Además de su característica de ser contraria al derecho, la acción antijurídica vulnera otros valores que dan sustento político a las normas jurídicas. Tales valores están representados por las normas de cultura, según la denominación de Mayer, que permiten acceder a la noción del injusto como esencia de la antijuridicidad. Lo injusto es, en este sentido, lo que lesiona aquellos valores superiores, que representan el sentido ético de la comunidad en un momento dado de su historia.

Para decirlo de un modo práctico: si bien todo ciudadano conoce la ley, no es menos cierto que tiene conciencia de aquella conducta que es contraria a la norma de convivencia, dentro del contexto sociocultural del cual se trate. Puede muy bien ocurrir que alguien no sepa de la existencia de la norma penal que prohíbe la emisión de un cheque sin fondos, pero no puede ignorar que tal cosa perjudica al tenedor del documento y, por lo tanto, que su conducta es opuesta a la legalidad en general.

La concreción de las normas de cultura presenta una notable utilidad en orden a establecer las llamadas causas supralegales de justificación. En efecto, generalmente, las justificantes comunes están taxativamente descriptas en la ley penal —tal nuestro artículo 34—, pero existen casos cuya justificación no está comprendida en la enumeración legal, pero representan situaciones en que el acto típico resulta lícito, en base a las normas de cultura, las cuales, por su carácter general, permiten superar hipótesis que, de otra manera, quedarían sin solución en derecho, tales por ejemplo, el consentimiento del ofendido, la puesta en peligro de un bien jurídico cuando solo, de esa forma, puede ser salvado un bien mayor (principio de comparación y valoración de bienes jurídicos), la aparición de una "situación ética predominante", etc.

Con la doctrina de las normas de cultura, se destacan luminosamente las situaciones éticamente prioritarias desde el punto de vista del valor social preponderante, lo cual permite justificar hechos que, en principio, se presentan como típicos penalmente. No obstante es difícil establecer un principio general comprensivo de las causales supralegales de justificación. Sauer ha señalado, como ley jurídica fundamental, el principio de más beneficio que perjuicio, pero también se ha hablado del medio justo para el fin justo o del interés preponderante o el bien de rango prioritario; se trata de principios explicativos, elaborados desde un punto de vista de valoraciones comparativas, pero que no abarcan las hipótesis más complejas, por lo que es preferible recurrir al estado de necesidad supralegal, que permite la regulación de intereses que se contraponen al privilegiar aquél que, en ese momento, tiene mayor incidencia ética; caso del médico, por ejemplo, que en una epidemia elige salvar el mayor número de vidas con el sacrificio de los más afectados y probablemente condenados a morir. En esta situación la conducta del médico ha obedecido a un estado de necesidad —sólo podía salvar a un número determinado de pacientes— que le obligaba a actuar, incluso poniendo en peligro la vida del grupo minoritario.

El derecho es la preponderancia de valores socialmente admitidos y todo aquello que resulta contrario a dichos valores es "antijurídico", no obstante cuando una vida humana, valga el caso, se encuentra en colisión con un valor socialmente admitido, debe imponerse aun cuando el acto salvador sea también un acto típico (por ejemplo, violar la propiedad privada) y tal cosa se apoya en un estado de necesidad que funciona como justificante en mérito al interés de mayor gravitación ética (véase más adelante, estado de necesidad).

La antijuridicidad es un juicio negativo de valoración de una conducta humana frente a la norma; una acción será antijurídica cuando desconoce un mandato legal. La antijuridicidad ocupa, de este modo, el lugar de elemento objetivo del delito, lo cual debe completarse, desde el punto de vista dogmático, con la consideración psíquica o subjetiva materializada en el juicio de culpabilidad. Ambos supuestos han de mantenerse separados para facilitar el estudio analítico del delito, lo cual no impide afirmar la unidad de todos sus componentes cuando se lo considera estructuralmente.

Como quiera que sea, dentro del marco de la antijuridicidad objetiva, ha señalado cierta doctrina que existen, con frecuencia, momentos subjetivos que complementan la definición de lo injusto, en tanto sea la intención del autor la que da vida a un tipo inicialmente neutro. Binding afirmaba que la acción contraria a la norma debe ser dolosa o culposa, ilícitos inculpables no existen. De acuerdo a esta dirección doctrinaria, la antijuridicidad no puede concretarse sin el concurso de una voluntad que dirija la conducta contraria a la norma.

Mezger, por ejemplo, admite la existencia de elementos subjetivos de lo injusto, pero advierte que se trata de excepciones y sólo pueden considerarse cuando la figura así lo requiere, por ejemplo; los delitos de intención en lo formal, de los llamados delitos mutilados de dos actos, en los que el acto es querido por el agente como medio subjetivo de un actuar posterior del mismo sujeto, o los delitos de expresión. No obstante el mismo autor señala: "La existencia de los elementos subjetivos de lo injusto, ha sido reconocida de modo preponderante entre los escritores. Pero es preciso no exagerar su importancia, afirmando que son sólo elementos de lo injusto. Dichos elementos son, a la vez, elementos de culpabilidad, pues, en otro caso, les faltaría la imputacionabilidad y, por tanto, la relevancia penal" (esto es, no podrían ser imputables al autor) (Mezger, *Derecho Penal,* pág. 338).

La inclusión de elementos subjetivos en el campo de lo injusto, no produce sino confusiones por la superposición de supuestos con figuradores de la teoría general del delito, basada en el tipo penal como abstracción conceptual de cada figura. Una concepción como la de Beling, con apoyo primordial en el delito-tipo, rechaza vigorosamente tal contusión: "Mezclando lo subjetivo del alma del autor —dice— en el delito tipo, nos perdemos en un desvío metodológico. Un delito-tipo tan impuro que no podría cumplir más su función de esquema común para la faz objetiva y la subjetiva".

Si separamos correctamente los elementos del delito tendremos: una acción típica, antijurídica (por ausencia de una causa de justificación) y culpable en sus dos posibles versiones, dolo y culpa. En ocasiones, la construcción de la figura exige la presencia de otros caracteres para clarificar el delito o agregar figuras liminares alrededor del tipo básico, por ejemplo: parricidio, asesinato, homicidio culposo, preterintencional, etc., pero ello no desvirtúa la construcción compuesta por los conceptos esenciales (objetivos y subjetivos) propios de cada delito. Tales conceptos se alinean o se combinan en el texto legal, lo cual permite construir una Parte General de la Parte Especial, es decir, el estudio de cada figura extrayendo los elementos que la componen para analizarlos separadamente.

En España el profesor Rodríguez Muñoz, muy eficiente traductor de Mezger y con ejercicio de la cátedra en Valencia, realizó el esquema de trabajo que, para esta teoría general de la Parte Especial, propusiera el profesor E. Wolf en Alemania, en los términos didácticos de un seminario de la Parte Especial y en referencia a los delitos contra la villa y la integridad. El método propiciado parte de las dos grandes coordenadas en las que toma vida el delito; Antijuridicidad y Culpabilidad, y realiza en cada una de estas etapas, un examen formal y exhaustivo. Así, dentro de la conducta considerada típicamente antijurídica, se dice que:

I. Antijuridicidad que supone la existencia de valoración de índole genérica.

1. Fase positiva

A) Conducta típicamente antijurídica. Además de los elementos que comprende, tenemos:

a) Condiciones objetivas de la penalidad.

b) Elementos subjetivos de la antijuridicidad.

2. Fase negativa:

A) Causas de justificación.

B) Causas de exclusión de lo injusto.

II. Culpabilidad:

1. Fase positiva:

A) Formas de culpabilidad;

a) Dolo,

b) Culpa.

B) Las características de culpabilidad concebidas objetivamente por el legislador.

C) Características de culpabilidad propiamente objetivas.

D) Exigibilidad.

2. Fase negativa.

A) Falta de adecuación entre la personalidad y su acción.

B) Otras causas de inculpabilidad.

DE LAS CAUSAS DE EXCLUSIÓN DE LA ILICITUD EN PARTICULAR

ESTADO DE NECESIDAD Y LEGÍTIMA DEFENSA

I. Llámase en general "*estado de necesidad* a una situación en la cual un bien jurídico de alguien se encuentra amenazado de destrucción o de una lesión.

El alcance de la posibilidad real de conservar el bien jurídico a costa de un bien jurídico de otro, puesto que la lesión de uno de ambos bienes ya en sí no es conforme al orden jurídico, presenta el problema jurídico especial de saber cuándo y en qué medida es permitido jurídicamente hacer uso de aquella posibilidad ("reacción necesaria").

II. Conforme al orden jurídico, la solución fundamental sólo puede ser que la *reacción necesaria a costa de un bien jurídico de otro*

a) es permitida cuando Ja lesión del último representa jurídicamente un daño *menor* que el daño que amenaza al bien jurídico que se encuentra en necesidad;

b) si bien no es permitido, no es tampoco antijurídico, sino *jurídicamente irrelevante* cuando ambos daños son de *igual* valor, — presuponiendo (en *a* y *b)* que la lesión del bien jurídico ajeno es, conforme al estado de hecho, el único medio de alejar el peligro;

c) por el contrario, una reacción necesaria que se vincula a un

daño comparativamente *mayor* de un bien jurídico ajeno, *es antijurídica.*

Este *"principio del balanceamiento de bienes"*, "principio del

interés predominante", encuéntrase en varias disposiciones legales (C. C., 228, 904, Ley de Int. al C. C., art. 46, *III,* Ley de (correos de 1871, § 17) pero se generaliza, por sobre ellas, para todo el Derecho, como principio regulador no escrito; es la llamada *"regulación supra legal del estado de necesidad"*. Esta es la opinión dominante. Ver sentencias del Tribunal del Reich, 61, 254.

El § 54 del C. R, también relativo al estado de necesidad, no es aquí pertinente. Él no se refiere, ni por su letra ni por su sentido, al trazado de los límites entre derecho e ilicitud en el estado necesario. Su significado consiste más bien en dejar impunes, dentro de ciertos límites, acciones necesarias antijurídicas, a pesar de su antijuridicidad. Tampoco es pertinente aquí el § 52 del C. P., ("coacción irresistible").

III. Existe una especial regulación jurídica —C. P., 53; C. C., 227— para los casos en que el estado de necesidad constituye un estado de *legítima defensa,* es decir, que está fundado en una *"agresión actual e injusta"*. El núcleo de esta regulación especial consiste en que el derecho de defensa aquí establecido (causa de justificación) se concede no ya simplemente dentro de los límites de la "comparación de bienes", sino permitiendo cualquier daño del agresor, sin considerar si es grande o pequeño el daño que amenaza al agredido (p. ej., muerte del agresor para proteger un interés patrimonial pequeño). Razón legal: el agresor no puede quejarse porque él mismo se ha expuesto al peligro, y debe abstenerse del entuerto, consciente de que expone su vida.

Conforme a esta *ratio,* el requisito de "agresión injusta", exigido por el § 53, debe entenderse en el sentido de que se prevén solamente agresiones de parte de un *hombre, y* que además sean no sólo objetivamente antijurídicas, sino también *culpables* (discutido). Por otra parte, como "defensa" permitida sólo se considera, de acuerdo al § 53, la aceptación de la lucha contra el agresor mismo; no quedan cubiertas por la legítima defensa las lesiones contra terceros (discutido). La defensa contra animales (ver C. C., 228), contra agresores inconscientes (p. ej., niños y enfermos mentales), así como la utilización de bienes de un tercero para efectuar la defensa contra un agresor, es permitida sólo en los límites trazados por el derecho general de necesidad (balanceamiento de bienes).

Por lo demás, el derecho de defensa se condiciona a que la agresión sea (ya y todavía) "actual"; a que la defensa sea "necesaria", ello es, que el peligro no sea evitable por la huida o de otro modo sin lucha (discutido); finalmente, a que la medida de la defensa no sobrepase lo necesario y suficiente para defenderse según la situación de hecho (no matar, cuando bastaría un empujón, etc.)

No se excluye la legítima defensa por el hecho de que el agredido haya motivado la agresión por su culpa.

Está autorizado para ejercer la defensa legítima tanto el mismo agredido, como, por él, cualquier tercero (la llamada ayuda necesaria).

Otras causas de exclusión de la ilicitud

I. No obra antijurídicamente quien:

1. por razón del cargo o servicio, p. ej., como soldado, debe

o puede obrar como obra. Ver, p. ej., C. P. M, 124, Ley de 2 de julio de 1921, sobre uso de armas de los inspectores de fronteras de la administración de finanzas. En especial, no es antijurídica la conducta del subordinado conforme a la orden, en cuanto la orden sea jurídicamente de observancia estricta.

Esta fuerza obligante pueden tenerla también, de acuerdo a la voluntad de la ley, órdenes antijurídicas. Tal deber de obediencia con respecto a órdenes antijurídicas lo establece, en principio, el C. P. M., 47, para los militares subordinados (exceptuando sólo el caso de que quien reciba la orden *conozca* que ella se propone un "*crimen o delito*" civil o militar, ver C. P, 1). El que cumpla la orden obra, pues, como debe, es decir, no antijurídicamente (según otro modo de ver, la ejecución de la orden por el subordinado debe ser antijurídica y no sólo, "culpable". Pero entonces el incumplimiento de la orden sería conforme a derecho, lo que está en contradicción con el C. P. M., 92 y sigs. de acuerdo a los cuales aún entonces es punible).

2. el que ejecuta actos de propia ayuda. Ver, p. ej., C. C, 229, 230, 561, 859, *II*, *III*, etc.;

3. el que ejerce un derecho disciplinario que le compete.

II. El consentimiento del ofendido (o del amenazado) y la significación del hecho como auto lesión (o auto amenaza) son causas de exclusión de la ilicitud en cuanto el bien jurídico lesionado (o puesto en peligro) esté comprendido entre los derechos de disposición del lesionado (o amenazado); para ello vale el principio: *volenti non fit injuria.* Ejemplo: ataques contra la propiedad; ver en contra C. P, 216; es discutible hasta dónde el consentimiento excluye la antijuridicidad en las lesiones corporales.

III. Una actividad que está unida al peligro de que sobrevenga un resultado antijurídico, y que sería por ello antijurídica, no lo es, cuando el orden jurídico, a pesar de ese riesgo, la consciente, y el que actúa ha cumplido las prescripciones que aquél establece como condiciones de ese permiso (conforme a eso califíquese, p. ej.: la preparación de venenos, la reparación de armas de fuego, la explotación de ferrocarriles).

CAUSALES DE JUSTIFICACIÓN

El estado de necesidad responde al reconocimiento jurídico de un interés preponderante, sobre el imperio absoluto de la ley. Quien prefiere salvar un bien legalmente reconocido, a costa de cometer un ilícito, no es punible debido a que, en la colisión de intereses en juego, el derecho favorece al más importante o significativo. En una palabra, cuando exista colisión entre derechos desiguales, el Estado debe proteger el derecho superior, por lo tanto, el sacrificio del derecho inferior para salvar otro de mayor importancia, no será castigado, pero si los derechos en conflicto son iguales, no puede hablarse de justificación sino de una excusa basada —como señalaba Berner— en la debilidad humana.

Sauer ha ampliado las bases de la colisión de intereses con su tesis sobre la necesidad y la ley fundamental de la justicia y el bien común. Define el instituto, diciendo que es una situación extraordinaria de peligro actual, frente a la cual, cabe solamente la propia protección, mediante la lesión del bien jurídico ajeno (o mediante el incumplimiento del deber jurídico) y agrega que en la legítima defensa el derecho está frente al injusto, en el estado de necesidad el derecho está frente al derecho. A su vez, la conducta que excede un concreto estado de necesidad jurídicamente aceptable, puede quedar cubierta por una causal de inculpabilidad en tanto el autor está coaccionado psíquicamente por una situación extraordinaria (Sauer, *Derecho penal,* pág. 196).

Esta última doctrina es aplicable aún en el caso de bienes equivalentes, por ejemplo, el conflicto entre dos vidas humanas en que el autor prefiere su propia salvación a la del otro: caso de naufragio, incendio, etc. Quien sacrifica a otro para salvar su vida en una circunstancia extraordinaria como las señaladas, comete un acto desvalioso y quizá reprochable, pero el derecho no exige héroes sino hombres de carne y hueso, con todas las debilidades y temores invencibles que son propios de la naturaleza humana. En ocasiones como las apuntadas, lo que debe aplicarse para justificar el acto, es la no exigibilidad de otra conducta, no puede exigirse la propia inmolación ante la inminencia de un alto peligro para la vida, ni siquiera cuando tal cosa implique daño para un tercero. "Todas las barreras resultan impotentes —afirmaba Garraud— frente al instinto de conservación, fundado en la naturaleza del ser" *(Traité,* T. 1, pág. 529).

El estado de necesidad tiene relación objetiva con la legítima defensa que, en última instancia, también representa la elección entre dos bienes jurídicos equivalentes.

El Estado admite el derecho de todo individuo a defender aquellos valores esenciales de la vida y la integridad propia, y de los suyos sometidos a un ataque injusto.

Locke, no sin exageración, equipara la legítima defensa al estado de guerra que da derecho a repeler una agresión peligrosa. También se ha hablado de ley inmanente o natural del ser humano, para justificar el derecho a la repulsa, de todo aquello que ponga la integridad física o la vida de quien se defiende, en peligro de ser conculcado. Como quiera que sea, sobre la legítima defensa, se han elaborado gran número de teorías, desde el derecho antiguo hasta nuestros días. Manzini, recordando algunos antecedentes, dice que Julio Claro fundó un instituto sobre el natural derecho que uno tiene de *vi-repellere,* siempre que se obre para la justa defensa de sí mismo, con el moderamen de la causa, del tiempo y del modo, y que Próspero Farinacio añadió a los requisitos de la reacción inmediata, del peligro actual y de la injusticia del ataque, el de la indispensabilidad del medio empleado, de manera que el homicidio se debe evitar con la fuga, cuando ésta no pusiera en peligro al agredido (Manzini, *Tratado,* t. 3, pág. 203).

Los antiguos doctores elaboraron un concepto bastante claro de lo que es la legítima defensa, casi todos los requisitos que a ella corresponden, están en las obras de los penalistas clásicos y, los mismos, han subsistido en el tiempo, pasando a integrar el elenco actual de características típicas del instituto que se constituye como una causa puntual y definida de justificación del ilícito en las leyes penales modernas.

El ataque debe ser ilegal, es decir, la agresión que la víctima no está obligada a soportar, a lo cual, debe agregarse que debe ser actual, inminente o mientras dure, pero la eximente resulta dudosa cuando el ataque ha finalizado (en este punto es posible acudir a la doctrina del exceso), la defensa, por otra parte, debe ser proporcional, aunque no es exigible que se contrapesen el bien jurídico que se defiende y el que se vulnera con la defensa, pero quien se defiende debe elegir, en lo posible, la reacción menos perjudicial para el agresor (por ejemplo, un disparo al aire si con ello puede abortarse un ataque físico). Nuestra ley destaca tres elementos básicos para admitir la causal, a saber: agresión ilegítima, necesidad racional del medio empleado y falta de provocación suficiente por parte del que se defiende (inc. 6 del art. 34).

La agresión ilegítima puede ser potencial activa (peligro inmediato) o directamente nociva (ataque concreto). No es necesario que se consuma, basta que el agredido haya podido temer que el ataque se produzca, como es el caso de la amenaza con armas o el inicio de un acometimiento físico. Sin embargo, las condiciones que tienden a encuadrar la eximente, esto es, lo que ha de entenderse por agresión, deben supeditarse a la consideración de cada caso y a la más amplia facultad de valoración del hecho que deben hacer los jueces. Un puñetazo —por ejemplo— no es una agresión con entidad física suficiente como para calificarla de ilegítima y autorizar una respuesta armada, pero si ese puñetazo ha sido propinado por un sujeto pendenciero y de "acción", tal cosa sí puede ser valorada como ilegítima. No pueden establecerse límites conceptuales para definir la noción, y todo radica en el peligro real que el ataque suponga para la integridad del ofendido, pero si la agresión pudo detenerse por otro medio que la repulsa violenta, se debe rechazar la eximente. Está claro que no en todo caso puede analizarse si hubo exceso en la defensa, muy especialmente teniendo en cuenta el grado de conmoción que ha producido el ataque en el espíritu de la víctima, incluso el miedo invencible o el pánico; por ejemplo, en una mujer que se ve agredida por una hombre corpulento; el caso se repite en ocasiones de un cónyuge "pegador" al que la mujer dispara el arma por el terror producido por los sucesivos castigos. Garraud cita el art. 53 del Código Alemán, que dispone: "El agente no es punible cuando el desconcierto, el miedo o temor, le haga exceder los límites de la legítima defensa".

La ilegitimidad de la agresión no es un concepto exclusivamente jurídico, el atacado no tiene por qué hacer una evaluación legal del ataque antes de responderlo, aquí la ilegitimidad es tanto como sin derecho o contrario, a lo que comúnmente se entiende por derecho. No se trata de que el atacante cometa un delito, aunque casi siempre lo comienza a cometer cuando acomete, lo que expresa el vocablo que utiliza el Código, es que el acto sea sin justificación, sin razón, sin un motivo válido. "Ataque antijurídico —afirma Sauer— es la conducta no amparada por el derecho, tendiente a la lesión o peligro de bienes vitales ajenos" *(Derecho Penal,* pág. 188). Entre nosotros, Soler se ha pronunciado en forma análoga, dice: "ilegítima no quiere decir delictiva, sino emprendida sin derecho" (*Tratado*, T. 1, pág. 447).

También la legítima defensa, está subordinada a la racionalidad de la respuesta (necesidad racional del medio empleado). Para que la fuerza o las armas la justifiquen, el ataque debe haber puesto en peligro cierto la integridad de quien se defiende. Pero también aquí, es necesario considerar la subjetividad del agente: en la alteración psíquica de un enfrentamiento se emplea, a veces, un medio manifiestamente exagerado. Tal cosa hace que no pueda exigirse, en quien se defiende, una perfecta proporcionalidad del medio con la agresión y, a su vez, que resulta indiferente para la consideración de la causal, el hecho que el agresor resulte con daños físicos superiores a los que habría causado al agredido, ejemplo de quien ataca a puñetazos a otro y este responde con un arma blanca, hiriendo de tal forma al primero, que le causa una deformación de rostro, aunque en casos más extremos puede concurrir un exceso que derive en la calificación de culpa o imprudencia (art. 35).

La causal no puede invocarse en su integridad por quien ha puesto las condiciones para que se produzca la agresión. La determinación voluntaria de la causa productora vulnera la eximente pero debe añadirse que, a su vez, la provocación debe ser adecuada y lo suficientemente gravosa para inducir al provocado a reaccionar agrediendo: una discusión viva no es argumento suficiente para que uno de los interlocutores responda con violencia, una amenaza con armas sí: en este caso, quien amenaza, está provocando la réplica, ahora, si el primero actúa contra el que se ha defendido, no puede ampararse, a su vez, en la eximente. Distinto es el problema de si el provocador debe dejarse matar o responder e incurrir en pena, en esta hipótesis la fórmula de "no exigibilidad de otra conducta" puede satisfacer los casos extremos de lo que se denomina "legítima defensa de la legítima defensa". Tal, por otra parte, lo que propone Jiménez de Asúa (*Tratado*, T. 4, pág. 235).

La defensa, en este caso, requiere la ilegitimidad del ataque y la racionalidad del medio empleado en la repulsa. Si hubiera existido provocación suficiente que diera margen a la agresión, la eximente subsiste si el defensor no hubiera participado en ella.

La ejecución de un acto de deber o propio del cargo, elimina la ilicitud del hecho que, producido por alguien no investido de la respectiva facultad, sería ilegal.

La eximente ha sido dispuesta para asegurar la irresponsabilidad respecto de aquellos hechos que, siendo ilegítimos en principio, están justificados por la necesidad de acatar la ley o cumplir el orden de la autoridad.

La ley se refiere en este punto al cumplimiento de un deber jurídico, es decir, emanado de la norma en sentido lato, como es el caso del funcionario policial que procede a detener al autor de un delito. Estos tienen, en lo que hace al cumplimiento de sus deberes específicos, que proceder en ocasiones a incursionar en los derechos o facultades de terceros, como es el caso del allanamiento, el secuestro de objetos o el arresto de testigos renuentes, etcétera.

Sin embargo, el ejercicio de la autoridad no es eximente absoluta, está, por el contrario, ceñida a características objetivas estrictas, esto es, a la *necesidad* y *proporción* del ejercicio de la fuerza, más allá de cuyas fronteras no es difícil encontrarse con el abuso de autoridad; el funcionario puede utilizar la *vis coacta* para detener a quien resiste de hecho el arresto, pero tal cosa no lo faculta para utilizar medios que superen la estricta necesidad de hacer cumplir la ley: el agente que dispara a matar contra el ladrón que huye, excede los límites de la fuerza necesaria y la proporción del medio empleado, en cambio si hace uso de sus armas para repeler un ataque peligroso se ampara en la legítima defensa tanto como en la eximente que tratamos.

El punto está especialmente legislado en el Código Penal Italiano, cuyo art. 53 exime de pena al funcionario público que "con el objeto de cumplir un deber del propio oficio hace uso o bien ordena hacer uso de las armas, cuando es constreñido a ello por la necesidad de rechazar una violencia o de vencer una resistencia a la autoridad".

La disposición es de interés porque representa un principio general aplicable, en este punto de tanta controversia, no sólo desde el punto de vista jurídico, sino desde el político legislativo. En efecto ¿cuáles son los límites dentro de los que la autoridad puede hacer uso de armas? y ¿cuál es, en todo caso, la línea de demarcación con el exceso?

El uso de armas debe ser excepcional y debe constituir la *última ratio* en orden al cumplimiento del deber. Los excesos pueden dar lugar, sea a la atenuante culposa o, en los casos más graves, a la imputación a título del delito cometido, por ejemplo, el agente de la autoridad que durante el allanamiento provoca daños en las cosas o se apodera de algún bien situado en el lugar.

En cuanto al ejercicio legítimo del derecho propio está amparado el artículo 1071 del Código Civil que dispone: "El ejercicio de un derecho propio o el cumplimiento de una obligación legal no puede constituir como ilícito ningún acto". Es esta una regla genérica de derecho aplicable al punto que tratamos; el que con su conducta se ajusta a derecho no puede ser considerado infractor, tanto el que cumple con su deber, caso del agente de la autoridad que detiene a un delincuente, como el que ejercita un acto dentro de los límites de su derecho, expulsando un intruso de su predio, actúan dentro del marco del ejercicio de sus facultades legítimas. "Una acción jurídicamente permitida —afirma Graf zu Dohna— no puede ser, al mismo tiempo, prohibida por el derecho o, en otras palabras; el ejercicio de un derecho nunca es antijurídico" *(La estructura*, pág. 47).

La obediencia debida se aplica a las situaciones de orden jerárquico, dentro de las cuales el inferior debe acatar las órdenes de sus superiores. Esto se ve más claramente, en los estratos organizados piramidalmente con base en la disciplina y el compulsivo cumplimiento de las ordenes, cal como ocurre en las fuerzas armadas, organismos de seguridad o policía.

Sobre el estricto cumplimiento, en dichos niveles, jerarquizado, no existe controversia, el problema surge en punto al poder de revisión de la orden, o sea a la obediencia respecto de aquellas que sean visiblemente ilegales.

En una palabra, en estos casos, ¿el deber disciplinario adquiere un carácter absoluto?

Decía al respecto Manzini: "Esta servidumbre —la militar— personal pública es, por necesidad de su instituto, tan rígida y, la obligación de servicio tan intensa que bien poco queda de autónomo aun en la vida privada del subordinado. De manera que todos los límites más arriba fijados respecto al deber de obediencia desaparecen en relación a los militares" (Manzini, obra citada, pág. 43).

Cierto es que el Código Penal Italiano contiene un párrafo que justifica tan drásticas expresiones, dice: "No es punible quien ejecuta la orden ilegítima, cuando la ley no consiente ninguna excusa sobre la legitimidad de la orden (art. 51 último párrafo). Sin embargo, el superior que ordena al inferior la ejecución de un delito, abusando de la propia autoridad, es considerado autor de dicho delito" (art. 51 párrafo primero).

De acuerdo a este texto, el interior no puede revisar la orden, no tiene opción, debe cumplirla, pero el superior es responsable si ordena la comisión de un delito. En este contexto la eximente funciona de pleno derecho, quien acató el mandato y cometió un ilícito, queda exento de pena toda vez que la responsabilidad se desplaza al superior que, según la ley, comete el delito utilizando al subordinado con simple instrumento material carente de poder para hacer otra cosa que lo que se le manda.

Entendemos nosotros que ante la ausencia de una norma específica existe, en cambio, un poder moral de revisión, particularmente, frente a la orden manifiestamente ilegal o inductora de un delito, incluso en un cuerpo armado y que ese poder crítico —propio de todo ciudadano— debe llevar a rechazar el cumplimiento de un mandato que en sí es un delito.

Este punto, que ha dado lugar a las mayores controversias en nuestro medio, debe resolverse con un criterio de sentido común: la orden, groseramente ilegal, (atormentar o ultimar al apresado), puede ser desobedecida o resistida porque se constriñe al subordinado a cometer un delito tan grave como odioso. En casos como estos, el poder de revisión de la orden criminal debe ser ejercido porque, de otra manera, el autor también es responsable de la comisión del hecho ordenada por su superior, salvo que el incumplimiento de la orden tenga como consecuencia una amenaza cierta para la vida o la integridad física del subordinado, en cuyo caso la coacción puede funcionar como causal de inculpabilidad. Ésta, por otra parte, es también la solución de Garraud, quien opina que: "Si, a pesar de la orden recibida, el subordinado a tenido conciencia que servía de instrumento a un acto delictuoso, es difícil no declararlo responsable, pero si el subordinado a podido temer de perder la vida o la libertad por su negativa a obedecer, habiendo desaparecido su libertad moral, la infracción no le puede ser imputable debido a la coacción que ha sufrido" (Garraud, *Droit Penal Français*, T. 1, pág. 600).

El tema ha originado controversias, particularmente, en punto a la eutanasia. Nuestra ley no contiene una regulación de carácter general para los problemas que puedan surgir a raíz del consentimiento, de modo que es necesario para resolverlos, acudir a la naturaleza del bien jurídico tutelado. En este sentido puede decirse que, tratándose de bienes jurídicos que no presenten un interés público, es decir, cuando se trata de aquellos pertenecientes a la exclusiva órbita privada, el consentimiento del ofendido quita al acto su carácter de ilícito y ya no se habrá cometido delito alguno. "El consentimiento del ofendido —señala Mezger— constituye el ejemplo clásico de la exclusión del injusto con arreglo al principio de la ausencia de interés. Supone el abandono consciente de los intereses por parte del que, legítimamente, tiene la facultad de disposición sobre el bien jurídico" (Mezger, *Tratado*, T. 1, pág. 397).

El consentimiento debe hacerse efectivo al momento de la acción, si lo es posteriormente puede significar el perdón del ofendido, pero no despoja al acto de su ilicitud. En cuanto al error del agente, que cree tener el consentimiento del damnificado y actúa en esa inteligencia, debe ser considerado en el círculo de la culpa, en razón de la incoercibilidad de dicho error, pero escapa al ámbito de la causal de justificación.

En lo que respecta al consentimiento a la intervención médica, debe distinguirse el caso en que dicha intervención produce un daño en el cuerpo o la salud del paciente.

Piénsese en la hipótesis en las cuales el tratamiento produce efectos secundarios no esperados: la operación, incluso exitosa, que determina la pérdida o disminución de una facultad física, o la terapia que determina la aparición de síntomas de otra enfermedad, debido a las sustancias requeridas por aquella. En casos como estos, el consentimiento cubre la intervención quirúrgica o el tratamiento, pero los efectos secundarios no esperados pueden ser imputados bajo el título de mala praxis.

El Estado puede consentir ciertas actividades, en principio ilícitas, en tanto se cumplan dos condiciones: la necesidad que dichas actividades se lleven a cabo en función del bien o la conveniencia pública y que se concreten de acuerdo a las normas técnicas que las regulan, así, por ejemplo; las maniobras que en establecimientos especializados se hacen en cultivos de bacilos de enfermedades altamente contagiosas, como la viruela o la bubónica, o la manipulación de explosivos para la construcción de carreteras montañosas o para usos militares.

En los casos de riesgo permitido por la ley o reglamento, se excluye el tipo y, con ello, la imputación a título de delito, de modo que, si bien permisibilidad se articula con las causales supralegales de justificación, lo cierto es que la norma que admite el riesgo, hace que el hecho de tener bajo el dominio del agente (o de la institución o empresa) elementos peligrosos, se convierte en una actividad de carácter lícito, aunque cuando provoca un accidente por manejo imprudente del material suponga la responsabilidad a título de culpa.

La culpabilidad de la acción

De la culpabilidad en general (Inculpación, culpa en sentido amplio)

I. Para la punibilidad, si bien la antijuridicidad de la acción es necesaria, no es, sin embargo, suficiente; una acción antijurídica, para ser punible, debe haberse producido también *culpablemente.* (Así es desde hace tiempo el Derecho Penal purificado; los más antiguos derechos penales seguían el principio de "responsabilidad por el resultado", no "por la culpa"). Por medio del juicio de valor según el cual una acción es *"antijurídica",* se caracteriza, en efecto, solamente la fase externa (el comportamiento corporal) como contradictoria con el orden jurídico. Por el contrario, el juicio de que alguien ha actuado *"culpablemente"* expresa un juicio valorativo sobre la fase *interna* (espiritual, o "subjetiva") de la acción: en la subjetividad del autor no se ha examinado como debiera haberse hecho, conforme a las exigencias del orden jurídico, y por eso, por esa deficiencia, le es "reprochable" su acción. Tal reproche no va implícito en el solo hecho de que el autor haya producido objetivamente algo ilícito, porque podría haberlo hecho exento de toda culpa. Lo que importa es el estado anímico del sujeto *en el tiempo de la acción* —lo precedente y lo subsiguiente carecen de importancia— y, en consecuencia, si su resolución, ya sea por su orientación, ya sea por su modo y manera de originarse, es criticable.

II. Jurídicamente, las bases del concepto de culpabilidad (*"Culpabilidad jurídica)* son los imperativos del *orden jurídico,* según los cuales las normas valorativas contenidas en éste deben ser conductoras para las resoluciones humanas. La culpabilidad jurídica es independiente de que la acción sea culpable o meritoria en sentido religioso o ético; y en particular no es excluida por el hecho de que el actor se sienta, desde el punto de vista de la conciencia, obligado a realizar su acción (la llamada creencia del delincuente o creencia jurídica).

III. El principio *"no hay pena sin culpa"* no tiene excepción en el actual derecho alemán (prescindiendo del Derecho Penal financiero, ver Ord. de Imp. 357). Tampoco puede ser nadie penalmente responsable, sin propia culpa, por la culpa de terceros; ni tampoco la detención del redactor responsable según la Ley de Imprenta, § 20, *II,* significa un abandono de las exigencias de la culpabilidad, sino solo una presunción jurídica (rebatible) de la existencia de culpabilidad (según la opinión dominante), es decir, un principio jurídico procesal que simplemente se aparta de los principios generales del derecho probatorio. (Qetker construye la responsabilidad del redactor responsable, como "responsabilidad del garante del autor").

(Por el contrario, en el actual derecho se encuentran aún casos en los cuales la punibilidad de una acción culpable está influida, *entre otras,* por circunstancias, en vista de las cuales el autor no tiene culpabilidad.)

De la capacidad de ser culpable (imputabilidad)

I. Para reprochar a un hombre sus actos y, en consecuencia, castigarlo, es indispensable que aquellos sean la expresión de su propia personalidad, por la cual él responde, como dueño de su obrar; que su obrar sea la expresión de una espontaneidad existente en él (autodeterminación) conforme a la cual él podía decidirse por o contra la acción. Si un sujeto, en su obrar, se determina por su carácter y por motivos concurrentes, con necesidad tal, que la acción se produce por sí misma y de modo para él inevitable, no se comprende dónde podría insertarse reproche alguno contra él por causa de su obrar.

Desde el punto de vista del *Determinismo* estricto (doctrina de la falta de libertad en la voluntad humana) es inconcebible un Derecho Penal que vincule la pena a la inculpación de un hombre. Desde tal punto de vista existen sí hombres peligrosos y medidas preventivas contra ellos; pero no culpa ni retribución. Pero si prescindiendo el Determinismo de esa dificultad, considera posible, obstante, una responsabilidad penal por acciones determinadas, deberá contestar por qué el hacer no querido del hombre no se somete también a pena, y por qué se hacen diferencias entre los hombres acerca de la responsabilidad, pues si el humano querer no es libre de ningún modo, el hacer querido y el no querido son, intrínsecamente, de igual valor, y así también el obrar del enfermo mental no debe valorarse fundamentalmente de modo distinto que el del mentalmente sano.

El Derecho Penal sólo puede por eso construirse sobre la base del *Autodeterminismo* (reductible a "Indeterminismo condicionado o relativo"), ello es, la doctrina según la cual el hombre es *libre* en el sentido de que (cuando no concurran excepciones) en él, el obrar no se explica plenamente por el carácter y los motivos, sino que, además, junto a éstos, interviene un tercer término consistente en el *poder de resistencia* existente en el hombre, que lo capacita para paralizar los motivos de impulsión con contramotivos, ello es, a elegir y decidirse (ver la expresión del C. P., en § 51). A favor de la justicia de esta interpretación de la vida espiritual del hombre habla el sentimiento de responsabilidad de la humanidad. Nada dice contra ello el argumento determinista, según el cual, la voluntad del hombre no puede estar fuera del dominio de la ley de causalidad; pues puede concebirse aquel poder de resistencia como causante en sí mismo, e insertarse en la causalidad total.

II. Aclárase así también muy simplemente el fundamental concepto jurídico-penal de la imputabilidad (responsabilidad culpable, capacidad delictiva) que el Determinismo no lograba aclarar. Si el poder de resistencia es precisamente el factor que condiciona en general el concepto de culpabilidad, es evidente que aquellos hombres que carecen de poder de resistencia, están exentos de culpa en su obrar, y no pueden ser castigados. La imputabilidad os la faz criminal de la libertad del querer: es aquella disposición espiritual en la cual está presente el poder de resistencia como poder de ser obediente al Derecho. Es la condición previa, siempre que una acción concreta sea examinada para establecer si ha sido cometida culpablemente. Las acciones de los inimputables escapan por adelantado a ese examen.

III. La inimputabilidad no es lo mismo que la incapacidad de obrar (diferente BINDING). Hay "acciones de inimputables". En el caso de incapacidad de obrar, falta la acción y, en consecuencia, no se presenta la cuestión de la inimputabilidad. Por eso es inadecuado tratar los casos de inconsciencia simplemente como casos de inimputabilidad.

IV. El necesario poder de resistencia (libre arbitrario, imputabilidad) sólo lo adquiere el hombre en el curso de su desarrollo individual; y en los individuos desarrollados puede ser excluido por alteraciones de su vida psíquica.

Según nuestro Derecho Penal son:

1. *a)* absolutamente inimputables los "niños" hasta 14 años cumplidos (Ley de Trib. de Menores, 2). La llamada minoridad penal absoluta.

b) los *"jóvenes"* (personas entre 14 y 18 años, Ley de Trib. de Menores, 1) son, con respecto al derecho penal, "relativamente mayores", es decir, que la imputabilidad o la inimputabilidad se determina para cada caso individualmente. Es imputable el joven que intelectualmente y caracterológicamente es maduro (capaz de resistencia), el llamado *"discernement,* capacidad de distinguir; inimputable, aquel al que le falta la madurez de la inteligencia o del carácter. Observar la fórmula legal de la Ley de Trib. de Menores, 3).

c) Para los sordomudos rige además C. P., 58, el cual se atiene a la "capacidad necesaria para conocer la punibilidad".

2. Son inimputables los *enfermos mentales,* 51, segundo caso.

3. El estado espiritual provocado por una *amenaza* (C. P., 52) no significa, en sí mismo, inimputabilidad. Cuando la amenaza anula (paraliza o quebranta) totalmente la voluntad del amenazado, lo que falta es más bien "acción"; y si tal no es el caso, entonces el amenazado obra también imputablemente, pues se deja doblegar por la amenaza (*coactus volunit).* Pero ya que el C. P., 52, no excluye el caso de simple coacción sobre la voluntad, se deduce como intención de la ley que debe ser *considerado como* inimputable aquel que ha sido constreñido a su acción por un peligro presente para su vida o su cuerpo o para los de un pariente, peligro no evitable de otro modo. (Los estados de coacción más leves dejan subsistente la responsabilidad penal).

V. Hay individuos cuyo poder de inhibición, si bien no puede negarse, cuantitativamente es inferior en poder al normal, ya sea porque aún no lo es bastante (así los jóvenes en edad penal), sea por deficiencias patológicas *(espiritualmente inmaduros),* sea porque median estados fisiológicos que debilitan el poder de resistencia. También tales personas son plenamente imputables y penalmente responsables (es equívoca la designación "imputabilidad disminuida", no hay grados de imputabilidad), sólo que la medida de su culpabilidad por sus acciones es menor y por ello su punibilidad en parte la ley la aminora (C. P., 217, Ley Trib. de Menores, 9) y en parte el Juez, al fijar la pena, debe hacerlo más levemente que en otros casos.

IMPUTABILIDAD

El concepto de imputabilidad es tributario de la idea de la libertad del hombre para determinarse en relación a sus propios fines. Ello hace que sólo pueda ser considerado imputable quien la libertad física y espiritual para actuar voluntariamente. Fundamentalmente, la imputabilidad es el presupuesto necesario para que alguien pueda ser declarado penalmente responsable por un delito; quien no es capaz jurídicamente no puede ser culpable, por esa razón el derecho coloca en el primer plano de la imputación, la capacidad psíquica y biológica del agente, y por ello también la ley declara inimputables a aquellos que sufren alguna disfunción psíquica que los inhabiliten para comprender el alcance de sus acciones.

A la idea del libre albedrío se ha opuesto, desde una óptica causal-explicativa, el determinismo que pone de relieve que la conducta humana está limitada por la disposición y el medio circundante, lo cual implica que poco espacio queda para la libertad de actuación, es decir, no existe motivación autónoma en las acciones de los hombres, y tal cosa neutralizaría toda valoración ética de su conducta El determinismo debe rechazarse en ámbito del derecho penal; esta tesis, apoyada en términos exclusivamente causalistas, no puede explicar la culpabilidad jurídica, ni la retribución penal puesto que la criminalidad podría solucionarse con medidas de reeducación o, en última instancia, de seguridad. Si el autor procede de un modo que no puede evitar, (biológicamente determinado), sería un contrasentido que el Estado le aplicara un castigo, por cuanto el delito no sería el producto de una voluntad criminal, sino el resultado de la inducción de ciertos factores condicionantes, como la herencia o el medio social deletéreo, capaces en sí mismos de favorecer la conducta antisocial, por esta razón en el círculo de la imputabilidad, la doctrina más difundida se apoya en la idea de la libertad de determinación, aun cuando, desde el punto de vista de la Criminología, es dable estudiar las causas del crimen ton apoyo de conceptos psico-biológicos y socio-ambientales. De manera explícita ha señalado esta dualidad Sauer: "La Metódica orientada en Kant y el neo-kantismo resuelve para el confuso contraste de causalidad y libertad en discusión, que las ciencias de la naturaleza y las ciencias descriptivas sociales trabajan con el criterio de la causalidad e investigan, uniones, interdependencia y conexiones, mientras el Derecho Penal como la Ética, trata el problema de la responsabilidad y ésta sólo se puede afirmar en la existencia de la libertad de la voluntad" (Sauer, Derecho Penal, pág. 81).

Es en el estudio de la inimputabilidad donde esta dualidad se muestra con rasgos más nítidos, puesto que aquí se trata de un concepto jurídico, pero también de entidades nosológicas que escapan al ámbito dogmático para penetrar en el territorio de la Psiquiatría y la Psicología, en tanto que la imputabilidad puede excluirse por perturbaciones de base biológica o por las consecuencias de ellas, que determinan la exclusión de la libre determinación voluntaria. Pin esta indudable conexión, es donde puede afirmarse con Mezger que la imputabilidad es la puerta de entrada de la investigación moderna de la personalidad en el derecho penal (obra citada, pág. 202). En la noción de las causas que desplazan la imputabilidad, se muestra también el punto de arranque de la vinculación entre el Derecho Penal y la Criminología, es decir, allí donde el estudio de la personalidad y el carácter del autor cobran especial relevancia determinando su perfil psico-social, con notoria incidencia en el círculo de la responsabilidad y su correlato punible.

En la construcción dogmática del delito, la imputabilidad es el requisito previo al examen de la culpabilidad: (en este sentido Beling, Mezger) lo cual implica que, antes de valorar la conducta del sujeto desde el punto de vista subjetivo, es ineludible preguntarse por su madurez o su salud mental; si no goza del necesario desarrollo intelectual o se trata de un enfermo mental, no puede imputársele el hecho a título de culpa. La voluntad culpable, y por lo tanto la responsabilidad, sólo puede establecerse si el individuo es capaz de valorar su propio acto según los cánones socioculturales medios.

La imputabilidad ha sido tratada especialmente por nuestra ley partiendo de la noción opuesta, es decir, de la inimputabilidad. Esta existe cuando el autor del delito, en razón de determinadas causas biológicas, no puede comprender la criminalidad de su acto o dirigir sus acciones. Cabe, sin embargo, señalar que la línea divisoria entre enfermos mentales y fronterizos es muy sutil e incluso, a veces, ambas nociones pueden permanecer indiferenciadas, y tal cosa es más notable en ámbito del Derecho Penal porque hay anormales capaces de cometer delitos feroces, manifestando, por eso mismo, caracteres de alta peligrosidad, y débiles mentales autores de hechos graves, no pudiendo decirse en ninguno de los dos casos que se trata de inimputables, son por el contrario, individuos con inclinaciones criminales comprobables a través de sus historias penales y, como señalábamos recién, de indudable peligrosidad.

¿Cómo, entonces, clasificar a un individuo como inimputable si muchos desequilibrados no pueden considerarse tales? El Código soluciona, en parte, este problema cuando expone las dos condiciones que configuran la inimputabilidad: no poder comprender la criminalidad del acto o dirigir sus acciones. Lo primero implica que el agente tenga capacidad de valorar sus propios hechos, no en el sentido de la norma jurídica sino en el común de distinguir lo lícito de lo ilícito, lo bueno de lo malo, es decir, aquello que cualquier individuo de la media está en condiciones de definir. En cuanto a lo segundo, aquí caben no sólo entidades nosológicas puras, sino también desarreglos externamente condicionados como la intoxicación etílica o la ingestión de drogas capaces de anular el pensamiento crítico y de obnubilar la dirección de la conducta.

Esto quiere decir que no cualquier desarreglo psíquico conduce a la inimputabilidad, sino que debe tratarse de una verdadera enfermedad capaz de producir los efectos que señala el in. 1 del art. 34. Podemos decir entonces, que la insuficiencia de las facultades apunta a entidades nosológicas concretas como la oligofrenia y la debilidad mental, aunque para llevar a la inimputabilidad, deben ser profundas en el sentido de una completa insuficiencia de la compresión de la ilicitud del acto y la dirección del mismo en su concreción consciente y voluntaria.

La oligofrenia presenta distintos grados que van desde la debilidad leve a la idiocia, ésta última es la que ocupa el más bajo nivel del desarrollo intelectual. El núcleo de esta anormalidad está constituido por el pobre desarrollo intelectual respecto a la edad del sujeto. En estos casos, la detención que nos ocupa es congénita o muy precoz y repercute sobre todas las funciones de la personalidad y del psiquismo, en tanto, ésta funciona como una unidad que descarta la posibilidad de aislar elementos autónomos. Pin este sentido, ha expresado Weygandt que: "Los oligofrénicos manifiestan marcada tendencia a cometer toda suerte de actos delictivos. La debilidad mental juvenil debe equipararse con una detención del desarrollo en cierto grado de edad mental infantil normal, si bien pueden presentarse también anomalía cualitativa además de las diferencias cuantitativas en relación con el grado medio normal de cada edad (Weygandt Psiquiatría Forense, pág. 43).

Otra de las entidades consideradas en la esfera de la inimputabilidad es la demencia propiamente dicha. En general, puede decirse que las psicosis producen una disminución tan completa del aparato psíquico, que llevan sin más al juicio de incapacidad.

La demencia declarada implica la inimputabilidad, cuando ha existido al momento de cometerse el hecho y alcanza un grado suficiente como para haber impedido al agente la comprensión del acto o la dirección de sus acciones. Un cuadro de estos desarreglos puede consultarse en la obra de Weygandt, que alinea las siguientes enfermedades de la mente: histeria (profunda), la epilepsia, el grupo maníaco depresivo, la paranoia, la demencia precoz, las psicosis seniles, las traumáticas, las orgánicas secundarias, del metabolismo, febriles e infecciosas y las psicosis toxicas (alcoholismo agudo y drogadicción).

Pero debe recordarse que la valoración del informe psiquiátrico que señala el tipo de desarreglo, corresponde a los jueces, quienes deben analizar si el autor del hecho está comprendido en los alcances del inc. 1 del art. 34, en cuanto si ha podido comprender lo que hacía y dirigir sus acciones, es decir, que siempre la conclusión pericial debe quedar sometida al juicio valorativo que es, fundamentalmente, de carácter jurídico.

A su vez, ciertos grados extremos de las llamadas psicopatías también pueden ser consideradas desde el punto de vista de la inimputabilidad; así la llamada "locura moral o estupidez moral", "imbecilidad e idiocia moral" o la "oligofrenia moral" de la que hablaba Bleuler, pueden servir como directivas sintomáticas aprovechables. Un estudio muy amplio y comprensivo del tema se halla en "Las personalidades psicopáticas de k. Schneider. El tema es tratado también por Mezger; aunque para negar a la locura moral el carácter de entidad nosológica válida en relación a la inimputabilidad. Entre nosotros, Soler, apunta que, para cierta jurisprudencia, la "locura moral", lejos de ser una causal de inimputabilidad, corresponde más bien al impulso de perversidad brutal que agrava el hecho en los términos del art. 80 inc. 2 C. P. Sin embargo, ateniéndose al hecho que tales formas psicopáticas puedan representar un síntoma objetivo de determinadas neurosis o psicosis, particularmente en el llamado síndrome de "atrofia ética" post encefalítica o con relación a la esquizofrenia, la imbecilidad, la epilepsia, etc., el autor opina que es de preguntarse si es aceitado asimilar la atrofia ética al impulso de perversidad brutal para negar la inimputabilidad a tales psicópatas, y si lo más acertado no sería esperar el dictamen psiquiátrico en cada uno de los casos. Agrega que la naturaleza patológica de esta alteración del carácter no puede ser negada cuando es una secuela de la encefalitis letárgica (Soler, Tratado, t. 2, pág. 71).

Si bien, en ciertos casos, la atrofia ética puede ser la secuela de una enfermedad mental que llevaría a la inimputabilidad, las más de las veces indica una personalidad criminal de alta peligrosidad, lo cual, evidentemente, no hace sino agravar los hechos, particularmente, cuando se trata de delitos de sangre, homicidios seriales, violación de niños, etc. En casos como estos, no puede sostenerse la inimputabilidad porque sería un grosero contrasentido y una verdadera burla al común sentido de la justicia.

En tales personalidades psicopáticas, se encuentra una hipoevolución del sentimiento ético, una instintividad exacerbada —particularmente en los delincuentes sexuales— y una radical antisociabilidad, caracteres estos con los cuales Altavilla ha formulado su definición del delincuente perverso que no es otro que el "loco moral" del que habla la doctrina nacional. Un caso emblemático de este tipo de psicopatías es el de R. G., imputado del asesinato de dos niños luego de haberlos sometido a las más crueles sevicias, que declarado psicópata perverso, lo cual lo privaba de valorar éticamente el alcance de sus acciones, fue no obstante, considerado imputable y luego condenado, siendo su calificación psiquiátrica un elemento agravante de sus delitos por la alta probabilidad de que, estando en libertad, reincidiera en ellos.

Como quiera que sea, cierto tipo de perturbación del carácter (psicopatías), puede llevar a la inimputabilidad cuando el sujeto, debido a la notoria disminución de sus facultades valorativas, por un trastorno psíquico sin base biológica, no ha podido comprender la criminalidad del hecho ni inhibirse de actuar, y lo ha producido acuciado por una fuerza irresistible, de modo que los posibles frenos voluntarios han quedado de tal forma anulados que el acto se asemeja al síntoma de un verdadero trastorno patológico. La acotación es válida para ciertos casos de oligofrenia en que la capacidad de discernimiento está gravemente vulnerada. Si estos casos pueden dar lugar al diagnóstico de imputabilidad disminuida, véase Roxin, Derecho Penal, pág. 839.

LOS GRADOS DE LA CULPABILIDAD (DOLUS, CULPA EN SENTIDO ESTRICTO)

I. Toda acción antijurídica reposa sobre una *resolución* del actor en el sentido de la "voluntariedad" de mover el cuerpo, o de dejarlo quieto; de lo contrario, no habría "acción" alguna. Pero la disposición anímica del actor, *con relación al contenido ilícito de la acción,* puede ser muy distinta, y conforme con ello se resuelve si el actor es reprobable y, en caso afirmativo, en qué medida.

La *más grave* reprobación le alcanza a quien antijurídicamente actúa cuando en él se da el conocimiento de que la acción es antijurídica o de que lo es posiblemente y no despliega ninguna fuerza contrarrestante, sino que, más bien, ante el pensamiento de cometer una ilicitud, permanece, a lo menos, indiferente: grado mayor de culpabilidad: *dolus,* intención.

Una reprobación *menor* se da para aquel que rechazó subjetivamente el pensamiento de cometer una ilicitud; pero que no tomó suficientemente en serio la posibilidad de obrar antijurídicamente, o que no era consciente en absoluto de esa posibilidad; pero que con oportuno cuidado habría advertido la ilicitud y con ello habría podido y debido desistir de su resolución: grado menor de culpabilidad: *culpa* (en sentido estricto), imprudencia.

Es libre de toda tacha y por eso *inculpable* el que ni supo ni pudo saber que su conducta fuese ilícita.

Las diferencias aquí trazadas corresponden en todo caso al concepto general de culpabilidad.

II. Como en la culpabilidad en general, también en el *dolus* y en la *culpa* se trata solamente de la disposición anímica dada al *tiempo de la acción,* es decir, *si la resolución misma* está viciada (ya sea por su orientación o por descuido concurrente al originarse). No hay *dolus* (o *culpa) "subsequens"* o *"antecedens".*

LOS TIPOS DELICTIVOS Y SU SIGNIFICACIÓN PARA EL DERECHO PENAL

FUNDAMENTOS

I. La común práctica jurídico-penal había extendido de tal modo el poder judicial, que el juez podía castigar toda ilicitud culpable. Toda acción antijurídica y culpable era ya por eso una *acción punible.* Contra esto dirigió sus ataques el liberalismo naciente del siglo XVIII, afirmando la inseguridad jurídica que tal sistema importaba: a falta de una firme delimitación de las acciones que pudieran considerarse punibles, el juez podía someter a pena toda acción que le desagradara, pretendiéndola antijurídica, y podía imponer arbitrariamente una pena grave o leve para toda acción estimada punible.

Siguiendo este movimiento liberal, la legislación posterior estrechó el concepto de acción antijurídica. Del común dominio de la ilicitud culpable fueron recortadas y extraídas determinados tipos delictivos (asesinato, hurto, etc.). Para cada uno de tales tipos se previó una pena concreta y precisamente determinada para él; y así quedaron como no punibles ciertas formas de obrar antijurídicamente que no correspondían a ninguno de esos tipos enumerados. Así logró expresión un valioso pensamiento: el de que sólo ciertos modos de conducta antijurídica (los "típicos") son suficientemente relevantes para la intervención de la retribución publica y que, además, deben todos ser colocados en una firme escala de valores.

La protección jurídica del individuo, reforzóse, pues, tomando el legislador mismo el monopolio de la facultad de construir los tipos y de imponerles la pena, con exclusión del derecho consuetudinario y de la analogía, C. P., 2; Constitución, 116.

II. De este modo, redúcese el actual derecho penal a un *catálogo de tipos delictivos.* La antijuridicidad y la culpabilidad subsisten como notas conceptuales de la acción punible, pero concurre con ellas, como característica externa, la *"Tipicidad"* (adecuación al catálogo) de modo que, dentro de lo ilícito culpable, está delimitado el espacio dentro del cual aquellas son punibles (así como, en una ley de aduanas, el concepto de objetos gravados se obtiene de la relación de la ley genérica con la tarifación aduanera). Acción punible lo es sólo la acción *típicamente* antijurídica y culpable.

III. La *individualización* de los tipos delictivos no se debe efectuar externamente, como si cada ley penal —textualmente considerada— con una pena *única,* siempre ha de cubrir *un* solo tipo delictivo. Entre las leyes penales encuéntranse también las llamadas *"leyes complejas",* es decir, aquellas que hacen aplicable la pena siempre que concurran X o Y. Esta *o* significa a veces distintas modalidades equivalentes dentro del mismo tipo delictivo —las llamadas *leyes complejas alternativas;* pero a veces significa una diferencia tan fundamental que la pena externamente considerada *unitaria* no es más que una simplificación técnico-legal y comprende varios tipos delictivos— las llamadas *leyes complejas cumulativas.* Para determinar si una ley compleja es de una u otra clase debe atenderse si las posibilidades en ella yuxtapuestas aparecen, conforme a su valor, como distintas variedades plenamente equivalentes (ley compleja alternativa; p. ej., C. P., 131: "hechos falsos o deformados; 217, al nacer o inmediatamente después") o bien si cada una de ellas, prescindiendo de su equivalencia cuantitativa representa un cuadro cerrado cualitativamente distinto (ley compleja cumulativa, p. ej., C. P., 360:[11] "ruidos perturbadores o gran alboroto").

IV. Los tipos delictivos del actual derecho se dividen en

"autónomos y no autónomos".

En efecto, las penas que la ley conmina en las leyes penales particulares son:

a) a veces, *prescripciones penales fundamentales* (autónomas, inmediatas, independientes), es decir, que rigen por sí mismas en un marco penal determinado o en una determinada magnitud y por tanto son *cuantitativamente firmes* (p. ej., C. P., 242, 211).

b) a veces, *dependientes* (subordinadas, mediatas), ello es, que simplemente suministran una *relación* cuantitativa con respecto a la pena fundamental, pero por sí mismas son indeterminadas en su contenido, son cuantitativamente variables y cobran contenido absolutamente distinto según sea la pena que se tome como base del cálculo (p. ej., C. P., 48).

Las prescripciones penales subordinadas asumen una doble función. O bien conforme a ellas se torna punible una acción humana que, si aquéllas no existieran, sería impune; o bien por ellas sólo se modifica una pena que sin ellas ya existe. Aquí consideramos sólo las de la primera clase (sobre las de la segunda).

A la diferencia de penas corresponde una diferencia de los tipos delictivos a que se refieren.

a) En las leyes penales con penas básicas se nos presentan las *especies* (y sub-especies) de delitos; son figuras delictivas autónomas, *delicta sui generis* (como hurto, asesinato, etc.).

b) Las leyes penales de la segunda clase, presentan *figuras delictivas subordinadas,* las cuales, sin el apoyo de una de las especies delictivas, penderían en el aire, y logran significado jurídico penal sólo por la unión con una de aquéllas; pero, por otra parte, conceptualmente, tal unión puede ocurrir con cualquier especie de delito: formas delictivas accesorias, figuras accesorias que necesitan una inclusión, la llamadas *"formas fenoménicas"*. Se parecen a un marco movible, que si bien puede contener todos los cuadros posibles, sin ellos, es vacío; no es un cuadro.

Las formas accesorias en el actual derecho penal alemán son: la *tentativa,* la *instigación* y la *complicidad,* C. P., 43-44, 48, I, II, 49 *I, II.*

La separación de las clases de delitos y de las formas accesorias proviene de que el primer cuidado del legislador fue el de circunscribir el ámbito de lo punible por medio de tipos autónomos y conforme a eso construyó los tipos, de modo que quedó regulado el acaso normal: aquel delito que (por oposición a la tentativa) está realizada, y que (en oposición a la instigación y a la complicidad) es cometido en forma personalmente inmediata; pero el legislador, además, permite que se amplíe la punición a la tentativa, la instigación y el auxilio. Técnicamente habría podido proceder colocando en el catálogo de las clases de delito (en la parte especial del C. P.) la tentativa de hurto, la instigación al hurto, el auxilio al hurto; la tentativa de asesinato, la instigación al asesinato y el auxilio al asesinato, etc., como figuras delictivas autónomas, cada una provista de una pena básica propia. Estableciéndose, sin embargo, las penas para la tentativa adecuada y uniformemente conforme a cierta relación valorativa con respecto a las figuras delictivas a las que corresponden (lo mismo pasa con la instigación y la complicidad), se logra una simplificación creando —por medio de disposiciones generales— penas para esas figuras accesorias, que regulan *in blanco* la punibilidad con arreglo al relativo valor.

Debe tenerse presente también que las figuras accesorias, en comparación con las principales, son en general menos importantes, y que por eso su alcance como figuras delictivas puede ser fundadamente menor que el de las figuras delictivas autónomas (p. ej., impunidad de la tentativa de "contravención", de la complicidad por imprudencia, etc.).

V. El tratamiento de la tentativa, la instigación y el auxilio, como simples "formas accesorias" no ha sido, sin embargo, rígidamente seguido, El legislador ha separado algunos casos que en realidad son de tentativa, etc., y sometiéndolos a una pena propia y cuantitativamente firme, los ha erigido en *delicta sui generis, o* tipos delictivos autónomos (ver, p. ej., C. P., 210).

Además, con respecto a ciertos actos humanos vinculados a la tentativa, la instigación o a la complicidad ha procedido el legislador de modo que los ha declarado impunes en general, al circunscribir tan estrictamente los tipos "tentativa", etc., como lo hace en los § § 43, 48, 49; pero luego, quebrantando esta regulación general, ha recogido una porción de casos en el catálogo de las figuras delictivas autónomas. Así se deduce, p. ej., de la delimitación de la tentativa contenida en el § 43 que los actos preparatorios no son punibles; de la delimitación del tipo "instigación" contenida en el § 48 como incitación cumplida, que la incitación fracasada no es punible; sin embargo, en ciertos casos, esos modos de proceder están comprendidos en disposiciones especiales con una pena propia y cuantitativamente fija (ver, p. ej., C. P., 86, 201, 49a, 159).

EL DELITO-TIPO JURÍDICO PENAL

(*DER "(SRAF =) GESETZLICHE TATBESTAND"**

Toda figura delictiva *autónoma* se compone de una pluralidad de elementos, los cuales se encuentran en la correspondiente ley penal previstos a veces *expressis verbis,* a veces *sub intelligenda,* para precisarse o completarse por interpretación. Encuéntranse esos elementos en parte en la faz externa (objetiva), en parte en la faz interna (subjetiva) de la acción. Los elementos externos caracterizan el *tipo de ilicitud"* de cada caso y los internos las particularidades de la *culpabilidad* que deben concurrir para redondear el tipo de ilicitud como tipo de delito. Pero en cada figura delictiva todas sus características se orientan hacia una imagen unitaria a la cual se relaciona cada uno de los elementos, ya inmediata, ya mediatamente.

La faz *externa* presenta siempre, en efecto, un elemento al cual debe referirse *también lo interno* del autor para que se dé "esta" figura delictiva correspondiente. En el asesinato, p. ej., ese elemento es realizar la "muerte de un hombre"; en consecuencia, el dolo —necesario en la faz interna para el asesinato— debe dirigirse precisamente a la "muerte de un hombre". En el hurto: la "substracción de una cosa mueble ajena", pues ésta debe ser no sólo objetivamente ejecutada, sino que también hacia ella debe dirigirse la intención del autor. Existe, pues, de este modo, en toda figura delictiva un "*esquema*" rector dominante *común* para la faz objetiva *y* para la subjetiva.

Ciertos delitos, sin embargo, encierran elementos, que *sólo deben darse objetivamente,* sin que importe nada su vinculación con la "subjetividad" del autor; p. ej., el delito de "lesiones seguidas de muerte" (C. P., 226) requiere el

* Para facilitar al lector la comprensión de esta parte de la obra, y especialmente la de los puntos V y VI, creo útil transcribir y traducir el § 59 del C. P., que dice así: "Wen jemand bei Begehung einer strafbaren Handlung das Vorhandensein von Tatumständen nicht kannte, welche zum sesetzlichen Tatbestande gehören oder die Strafbarkeit erhöhen, son sind ihm diese Umstände nicht zuzurechnen".

"Bei der Bestrafung fahrlässig begangener Handlungen gilt diese Bestimmung nur insoweit, als die Unkenntnis selbst nicht durch Fahrlässigkeit verschuldet ist".

"Cuando alguien, al cometer una acción punible no conocía la existencia de circunstancias de hecho que pertenecen al Tatbestand legal o que agravan la penalidad, no se le computaran esas circunstancias".

"Esta disposición rige para la punición de los delitos culposos sólo en cuanto el desconocimiento mismo no es imputable a culpa".

Según la interpretación de Beling, la expresión Tatbestand tiene aquí el sentido de delito-tipo, por oposición a tipo de delito, a mera figura delictiva. (Ver "Die Lehre v. T", al final. Ver también Soler, derecho penal argentino, T. II, § 44, I-IV). El sentido literal de la palabra derívase de Tat= hecho y bestehen= consistir aquello en que le hecho consiste; la esencia legal del hecho. No puede decirse, por cierto, "elemento constitutivo", porque la muerte, en el homicidio preterintencional (lesiones seguidas de muerte, según la expresión alemana) es un elemento constitutivo de la figura; pero no del delito-tipo; no pertenece al Tatbestand (Nota del T.).

resultado mortal sólo como *objetivamente* sucedido. Elementos de esa clase no pertenecen al "esquema rector", cuya esencia consiste precisamente en que alumbre *ambas* faces del hecho. Con todo, ellos no carecen de relación con el esquema; se vinculan a él mediata y suplementariamente (así en § 226 el resultado mortal como agregado al esquema de las lesiones). Lo mismo puede decirse de los elementos *"puramente subjetivos"* necesarios en numerosas figuras delictivas; cuando, p. ej., se requiere para el hurto (C. P., 242) "el fin de apropiarse ilícitamente" (no ya la apropiación objetiva en sí), esta intención representa un agregado al dolo dirigido al esquema "substracción de una cosa mueble ajena".

Este esquema lo legisla el § 59 del C. P. llamándolo *"gesetzlicher Tatbestand" (delito-tipo).*

II. El *contenido* de cada delito-tipo debe considerarse aisladamente para cada figura autónoma de delito. "El" delito-tipo significa sólo la *función* de los distintos contenidos como "esquema" para la figura delictiva *correspondiente.* La "parte especial" del derecho penal es por eso la que regula la construcción de esos contenidos. Las insuficiencias de la letra de la ley en las disposiciones especiales deben salvarse por medio de la interpretación (p. ej., C. P., 185, 360,[11] donde los elementos del delito-tipo en modo alguno se expresan, sino que sólo se da el nombre del tipo: "injuria", "gran alboroto"). En las llamadas "leyes penales en blanco" (aquellas en que la figura sólo está muy ampliamente bosquejada y dejan su delimitación más precisa a otras leyes o reglamentos; leyes con "penalidad abierta o ciega", p. ej., C. P., 145) lo decisivo para el delito-tipo es lo que llena el blanco.

III. Todo delito-tipo traza fundamentalmente el cuadro abstracto de un acontecimiento vital de determinada clase, y cuenta con que el examen de los hechos humanos establezca si éstos corresponden a ese cuadro. En este sentido, todos los contenidos del delito-tipo son equivalentes entre sí. De acuerdo con los elementos o notas del delito-tipo se pueden distinguir *grupos* de delito-tipos, que luego permiten una agrupación de clases de delitos. Para efectuar esa clasificación, pueden adoptarse distintos puntos de vista.

1. Los *elementos* del delito-tipo se toman:

a) o de una *particularidad del comportamiento corporal* (p. ej., "andar") o del *sentido intelectual* de la actuación (p. ej., "incitación", y "amenaza");

b) o de las circunstancias de lugar, tiempo y objeto, anteriores o concomitantes, en las cuales se produjo el hecho corporal (p. ej., "después de recibir moneda falsa", C. P., 148; "durante una guerra", 89; "en aguas ribereñas", 296 a; "embarazada", como objeto, 219; "violencia", como medio, 176 —se habla en tales casos de "delito-tipos con medios legalmente limitados»—; "empleado", como autor, 331; "publicidad" = perceptibilidad sin determinar quiénes y cuántas personas, 110);

c) o bien de la concurrencia de un evento o estado temporalmente posterior a la acción, corno *resultado* (ya físico, p. ej., la muerte de un hombre, o espiritual, como, p. ej., tomar conocimiento, escandalizar).

La mayoría de los delito-tipos se refieren (vinculándose parcialmente con uno de los elementos sub 1, *a y b)* a un *resultado (c)* como hecho final típico: los llamados *delitos de resultado* o *materiales* (p. ej., 211, 303). Constituyen su opuesto los *delitos de pura acción* o *delitos formales,* en los cuales es indiferente, con respecto al tipo, lo que sucede *después* del comportamiento corporal (p. ej., "andar sobre un jardín", 368[9]).

2. Surge otra clasificación de los delitos de que:

a) en algunos de los delito-tipos, el verbo que designa la acción expresa la lesión de un objeto indicado en el delito-tipo: *delitos de lesión* (p. ej., homicidio);

b) en otros, recíprocamente, es un peligro lo que concurre como característica: *delitos de peligro* (p. ej., 313); (ambos, *a y b* designados generalmente como "delitos criminales");

e) en los demás, para el delito-tipo no son esenciales ni la lesión ni el peligro, son los llamados *delitos de policía o puras desobediencias* (p. ej., 366; [6] 153; 360); [8] al tercer grupo pertenecen también los delitos llamados de peligro abstracto o general (en contraposición con los cuales a los genuinos delitos de peligro se los llama "concretos" o "especiales") en los cuales el pensamiento de que el modo de obrar nombrado en el delito-tipo por regla general es peligroso, constituyó el motivo legal para la creación de la ley penal (p. ej., 324). La designación "delito de policía" (y la designación "pena policial" para la pena correspondiente) es, por lo demás, equívoca, en cuanto despierta la idea falsa de que son las autoridades policiales las que establecieron o decretaron la pena.

3. Los elementos de un delito-tipo, con respecto a la persona del autor, se encuentran ya en una relación estricta ya en una relación suelta:

a) o bien ellos están especificados —como *"personalismos"*— de modo que como "autor" sólo puede ser castigado, aquel que los reúne, de modo que quien no los tiene, sólo puede ser considerado eventualmente como "cómplice" aun cuando, por lo demás, haya realizado el delito-tipo. Ej., apoderar-"se", en C. P., 246; además, los llamados delitos especiales, en los cuales el tipo requiere que el actor pertenezca a una determinada clase de personas (296 a: extranjeros; 297: viajeros, tripulante, marinero; 343: empleado);

b) o bien (por regla general) se trata de elementos "transitivos", es decir, que pueden considerarse como si se diesen inmediatamente en un actor aun cuando éste solo haya determinado o consentido su realización por medio de otro (casos de acción mediata y de desplazamiento de la actividad de un auxiliador al autor principal).

4. Algunos delitos se refieren —delitos "de acción doble"— a una combinación de acciones de distinto significado (p. ej., 267: falsificar + usar). Delitos *complejos.*

5. Algunos delito-tipos contienen elementos que están tomados colectivamente, p. ej.: "dinero", 146; "duelo", 205; "vagancia, 361. [3] Es la llamada *unidad legal* (v. Buri).

6. Delitos permanentes: aquellos cuyo tipo se manifiesta prolongándose a través de un espacio de tiempo más o menos largo (ej., el secuestro).

7. Delitos de estado: aquellos en los cuales de la realización del tipo resulta un estado antijurídico durable.

(Sobre los elementos "normativos" y "subjetivos" del delito-tipo)

IV. El contenido de cualquier delito-tipo traza una línea delimitativa alrededor del acontecimiento "configurado". Su sello característico lo recibe del verbo en él contenido, como "matar" (C. P., 211), "substraer" (242), etc. Todo verbo típico sugiere en nosotros la representación en una antítesis cuádruple: la antítesis.

a) con respecto a actos que *todavía* no pueden designarse como actos de "matar", etc. (p. ej., cargar la escopeta);

b) con respecto a actos que *acompañan* un "homicidio", etc.; pero sin tener ellos mismos el carácter de tales (p. ej., A, sujeta a X, en un homicidio cometido por B);

c) con respecto a actos que están *después* de "matar", etc. (p. ej., enterrar el cadáver); hasta aquí, de *a) a c),* actos en la zona exterior del delito-tipo;

d) con respecto a aquellos actos que nada de común tienen con

lo que se llama "matar", etc.

Esta aclaración es importante para la doctrina de la correidad y la complicidad, de la ejecución, la tentativa y la preparación.

V. El delito-tipo ("Gesetzliche Tatbestand") es un concepto *fundamental* para todo el derecho penal. Su importancia no se limita, a la de constituir el esquema unitario para cada figura delictiva autónoma, esquema en el cual todas las características de éstas se enhebran como en un hilo.

1. por de pronto, no puede prescindirse de él para la clara comprensión de la esencia de las figuras delictivas *subordinadas* (las "formas mediatas"). Pues la inclusión que éstas requieren en una u otra de las figuras delictivas autónomas significa también una dependencia del esquema que rige la correspondiente figura autónoma de delito (Tentativa = Tentativa de "matar un hombre", de "substraer una cosa mueble ajena", etc.; instigación y auxilio = instigación y auxilio a "matar a un hombre", a substraer una cosa mueble ajena", etc.).

2. Pero también las demás prescripciones penales pierden su firmeza cuando se prescinde del delito-tipo ("coautores no son aquellos que hacen "algo" en común, sino aquellos que en común "matan a un hombre", "substraen una cosa ajena", etc. ". "Unidad de hecho" no significa la homogeneidad de varias acciones cualesquiera, sino de acciones que, en conjunto, significan "matar un hombre", etc.).

VI. El lenguaje jurídico emplea, desgraciadamente, la *palabra "Tatbestand"* en otros sentidos completamente distintos.

1. Se llama "Tatbestand" al caso concreto que se debe juzgar. Para eso está, sin embargo, la palabra "caso" ("Sachverhalt).

2. Se habla del "Tatbestand general del delito", entendiéndose con ello la totalidad de las condiciones de la existencia de una acción punible. Pero para eso más sencillo es decir: concepto del delito.

3. Se habla de un "Tatbestand especial del delito" para cada clase de delitos, p. ej., el del "asesinato". Esto no es nada más que la figura de delito de una clase determinada de delitos. Con la designación "Tatbestand", se oscurece aquí lo esencial del sentido del § 59, C. P.; según aquel modo de expresarse, correspondería al "Tatbestand", entre otros elementos, la muerte en el caso de lesiones seguidas de muerte (C. P., 226); en consecuencia, de acuerdo al § 59, lo subjetivo del autor debiera referirse a ella también, siendo que se reconoce siempre que en tal caso, conforme al § 59, la muerte está *más allá* del "Tatbestand".

4. Se separan un Tatbestand "objetivo (externo) y uno subjetivo" (interno). Con ellos simplemente se nombran las faces externa e interna del delito. Con la designación Tatbestand interno" confúndese además frecuentemente la situación espiritual del autor y el concepto jurídico de culpabilidad referible a ese estado.

5. Se habla de un "Tatbestand de la tentativa, de la instigación, de la complicidad". Y con ello se piensa en las "características" de la tentativa, etc. Designando a esto con la palabra "Tatbestand, se confunde en un mismo plano el "Tatbestand de la tentativa, etc., con el del asesinato, el hurto, etc., con lo cual se da un cuadro completamente contrahecho, como si las formas accesorias fuesen clases coordinadas de delitos.

6. Forma parecida se designan, en general, con la palabra "Tatbestand" las características de todo concepto jurídico, "Tatbestand de la legítima defensa", "Tatbestand de la prescripción", etc.

7. Finalmente, no se ha superado aún la costumbre de designar como Tatbestand legal a las palabras literal y externamente textuales, con las cuales los párrafos especiales de la ley establecen las condiciones para que se pueda aplicar la pena. Según esto, p. ej., la antijuridicidad pertenecería al Tatbestand (delito-tipo) en el § 303, pero no en el § 211, y el § 185 no tendría ningún Tatbestand legal. Esta manera de expresarse no tiene objeto alguno. Sólo puede conducir a una jurisprudencia literal.

Es evidente que tal variedad de acepciones para una sola palabra, sólo confusiones puede causar. Es, pues, absolutamente necesario hablar del "Tatbestand" exclusivamente en el sentido del tatbestand legal estricto (delito-tipo), a cuya esencia nos hemos referido. Para lo demás existen a disposición expresiones distintas y adecuadas.

La relación del delito-tipo con la figura delictiva

I. El delito-tipo no se identifica con la figura delictiva correspondiente. Esto se ve claro en un ejemplo. La figura delictiva "asesinato" consta de los siguientes elementos: una acción, que:

1. objetivamente, significa la ejecución antijurídica de la idea "matar a un hombre",

2. con una intención a ello dirigida y

3. ejecutada con premeditación. Ya el primero de esos elementos es algo distinto del delito-tipo "matar un hombre", pues esta figura, si bien *se extrae* de los hechos de "matar hombres" *realmente sucedidos,* es sin embargo tan distinto de ellos como los es el concepto "dinero" del hecho de que nosotros lo tengamos. El segundo y el tercer elemento ya son completamente distintos de "matar un hombre".

El delito-tipo es precisa y solamente el *esquema* común para los elementos del delito, un cuadro solamente "regulativo" para los elementos de la figura.

El trueque de las figuras delictivas con su delito-tipo estaría facilitado por el hecho de que estos últimos son también "figuras", que pueden concebirse como las figuras delictivas, reunidas en un catálogo. Pero el catálogo de los delitos-tipos es completamente distinto del de las figuras delictivas. Está, pues, bien, representarse al primero como si fuera un "libro de estampas jurídico-penales" en el cual todos los delitos ("matar un hombre", "substraer una cosa mueble ajena", etc.), están dibujadas esquemáticamente, y, por el contrario, considerar el catálogo de las figuras delictivas (asesinato, hurto, etc.), formado por el texto que acompaña aquellos cuadros. Con sólo contar el número de ambas series se ve la diferencia entre delito-tipos y figuras delictivas. *Un único y misino delito-tipo* rige comprensivamente *varias figuras de delito* al mismo tiempo, las cuales, en consecuencia, se diferencian entre sí por elementos "extratípicos" (p. ej., el delito-tipo "matar un hombre" rige el asesinato, el homicidio, el homicidio culposo, etc.), de modo que el catálogo de las figuras delictivas contiene más números que el "libro de estampas" penales.

II. Es actualmente muy discutida la cuestión de los *"elementos subjetivos y normativos del delito-tipo"*.

1. Como elementos *"subjetivos"* se comprenden aquellos que pertenecen a lo interno del autor (sus representaciones, sus propósitos, etc.). La afirmación de que existen elementos "del delito-tipo" de esa clase, descansa sobre la confusión del delito-tipo con la figura delictiva. Para toda figura, la forma de la faz subjetiva es esencial (culpabilidad de determinada clase —dolo, culpa y aun además requisitos especiales como "premeditación", C. P., 211, "fin de apropiación", 242, etc.). Por el contrario, el delito-tipo sólo puede ser la copia de un hecho externo sin referencia a lo interno del actor. Su función es precisamente la de que se relacionen a él, aparte de la faz objetiva ("realización» del delito-tipo) también lo interno del autor. Si en el delito-tipo se incluye ya algo interno, la faz interna debiera referirse a sí misma (p. ej., si en el § 242 del C. P., el "fin de apropiación" fuese una parte del delito-tipo, el autor, conforme al § 59, debería haber dirigido su dolo, entre otras cosas, también a este propio fin) lo que es psicológicamente desconcertante. La doctrina de los "elementos subjetivos del delito-tipo" está principalmente determinada por el hecho de que en las leyes penales se encuentran, en forma puramente literal, *palabras* que anuncian algo externo unido a algo interno (así se podría entender, p. ej., la palabra "impúdico" en C. P., 183, en el sentido de que obra "impúdicamente" sólo aquel que con su acción de carácter sexual quisiera satisfacer sus deseos lascivos). Pero no son las palabras de la ley sino su espíritu, lo que importa para la comprensión del delito-tipo y por ello es tarea de los juristas buscar una expresión verbal para sustituir a esa inadecuada palabra compuesta, expresión que designe correctamente al esquema regulador común para la faz objetiva y subjetiva.

2. Bajo la designación *"elementos normativos del delito-tipo"* entiéndanse conceptos de valor, incluso los conceptos jurídicos valorativos, como "propiedad", "ejercicio legal de un cargo", etc. Si bien no se presenta dificultad alguna para comprender los elementos normativos extrajurídicos del delito-tipo (p. ej., "poca cantidad, "valor insignificante", C. P., 370)[5] ella parece presentarse con respecto a los elementos *jurídicos* normativos, por el hecho de que el delito-tipo es sólo el esquema rector para la antijuridicidad que se da en su realización y que precisamente por ésta se caracteriza, y así, con la admisión de elementos jurídico-normativos en el delito-tipo parece

anticiparse la cuestión de la antijuridicidad. La solución surge de las siguientes consideraciones:

a) La antijuridicidad misma no puede ser jamás un elemento del delito-tipo. Ya sea que el "tipo literal" la presuponga como condición de la punibilidad o no, el hecho es que, en todo caso, por el delito-tipo sólo se determinaría la "clase de antijuridicidad" y no a ésta en sí misma. Siempre son cuestiones distintas la de saber si existe o no "la muerte de un hombre" y la de saber en qué medida ello es antijurídico. Los delito-tipos no son en modo alguno, como recientemente se ha afirmado, "tipos de ilicitud" en el sentido de que, con afirmar que un delito-tipo se ha realizado, se afirma conjuntamente la antijuridicidad. Es cierto que el legislador ha extraído sus figuras delictivas recortándolas del dominio general de lo ilícito, y por eso es que se dice correctamente que el requisito de la "tipicidad", y con él el de la adecuación al del delito-tipo, no van *junto* al de la antijuridicidad, sino que se insertan *en* éste ("una acción antijurídica, *ello es,* antijurídica *de este u otro modo").* Pero aquí debe considerarse, que al legislador no le es posible construir los tipos de manera que los modos de conducta abarcados por los tipos caigan totalmente en el dominio de lo ilícito: todo tipo, creado a fin de ser empleado como tipo de ilicitud, presenta una imagen representativa que, considerada en su particular carácter de "tipo", puede entrar en *ambas* mitades del derecho: lo antijurídico y lo no antijurídico. Esto es aplicable también a los delito-tipos.

De ahí se deduce que los delito-tipos son de carácter puramente *descriptivo* y que con ellos no se contesta la cuestión de la antijuridicidad o de la licitud, a pesar de su derivación de "lo ilícito". La "adecuación al delito-tipo" y, la "antijuridicidad" de una acción concurren, pues, como dos círculos secantes: hay acciones adecuadas al delito-tipo que no son antijurídicas (p. ej., la muerte de un hombre en defensa legítima) y acciones antijurídicas que no se adecúan a un tipo (p. ej., en el actual derecho alemán el *furtum usus,* el incumplimiento de contrato; a lo menos, sólo fragmentos de ellos están tipificados). Es condición de la punibilidad el tipo de ilicitud; pero el delito-tipo no lo *es,* sino la unión del delito-tipo y de la ilicitud.

b) Ahora bien, aun cuando delito-tipo sea meramente "descriptivo", nada impide al legislador separar las figuras delictivas entre sí y con respecto a la zona que deja libre, eligiendo para ello el punto de vista que le sea útil para trazar la imagen que se propone. Puede, pues, emplear también *conceptos particulares jurídico-normativos* (conceptos particulares: no la antijuridicidad en general, que no es, por cierto, adecuada para dar base a diferencias típicas); p. ej., la propiedad ajena (C. P., 242) o la propia (C. P., 289). En cuanto intervengan, en el esquema común para las faces objetiva y subjetiva, tales elementos, éstos tórnanse "elementos normativos del delito-tipo". Por su intermedio no se resuelve la cuestión de la antijuridicidad de la acción (sólo tienen, como los demás elementos del delito-tipo una función meramente "descriptiva"); sólo estrechan el campo en el cual se plantea el problema mismo de la antijuridicidad.

Restricciones legales de la punibilidad
(Causas materiales de exclusión de pena)

I. Una acción "típicamente" antijurídica y culpable es en principio una acción *punible.* Hay, sin embargo, circunstancias que, al mediar, hacen que acciones de esa clase, por excepción, *no sean* acciones punibles. El pensamiento legislativo consiste aquí en que la autoridad del Estado no sufre ningún perjuicio con que cese la retribución. Desde este punto de vista, el Estado ha limitado la retribución posible de modo que del círculo de las acciones antijurídicas y culpables ha sometido a pena solamente las "típicas. Pero aquí aún da un paso más, dejando impunes ciertas acciones, aunque estén comprendidas en el catálogo de los tipos, cuando median ciertas condiciones. Esas circunstancias se denominan "circunstancias materiales de exclusión de pena".

Se llaman "circunstancias de exclusión de *la pena"*

a) en contraposición a las circunstancias que no corresponden al derecho penal, y que siendo sólo procesales, no excluyen la punibilidad, sino la "perseguibilidad", p. ej., la falta de querella, el divorcio en el adulterio (C. P., 172), garantía de reciprocidad (C. P., 102, 103), "requerimiento de autoridad extranjera" (C. P., 4, ^{3} *11),* etc.;

b) en contraposición a las circunstancias que hacen ya desaparecer de la acción el carácter de antijurídica o de culpable o de "típica", las cuales, aunque también excluyen la punibilidad, se diferencian sin embargo de las que aquí hablamos en que estas últimas, como puras" o "simples" causas de exclusión *de pena,* excluyen justa y *solamente* la punición y no las circunstancias de fondo que la condicionan.

Se llaman circunstancias *"materiales"* de exclusión de pena en contraposición a las "personales" que sólo significan privilegios personales de impunidad para determinadas personas, pero que dejan intacta la punibilidad de la acción misma.

II. En tal sentido desaparece la punibilidad

1. según el C. P., 4, *I,* 6, "por regla general", por hechos cometidos *en el extranjero* (y ahora en el territorio del Sarre, Ley de 10 de marzo de 1922). Excepciones a este precepto C. P., 4, *II,* 298; C. P. M, 7, 161; Ordenanza de gente de mar, § 121; Ley de Consulados, 7 de abril de 1900, § 77;

2. según el C. P., § 54, para acciones cometidas en un *estado de necesidad* inculpable e inevitable de otra manera, para salvar un peligro actual para la vida o el cuerpo del autor o de un pariente (§ 52, *II).*

Acerca del significado del § 54, las opiniones, sin embargo, están divididas. Se enuncian las siguientes concepciones:

a) el § 54 imprime a la acción el sello de una acción *conforme al Derecho.* En tal caso, las condiciones de aquél son concebidas de modo que nada importa el balanceamiento de los bienes; para ellos es aplicable cuando, p. ej., el amenazado por el rasguño de un perro ("peligro para el cuerpo") mate a un hombre. Pero no se comprende cómo podría el orden jurídico conceder una potestad ilimitada sobre todos los bienes ajenos a aquel que se encuentre eventualmente en un estado de necesidad para la vida o el cuerpo suyos (o los de un pariente). Lo lógico es sólo una regulación tendiente a que el Estado, teniendo presente la debilidad del hombre, cierre los ojos ante esas reacciones necesarias que exceden la norma de proporcionalidad y que, conforme a la regulación general de la justificación por necesidad son antijurídicas, y que, en consecuencia, sólo conceda para esos casos una simple impunidad.

b) el § 54 significa una causa de exclusión *de la culpabilidad.* Pero numerosas acciones necesarias son perfectamente reprochables, y cuando el actor realmente obra sin culpa, la impunidad surgen conforme a los principios reguladores de la culpabilidad y el § 54 resulta superfluo.

c) el § 54 significa *sólo* una causa *"personal"* de exclusión de pena. Pero entonces, los instigadores y auxiliadores del autor seguirían siendo punibles, lo que apenas puede concebirse, puesto que la debilidad humana que explica la impunidad, también media con respecto a ellos.

3. Conforme al art. 30 de la Constitución (C. P., 12), comp. 38, Constitución de Baviera, están libres de toda responsabilidad los *informes verídicos sobre los debates parlamentarios.* No podría aceptarse que fuese con ello estatuido *un derecho* ilimitado para los relatores. La ley crea simplemente una causa material de exclusión de pena para casos en los que la acción es antijurídica.

LA CONSTRUCCIÓN DEL CONCEPTO DE ACCIÓN PUNIBLE EN LAS FIGURAS AUTÓNOMAS DEL DELITO

GENERALIDADES

I. La exigencia legal de la "adecuación al catálogo" ("tipicidad") trae consigo que la existencia de una acción punible, conforme a la "parte especial" del Derecho penal, es decir, conforme a una figura delictiva autónoma, a una clase o subclase de delitos (p. ej., de un asesinato, de un hurto simple, de un hurto con fractura) puede sólo afirmarse:

1. cuando objetivamente la acción corresponde plenamente con el delito-tipo de la pertinente figura delictiva, es decir, cuando es *"adecuada al delito-tipo"* y en esa relación de adecuación es antijurídica;

2. cuando la faz culpable de la acción, trae consigo una conformación específica que relaciona lo interno del autor precisamente al mismo delito-tipo;

3. cuando se dan las accidentales características propias de la correspondiente figura delictiva.

II. La realización del delito-tipo (precedentemente, 1) se da, cuando la acción con su manifestación corpórea, sus circunstancias precedentes y concomitantes y sus consecuencias, ello es, con sus "circunstancias de hecho" presenta plenamente el cuadro típico, cuando es "matar un hombre", "substraer una cosa mueble ajena", etc. Una acción de esa clase se llama también *"ejecución"* ("ejecución *plena")* del delito. Su opuesto son las "acciones preparatorias, accesorias y posteriores" que caen fuera de la zona del esquema típico; éstas, como tales, no son punibles (algunas de ellas son sin embargo configuradas como *delicta sui generis,* ver, p. ej., C. P., 86). Incluso el simple *"principio de ejecución"* (tentativa) está excluido aquí.

La realización del delito-tipo, puede presentarse de diversas maneras.

LA REALIZACIÓN DEL DELITO-TIPO

LA LLAMADA AUTORÍA INMEDIATA

DE LA EJECUCIÓN POSITIVA Y PARTICULARMENTE DE LA CAUSALIDAD EN LOS DELITOS MATERIALES

I. No es difícil resolver si un determinado *movimiento corpóreo* (acción *positiva)* es "adecuada al tipo", cuando se trata del tipo de un "*delito de pura actividad*", cuando se trata, p. ej., de saber si el movimiento corporal es "andar sobre un sembrado" (delito-tipo del § 368[9] del C. P.).

II. Es distinto lo que pasa con los "*delitos materiales*". Su delito-tipo traza la imagen de *cierto* comportamiento corporal *que ha traído tras de sí* un determinado *resultado* y de modo tal, que el comportamiento aparece como "matar a un hombre", etc. Por eso importa aquí ante todo comprobar si existió o no una relación "*causación*" (relación causal) entre el movimiento corporal y el resultado. Es preciso establecer de inmediato que no se trata de la vinculación entre la voluntad de moverse y el movimiento corporal (faces interna y externa de la acción; arriba, k 8). Es también importante, además, el hecho de que la afirmación de una relación causal entre el movimiento corporal y el resultado típico, no importa en modo alguno, por sí sola, responsabilidad (punibilidad) penal, sino que sólo es la afirmación *de uno* de los elementos de los cuales ésta depende. Ello es porque con la afirmación de la existencia de una causación ("imputación física", *imputatio facti),* no se afirman ni la antijuridicidad de la acción típica, ni su culpabilidad. Deben *distinguirse especialmente* la "causación" y la "inculpación" ("imputación interna", *imputatio juris);* la afirmación de la existencia de una relación causal no contiene aún ninguna valoración jurídica; por el contrario, la culpabilidad es un concepto jurídico-normativo, relativo a la faz interna, mientras que el de causalidad es descriptivo y yace en el campo externo (comp. el giro verbal "causa inculpable"). La amalgama de la cuestión de la causalidad con la del valor jurídico de la acción (antijuridicidad, culpabilidad), (como si "voluntad" y "delito" estuvieran causalmente vinculados) hace imposible la ciara solución del problema.

1. *No* existe nunca *relación de causalidad* cuando la acción correspondiente es mentalmente suprimible, y sin ella el resultado también se habría producido; es decir, que no media ninguna "relación condicionante" ("procedimiento hipotético de eliminación" de TYREN: análisis de todos los "antecedentes" dados del correspondiente resultado y comparar el suceso con el que se habría producido sin la acción correspondiente). Si, p. ej., A envía a X una máquina infernal; pero X muere de una enfermedad antes de recibirla, A no ha ejecutado ningún asesinato (sólo, eventualmente, tentativa de asesinato).

2. Pero si determinada acción se encuentra entre las condiciones necesarias para la producción del evento, si para éste es una *condicio sine qua non,* se presenta la cuestión de saber si esta relación entre ella y el resultado es ya suficiente para constituir "autoría", o si dentro del círculo de las condiciones del resultado median diferencias, y por ello pueda ser que una acción humana, aun siendo co-condicionante para el evento, resulte ser irrelevante desde el punto de vista jurídico, o que sólo funde una responsabilidad

secundaria en vez de una "principal". (Caso: A hiere a X con un cuchillo que le ha proporcionado B; en el hospital se sutura la herida de X; el enfermero C abre una ventana por la que entra corriente de aire, X estornuda, se rompen las vendas y sobreviene una hemorragia. ¿Se han de considerar igualmente autores de la muerte a A, B y C?).

Esta formulación de los problemas concluye viendo si entre las condiciones del evento se destacan algunas que son *la causa* del resultado, tras de las cuales las restantes se presentan como menos importantes y que no implican "autoría". El punto neurálgico es entonces el de fijar claramente el criterio para el concepto de "causa".

a) La más antigua concepción era la siguiente: causa es sólo aquella condición que *necesariamente* debía acarrear el evento. Pero esto no puede en sentido estricto afirmarse nunca de las acciones humanas. Aun cuando se tome la expresión "necesidad" sólo en el sentido de seguridad experiencial de la producción del evento, se va a parar a un resultado indudablemente no querido por la ley (p. ej., el que ha disparado contra otro podría no ser castigado por homicidio cuando fuese inseguro y experimentalmente dudoso que el arma sirviese).

b) También está científicamente abandonado hoy el criterio de que deba tomarse como causa la condición temporalmente *última.*

c) v. BAR se fundaba en una confusión entre causa y culpabilidad cuando elegía como causa a la acción "contraria a la regla", a la acción no correspondiente a la regla de la vida (acción que no habría realizado un *bonus pater familias).*

d) BINDING llama causa a aquella condición que da "*la dirección decisiva* hacia *el evento*" a todas las demás condiciones positivas y negativas existentes y que hasta entonces habían conservado el equilibrio (teoría de la prevalencia). Esta teoría proviene de la enunciada *sub 2.*

e) Según BIRKMEYER, "causa" debe ser la condición "*más eficiente*". Pero cualitativamente, una condición es tan eficaz como las otras (de otro modo no sería "condición") y las diferencias cuantitativas de eficiencia entre las condiciones no pueden influir en su esencia.

f) Según la "teoría de la *relación causal adecuada*", "teoría de la adecuación" (fundador: J. v KRIESM adherentes M. RÜMELIN, v. ROHLAND, LIEPMANN, ALLFELD, KÖLLER, R. SCHMIDT, TRÄGER) deben ser causas de un evento sólo aquellas condiciones que (no son la mente han contribuido en el caso concreto sino que) tienen una capacidad general para producir tales resultados (de ahí, p. ej., que no exista relación causal alguna entre el hecho normal de encender una estufa en invierno y un incendio determinado por el vuelo de las chispas). Claro está que el hecho de que así sea, sólo puede naturalmente determinarse, partiendo siempre del resultado ("punto de vista de las prognosis ulterior"); pero los partidarios de esta teoría lo caracterizan, sin embargo, de diversas maneras. Especialmente se diferencian el (antiguo) punto de vista de la "prognosis posterior subjetiva" (previsión o previsibilidad desde el punto de vista de la prognosis objetiva". Estas teorías responden a la necesidad de restringir o de negar la responsabilidad jurídica por ciertos procesos causales no habituales (aventurados) para suavizar ciertas durezas. Pero como que sólo es punible la realización *culpable* del delito-tipo, y no podría hablarse de tal severidad cuando una causación, si bien inadecuada, sea reprochable al autor, desaparece así, para el Derecho penal, el fundamento para tales restricciones de la causalidad ("regulador de la culpabilidad de v. BURI"). LO único cierto es que la adecuación, *fuera* de la cuestión de causalidad, es importante en cuanto:

a) poner una condición inadecuada para un evento antijurídico, puede importar una acción jurídicamente permitida, ello es, *no antijurídica* y

b) la esperanza de un desenvolvimiento causal inadecuado puede significar un puro deseo, de modo que, en tal caso, *no puede hablarse de culpabilidad.*

En contraposición con todas las precedentes teorías, la *teoría de la equivalencia de condiciones o teoría de la equivalencia* (v. BURI, v. LISZT, *Cámaras del Crimen del Tribunal Supremo,* y, con restricciones, FRANK) niega la posibilidad de distinguir entre "causas" y condiciones secundarias; en consecuencia, "condición" es igual a "causa", es "concausa". De hecho, debe reconocerse que la importancia puramente *causal* de todas las condiciones del resultado es la misma.

3. Para valorar este conflicto de teorías debe observarse que él es trasladado enteramente a un terreno prejurídico y apriorístico, para extraer de allí consecuencias de naturaleza jurídica. Este es un error metodológico. El problema jurídico-penal de que aquí se trata no es en modo alguno el problema de la "causalidad" como tal, sino la comprensión del contenido de los delito-tipos en particular, de una particular "causalidad típica". Las cuestiones prácticamente a resolverse son: si A "*ha matado* a un hombre", si "ha *sustraído* una cosa mueble ajena", etcétera.

Los delito-tipos, al designar de tal modo la actividad a desplegarse, requieren, es cierto, una relación condicional entre la actividad ejecutiva y el evento (arriba 1); pero no se remiten por eso a la fijación científica del concepto de *causa* (ni dicen ni piensan "el que pone la causa para la muerte de un hombre, para la substracción de una cosa, etc. " sino simplemente: "mata", "substrae", etc.) sino que atienden simplemente al sentido de la *expresión usual y viviente,* a la imagen que nos representamos cuando oímos hablar de "acción de matar", "acción de substraer".

El legislador no pretende enseñar a discernir cómo suceden las cosas en el mundo, sino *reglar la vida.* Construye las figuras delictivas y con ellas los delito-tipos como su esquema rector conforme a criterios *para él* todas las condiciones de un resultado no son equivalentes, sino que de entre ellas escoge las *características* para el correspondiente delito-tipo, como condiciones centrales, en contraposición a aquellas acciones que, conforme a la interpretación natural de la vida, sólo son periféricas, las extratípicas (acciones preparatorias y concomitantes).

Incurre, pues, en un paralogismo el Tribunal Supremo cuando de la equivalencia *causal* de todas las condiciones del resultado deduce que entre éstas no existe ninguna diferencia *típica* y se violentan las finalidades del legislador. Así como en la vida diaria nadie piensa que los términos "parir un niño" envuelven todas las condiciones que para el nacimiento se pongan (si así fuera, el padre también pariría al hijo); así como nadie entiende que el acto de pronunciar una sentencia del Tribunal Supremo implique pensar en toda condición puesta para que la sentencia se pronuncie (se así no fuere, "fallarían" también las partes y el escribano, y los debates y las deliberaciones serían también acciones de "fallar"), tampoco importa nada, según la ley, que fuera del "matar" se pongan cualesquiera otras condiciones para la muerte, etc., como p. ej., afirmar que la acción de afilar el cuchillo sea ya una acción "de matar".

4. Nada hay que objetar si quiere designarse como "causa" de un evento el hecho de emprender la actividad típicamente característica, y yuxtaponer la designación de condiciones sin carácter causal, usándola para las condiciones periféricas del evento. Pero debe observarse que el criterio de lo que es "causa" o "condición secundaria" sólo puede ser relativo y extraído de la imagen que consigo trae el *delito-tipo* que *en cada caso se considera,* y que no puede determinarse por medio de fórmulas generales como las recordadas.

ACTO-CAUSALIDAD

En términos psico-físicos, la acción es el impulso voluntario destinado a obtener una modificación del mundo material. La manifestación empírica de la acción se inicia como una representación, a lo cual sigue el querer o voluntad que imprime el movimiento corporal en una dirección determinada (finalidad) *y* produce el efecto representado.

El acto, analizado como un puro hacer voluntario, es el elemento fundamental de la consideración dogmática del delito; si observamos la construcción de las figuras del Código Penal que describen cada infracción, se advierte que todo delito es un hacer o un omitir, pero fundamentalmente una acción que se adecúa al tipo respectivo. Por lo tanto, integran el delito la totalidad de los efectos exteriores producidos por el acto de voluntad, en tanto estén captados por una norma penal. Tales efectos, en su versión jurídica, son el resultado típico que puede ser un cambio en el mundo externo o en el mundo psíquico, (como la mortificación que causa la injuria), o el daño potencial en los delitos de peligro.

Acto y resultado decantan a su vez, en la responsabilidad por el ilícito, estando, ambas nociones, unidas por la relación de causalidad. Con razón, afirma Mezger que: "la punibilidad del resultado presupone que éste se encuentre en relación de causalidad con el acto de voluntad del que actúa" (*Tratado*, t. 1, pág. 218). La responsabilidad implica que el resultado se encuentre causalmente determinado por la actividad del agente, razón por la cual, la causalidad cobra un valor determinante en el estudio de la estructura del delito.

El concepto de causa tiene una larga trayectoria histórica en el campo de la filosofía y de las ciencias causal-explicativas. Apuntaba Mezger que es una forma de conocer una categoría o medio originario "apriorístico" de nuestro pensar para comprender el mundo sensible, es decir, una determinada posición de nuestra actividad de pensamiento por medio de la que tratamos de comprender las conexiones del mundo de la experiencia. Desde el punto de vista estrictamente filosófico, Dilthey expresaba idénticos principios: "Tenemos que considerar la ley de causalidad como una ley de nuestro pensamiento que antecede a toda

experiencia. La ley causal actúa en nosotros apriori" (Dilthey, con cita de Helmholtz. *Psicología y teoría del conocimiento*, t. 6, pág. 187).
El mundo jurídico debe utilizar la causalidad, también, como concepto apriorístico, para referirse a los procesos empíricos de causa y efecto dentro del territorio que le es propio. Para el derecho, la relación de causalidad es el nexo que permite responsabilizar a alguien por el hecho que ha cometido. Sólo la acción, causalmente efectiva en orden a un resultado, es susceptible de acarrear la imputación a título de autoría, de allí que, teóricamente la tesis más aceptable es la que expresa que causa de un evento es aquella sin cuyo concurso, dicho evento no se hubiera producido, causa entonces no es toda condición sino sólo la condición adecuada al resultado. La teoría de la adecuación es, sin duda, la más atractiva, desde el punto de vista estrictamente lógico, y permite tratar los problemas de la causalidad específicamente ubicados en ámbito del derecho. Sauer adhiere a ella apoyando su tesis en el juicio de probabilidad: "la causalidad — afirma— específicamente jurídica, típico-normativa o adecuada se ha de determinar como la tendencia o actuación hacia un cierto resultado, como una conducta, que es en sí, (generalmente) apropiada para producir un resultado de esta naturaleza, una conducta que según el juicio común de probabilidad, según prognosis objetiva, permite esperar un tal resultado" (Sauer, *Derecho Penal,* parte general, pág. 134).
Lo que denominamos causa adecuada o eficiente, implica en cabeza del agente un juicio de probabilidad efectivo, es decir, que con determinada acción las cosas sucederán de la manera esperada, sin embargo no se trata de un juicio de absoluta certeza, sino más bien se basa en lo que en general ocurre *(id quod plerunque accedit)*. Es preciso que el juicio se formule ex ante como un verdadero pronóstico causal, toda vez que es esta circunstancia —la previsibilidad— lo que lleva a responsabilizar al agente por su conducta. El hecho de considerar la causa como probabilidad efectiva de la producción del resultado querido por el autor, tiene como se verá, directa atingencia con el problema del dolo.
Si no antinómica, pero sí diferente, se levanta frente a la teoría de la causa adecuada, la denominada como equivalencia de condiciones de gran aceptación en Alemania a partir de la influencia de V. Buri en la jurisprudencia del más alto tribunal de ese país, según ella el resultado producido por el agente no es colorario de una sola condición, sino de todas aquellas que convergen a su materialización. El nexo causal de la actividad que desencadena tal resultado subsiste, aunque se produzcan posteriormente otras que lo complementen. Si A provocó lesiones a B y la ambulancia que lo traslada sufre un accidente a consecuencias del cual B fallece, A será culpable de homicidio porque descargó la primera causa sin la cual el resultado no se habría producido. La segunda condición depende indisolublemente de la primera, pero ambas quedan a cargo del autor de las lesiones que derivaron en el deceso de la víctima.
Esta atribución de responsabilidad, no por el acto sino por la serie causal sobreviniente, conlleva una imputación sin límites, quedando a cargo del agente todo cuanto sobrevenga a su acción inicial, es así responsable por toda la línea causal subsiguiente lo cual le ha significado a la teoría

de la equivalencia la mayoría de las críticas: "es manifiesto que tal doctrina —afirma Soler— extiende la responsabilidad al infinito, pues las condiciones de los fenómenos se suceden las unas a las otras en una serie ilimitada" (*Tratado,* t. 1, pág. 359). A su vez, Mayer enciende que la teoría de la equivalencia conduce a consecuencias inadmisibles y recuerda la frase de Binding de que una aplicación consecuente de la teoría de la equivalencia de condiciones, desembocaría en el principio de que todos son culpables de todo.

Cierta doctrina tiende a atemperar los efectos últimos y más injustos de la equivalencia por medio de la sujeción del proceso causal al tipo del delito considerado con el agregado de la culpabilidad. Así Jiménez de Asúa, partidario de la equivalencia, atempera sus excesos con la doctrina del tipo y la culpabilidad en orden al resultado (véase ampliamente en *El criminalista,* t. 2, pág. 142 con una crítica en nota de la postura de Florian partidario de la causalidad adecuada en función de la peligrosidad).

Debe admitirse, doctrina aparte, que la relación de causalidad no soluciona, por sí sola, todos los problemas de la responsabilidad; a la acción típica hay que agregar el contenido subjetivo del acto, esto es, la culpabilidad. Especialmente en esta última, se encuentra la clave para desentrañar aquellos casos dudosos en los cuales resulta difícil precisar la imputación penal. La culpabilidad ejerce el papel corrector de la causalidad, lo cual implica poner de relieve que, siempre que se atribuya a alguien una acción típica a título de dolo, será necesario que la representación del agente abarque el íntegro curso causal de su acto, por esta razón, las circunstancias sobrevivientes que alteren el curso causal original, no quedan a cargo del agente, salvo que éste las haya tenido en cuenta para obtener el resultado. Si consideramos la concurrencia de una concausa el planteo se hace más claro, tomemos por ejemplo, el caso de quien aplica un empujón a un hemofílico sin saber que lo es y éste cae produciéndose una herida que a la postre resulta fatal. Si el autor no pudo tener en cuenta la enfermedad física que sufría la víctima, es evidente que se interrumpe la cadena causal, no en los hechos sino en el dolo del agresor, y no puede ser culpable de homicidio. Ahora, si conocía la dolencia de la víctima y la tuvo en cuenta para actuar, a sabiendas que esta última podía morir a consecuencia de la más pequeña herida, su intención ha comprendido toda la serie causal que culmina en la muerte del herido y el hecho puede imputársele a título de dolo.

El principio de la causalidad adecuada, requiere que el autor haya tenido en cuenta el curso de los acontecimientos, en relación al resultado esperado. Beling habla de prognosis ulterior que no es otra cosa que la consideración de las condiciones que tienen capacidad general para producir tales resultados. Los "procesos causales no habituales o aventurados", que en principio no pueden ser atribuidos al agente, quedan cubiertos, recordando que sólo es punible la realización punible del delito-tipo de modo que A será autor del hecho cuando su acto sea causalmente adecuado para producirlo, pero ese hecho debe ser típico y antijurídico atribuyéndose al dolo del sujeto, no sólo el evento sino la serie causal apta para *concretar* el evento. También en este sentido, Mezger "entre la causalidad de la acción y el problema de la culpabilidad jurídico-penal, está situada como requisito indispensable la tipicidad del resultado *(Derecho Penal,* pág. 113).

Lo que importa destacar para una visión dogmáticamente correcta del tema causal, es tener en cuenta la causalidad de la voluntad proyectada sobre el hecho a que ha dado lugar la acción, lo cual remite a la intención del autor en la concreción de determinado ilícito. Aquí, una vez más, se conjugan los elementos que fundan la teoría del delito, en tanto este sea una conducta causalmente apta para obtener la finalidad, tenida en cuenta por la voluntad (dolo) o el resultado de la falta de previsibilidad (culpa).

Delitos de omisión

I. Al lado de los simples delitos *"de acción ("comisivos)* precedentemente tratados se presentan los *delitos de omisión ("omisivos").* Por omisión, en efecto, no puede nunca cometerse un tipo de delito que se refiera directamente al hecho de realizar un movimiento corporal de determinada clase (p. ej., "andar sobre un sembrado", C. P., 368). [9] Inversamente, algunos tipos de delito que se refieren al hecho de no realizar un determinado movimiento corporal o de no producir un determinado cambio en el mundo exterior (p. ej., omisión de deshollinar las chimeneas, C. P., 368), [4] pueden cometerse *solamente* por medio del correspondiente no hacer (ya sea por absoluta inactividad, ya por omisión *de la* actividad que interesa al tipo, "delitos de pura omisión").

II. Pero los tipos constituidos por la *producción de un resultado positivo (delitos materiales)* pueden también cometerse por omisión, es decir, por la omisión de aquella actividad que habría evitado el resultado típico (*"delitos de comisión por omisión").*

No existe motivo alguno para dudar de que entre lo negativo (no hacer) y lo positivo (resultado, cambio en el mundo exterior) pueda haber relación causal, pues tal duda arraiga en consideraciones de orden filosófico (conocimiento del sistema total de relación) y prescinde de la cuestión jurídica, que es la única que interesa. Esta cuestión es sencillamente la de ver si la omisión puede ser comprendida en el cuadro respectivo a que se refiere el delito-tipo (matar a un hombre, etc.). Esto puede afirmarse sin duda alguna en el sentido de la "causalidad típica". El uso verbal corriente, empleado por el legislador, bajo las expresiones "matar" o las demás correspondientes a los otros tipos, comprende también el no evitar el resultado: la madre "mata" al niño no proporcionándole ningún alimento; el guía "mata" al excursionista caído en la hendidura de un ventisquero dejándolo perecer en la sima. Presupónese sólo que no se trata de una inactividad que tenga mero carácter típico "periférico". El § 2 del C. P. (116 de la Constitución) no se opone a ello, puesto que no se trata de una aplicación analógica, sino de agotar lo pensado inmediatamente por el legislador.

Debe, sin embargo, emplearse una medida especial para la *antijuridicidad* de esos modos de realizar el delito-tipo. El deber jurídico de obrar positivamente para evitar el evento típico está más estrechamente delineado que el de omitir producirlo. Aquél sólo surge cuando concurre

1. que es exigido por un precepto específico;

2. o que está incluido en el conjunto de deberes que por ley importa una determinada situación jurídica (padres, empleados);

3. o que alguien haya tomado voluntariamente a su cargo el evitar peligros posibles ya sea:

a) porque se ha obligado por los peligros resultantes de una acción, aunque no sea prohibida o culpable, p. ej., introducción de animales salvajes; ya sea

b) porque espontáneamente haya asumido una función tutelar (p. ej., tomar a su cargo un niño expósito).

De lo contrario, la omisión de evitar el evento no es antijurídica y con ello no es punible.

OMISIÓN

A los delitos producidos por la acción material, agrega la doctrina, aquellos que son el resultado de un omitir del agente. Quien con la abstención de un acto debido o esperado produce un evento dañoso, es responsable de su concreción, porque no hizo aquello que debía hacer cuando nada le impedía comportarse de acuerdo a derecho.

El primer problema, ante las infracciones de inercia física, es el de relacionar la omisión con la acción, en el sentido de que ambas categorías respondan a las mismas reglas lógico-jurídicas, es decir, ¿acción y omisión comparten el mismo plano ontológico? La primera objeción que ha tenido el concepto unitario es la relación de causalidad, la acción se dice— es causal del resultado, pero en la omisión no hay causalidad alguna. Pero este argumento es más aparente que real; si bien desde un punto de vista naturalístico puede negarse que exista una omisión causal o productora de un resultado en el mundo real (de la nada, nada surge), las cosas son diferentes en el plano jurídico, habida cuenta de las formas en que están constituidas las normas jurídicas que tanto describen delitos de acción como delitos de omisión, como la omisión de auxilio, por ejemplo; el que abandona al herido, al que por mandato legal tiene obligación de socorrer si puede hacerlo sin riesgo propio, y se produce la muerte del abandonado, es evidente que pone una causa determinante del resultado porque, de haber intervenido, la víctima podría haberse salvado. Decía en este sentido Soler; "unas veces el proceso penal, en vez de emanar de una norma negativa (no matarás, no robarás), proviene de una positiva que exige determinada actuación, de modo que el delito consiste en no hacer lo que la ley manda... en la omisión se invierte la relación causal y en vez del acto cometido se juzga el acto esperado (Soler, *Tratado,* t. 1, pág. 336).

La acción y la omisión, dentro de los límites del análisis dogmático del delito, no son sino dos formas de conducta que tienen consecuencias jurídicas, en canto sean captadas por una norma jurídica, la omisión, en su caso, será la comparación de lo acaecido con lo exigido (Bacigalupo), aquí la causalidad está referida al tipo.

La doctrina de la acción esperada, soluciona muchos de los problemas que conlleva el estudio de la omisión en el plano estrictamente jurídico, donde no significa un no hacer, sino no hacer algo determinado, esto es, lo que en un caso dado era dable esperar. Si el derecho esperaba la acción impeditiva del agente, tendremos entonces una abstención de hacer en sentido jurídico, porque el resultado pudo y debió ser evitado interviniendo el omitente en la serie causal que lo produjo. Veamos un ejemplo: un delincuente efectúa un disparo contra quien quiere robar y luego huye dejando al herido en un paraje donde, por su soledad, no hay auxilio posible. Posteriormente, pasa por el lugar un automóvil cuyo conductor ve al herido, no obstante lo cual, sigue su marcha sin prestarse auxilio. Si el abandonado muere, la causa es sin duda el disparo, pero el abandono es causal, también toda vez que, si el omitente hubiese actuado, el resultado letal habría podido evitarse. Lo que convierte el no hacer en un ilícito es que, dentro de una determinada hipótesis, era exigible una actividad por parte del agente que resulta punible por su "no hacer".

El deber de actuar se hace más evidente en el círculo de las funciones tutelares, pero aquí surge la llamada posición de garante; éste se encuentra vinculado a aquella persona por quien debe velar, sea en razón de una situación contractual, sea por un deber de familia. Hay, en efecto, quienes por su especial situación social o profesional, tienen una relación de deber que los obligan a defender y proteger el bien jurídico puesto a su cuidado por la ley e incluso por reglamentos especiales. Con ello, la omisión queda vinculada a la antijuridicidad.

El deber de actuar puede establecerse a través de mandatos legales de orden civil, como el deber de alimentar a los hijos o al cónyuge necesitado, pero también a través de las regulaciones del tránsito automotor que originan la obligación de actuar en obediencia a sus preceptos. Otros son los casos en que existe un negocio jurídico de tipo contractual, como el cuidado de una persona inválida, el enfermero, profesores o el director de un establecimiento educativo: la obligación surge de la acción esperada (cuidados, curaciones, protección dentro del ámbito de la escuela). El incumplimiento implica el abandono de los deberes pactados y en caso en que la omisión haya originado un daño físico o la muerte del sujeto pasivo puede dar lugar a un delito culposo.

En ciertos casos, el omitente, mediante su abstención, comete intencionalmente un delito. Debe señalarse que los tipos penales que, por lo general, son concebidos como activos, pueden también cometerse mediante un no hacer. Estos delitos son conocidos como de comisión por omisión (o impropios delitos de omisión). Para saber si un delito es de aquellos denominados impropios, es necesario acudir a la subjetividad del autor, es el dolo del acto el que convierte una omisión simple en el delito de comisión por omisión. Si volvemos al ejemplo del automovilista que proponíamos más atrás, la noción se hace más precisa: aquí existen dos posibilidades; el abandono propiamente dicho o una segunda situación, el automovilista reconoce en el herido a un enemigo suyo y, a sabiendas de que nadie va a auxiliarlo, lo deja en el lugar con la intención de que perezca. En este último caso, el dolo del agente convierte en abandono del necesitado en un homicidio, en la hipótesis en que el desenlace fatal se produzca. La omisión en este caso tiene el mismo efecto que si el responsable hubiera empleado un arma. Para el derecho el medio con que se comete el ilícito es indiferente, lo que cuenta es el resultado imputable al autor.

Por esta razón, quien omite detener el curso causal que concurre a producir el ilícito, lo causa desde el punto de vista normativo (causa jurídica), pero si omite con intención de que sobrevenga el evento, para lo cual toma en cuenta el curso causal que indefectiblemente ha de producirlo, actúa con dolo aun cuando materialmente no lleve a cabo acto alguno.

Mayer, a quien cita Bacigalupo, ha señalado, con especial claridad, esta conexión entre los delitos de comisión por omisión y aquellos de pura acción: "Pero además la diferenciación —escribe— entre actuar y no actuar, en tanto parece plausible, es muy difícil de lograr correctamente y en verdad es artificial, pues, desde el punto de vista físico, el reposo es sólo un caso especial de movimiento"... Para ello será necesario que esta inactividad tenga la misma medida de intensidad delictiva de la voluntad que el hecho positivo; en los casos de acción dolosa, la misma medida de energía de la voluntad enemiga del derecho y, en cuanto a acciones culposas, la misma medida de debilidad de voluntad imprudente" (Bacigalupo, *Delitos impropios de omisión*, pág. 48).

La posibilidad de cometer delitos de acción por omisión ha sido contemplada por Beling, que se refiere a aquella actitud que hubiera evitado el resultado típico. La omisión puede ser comprendida por el delito tipo en el sentido de la causalidad típica. Si el tipo es de pura actividad, por ejemplo, "matar a ello, también puede llegarse en forma omisiva, como es el caso de la madre que "mata" al niño no proporcionándole ningún alimento, o al guía que abandona al excursionista caído en la hendidura de un ventisquero, son omisiones de cometer aquello que hubiera evitado el hecho típico, pero lo esencial es que la voluntad del agente se dirija al resultado: que la madre quiera la muerte del niño o que el guía "quiera" el accidente del excursionista, de otra manera, el hecho puede ser culposo o no tener significación jurídica, por cuanto el agente tan sólo cometió un error (excusable o no) y no actuó, en el convencimiento de que su inacción no tendría consecuencias, pero de una u otra forma lo que debe tenerse en cuenta, es el supuesto subjetivo atribuible al autor y, en esta inteligencia, sólo si se acredita el dolo o la negligencia culposa puede imputarse el resultado a la omisión, porque de otro modo se ampliaría la conducta omisiva de una manera inaceptable hasta alcanzar situaciones por completo alejadas de la voluntad del sujeto, con lo cual quedaría obviamente vulnerado el principio de la culpabilidad.

AUTORÍA MEDIATA Y *ACTIO LIBERA IN CAUSA*

I. Hasta aquí sólo hemos considerado los casos en los cuales el actor ha acarreado el resultado típico de modo tal que entre su acción y el evento *no media eficazmente la acción de ningún otro sujeto* (ejecución por *mano propia"*, la cual, por supuesto, no implica simples movimientos *manuales).*

Se pregunta, sin embargo, si aquél (*Primus)* que *por medio de otro (Secundus)* produjo el evento típico no será también "autor" conforme a la figura delictiva pertinente, ello es, "asesino" "ladrón", etc.

1. Debe responderse negativamente, cuando *Secundus, "como personalidad", consciente y* bajo su responsabilidad, ha tomado a su cargo la producción del resultado. Ello es:

a) cuando la acción de *Secundus* no es para él (para *Secundus)* una acción típicamente antijurídica; si consiste, p. ej., en que ha dañado su propia cosa —el delito-tipo del § 303 del C. P., requiere el daño de una cosa ajena—. En tal caso, *Primus* no es responsable;

b) cuando *Secundus* ha obrado dolosa, típica y antijurídicamente, *él* es el autor; y *Primus* no tiene la responsabilidad de autor, sino la responsabilidad derivada como "instigador" o bien, si la ley ha construido una figura especial para el hecho de influir sobre otro, (p. ej., 210) tendrá la responsabilidad de autor por *esta* figura.

1. Otra cosa sucede cuando *Secundus* ha obrado *como instrumento"* de *Primus;* ya sea que estuviese obligado jurídicamente (orden superior obligatoria, C. P. M. 47) o que estuviese inconsciente, o que careciese de imputabilidad, o que se encontrase en un error que le ocultara el proceso causal y que con respecto a la producción del evento obrase, por ello, sólo imprudentemente o sin culpa alguna.

En estos casos, el comportamiento de *Secundus* se "trasmite a *Primus* juntamente con el resultado producido, exactamente como si en vez de *Secundus,* el eslabón de la cadena causal hubiese sido una máquina, un perro, etc.

Estos principios se deducen inmediatamente del contenido de los delito-tipos. Pues el uso verbal corriente aceptado por el legislador en la expresión "matar", etc., comprende también el hecho de matar "por medio de otro hombre", cuando éste último está de tal modo bajo el influjo de *Primus* que no posee plena responsabilidad primaria, (como en los casos citados en el n° 1). En consecuencia, p. ej., *Primus* "mata" a X o a Y por mano de X, cuando X es un enfermo mental. Esta figura se llama *autoría mediata",* la cual, en el sentido de la ley, *es* "autoría", y no constituye una concepto distinto de ésta.

Naturalmente, el hecho de que exista para *Primus* "ejecución conforme al tipo" depende también de que el correspondiente delito-tipo contenga elementos personalísimos y de que en tal caso ellos existan en *Primus.* Su existencia en el "instrumento" no es suficiente. Así, p. ej., tratándose en el perjurio de un juramento personal, aquél que determina a otro prestar inconscientemente un falso juramento, no realiza por ello él mismo el delito de perjurio. Es igualmente imposible que un privado realice el delito-tipo propio de un funcionario. Sin embargo, en algunos casos en los cuales no está comprendida tal clase de ejecución mediata para *Primus,* se aplican figuras delictivas especiales, conforme a las cuales *Primus* es autor de *esta* figura delictiva (p. ej., C. P., 160).

Con respecto a 1 y 2: Frank formula la diferencia de que en Jos casos *sub* 2, vale la teoría de la equivalencia pero que ésta, por el contrario, en los casos *sub* 1 está restringida por la "prohibición de retroceder" (prohibición de retornar de *Secundus* a *Primus).*

Otra formulación parte de que en los casos *sub* 1 la intervención "libre" de *Secundus* "interrumpe la cadena causal" que parte de *Primus,* —una construcción auxiliar singular y superflua.

II. La consideración de la esencia de la acción mediata aclara también la comprensión de las llamadas *actiones liberae in causa:* alguien se coloca a sí mismo en un estado de incapacidad de querer o de inimputabilidad, y ejecuta en tal estado la acción o la omisión que acarrea el resultado. Aquí su propio cuerpo es el que desempeña el papel de "instrumento". La *primera* acción (el procurarse tal estado) sería por ello típica ("matar", etc.) y dándose las demás condiciones de la punibilidad, particularmente el dolo o la imprudencia es punible (ejemplo: el guardagujas ejecuta dolosamente un descarrilamiento, embriagándose completamente y omitiendo en ese estado, efectuar el cambio).

De la culpabilidad en su relación con el delito-tipo

El delito-tipo como esquema rector para la faz culpable

I. Para un Derecho penal que someta a pena en toda su amplitud *todo* comportamiento ilícito en cuanto sea culpable, es adecuado un concepto de culpabilidad unitariamente cerrado; lo que se reprocha al autor en su interna actitud con respecto a la antijuridicidad de su conducta. Conforme a ello, cada una de ambas graduaciones de la culpabilidad es pues también unitaria: el *dolus* significa reprochar al autor el hecho de no haberse detenido ante el pensamiento de estar obrando antijurídicamente; Ja *culpa,* reprochar al autor el hecho de desconocer la antijuridicidad de su conducta, debiendo no haberla desconocido.

Pero toda vez que, como actualmente en el Derecho alemán, el legislador recorta del dominio general de lo ilícito sólo determinados tipos jurídico-penales de ilicitud, ello estrecha también la culpabilidad, de modo que sólo es jurídicamente relevante aquella actitud subjetiva del autor con respecto a la antijuridicidad que *yace dentro del círculo* esos tipos; y puesto que los tipos son entre sí de distinto valor, se ve, en consecuencia, que para *cada* tipo sólo la culpabilidad que precisamente *le* corresponde a *éste* es la requerida para la punición. Este paso lo ha dado el actual Derecho penal; todas las leyes penales construyen las figuras delictivas de tal modo que *el* tipo de ilicitud que se enclava en ellas debe ser también correlativamente culpable (Mezger: "valoración paralela") en otras palabras: el delito-tipo es precisamente el "esquema rector" común para la faz objetiva y para la subjetiva del hecho.

Con ello el *dolus* pierde también su unidad interna. Hay ahora tantos "*dolo*" como delito-tipos. No se puede decir de nadie que "haya tenido dolo"; sólo sirven los contenidos dolosos especializados: el dirigido a "matar a un hombre", a "substraer una cosa mueble ajena", etc. Lo mismo pasa con la culpa.

Se deduce inmediatamente de esto que no sólo no existe el dolo que interesa cuando el autor, con respecto a la ilicitud en general no estuviese en actitud dolosa, sino que no lo hay tampoco cuando, dándose tal dolo "genérico", no tenga el autor la *dirección específica orientada a la realización del delito-tipo correspondiente* (p. ej., cuando consciente e ilícitamente ha hecho un disparo, C. P., 367, pero no ha previsto la muerte de un hombre que con ello produjo; aquí, si bien existe *dolus ad,* C. P., 367, [8] no existe *ad,* C. P., 211). Tales casos entran en el dominio de la culpa con respecto a aquel delito-tipo en el que el dolo no concurrió.

II. En el actual Derecho alemán las dos graduaciones que se consideran de la faz interna se llaman "intención" y "negligencia". El legislador ha procedido de modo que:

a) en una serie de delitos, se castiga *solamente* la ejecución *dolosa;* la ejecución culposa *de este* tipo de ilicitud (caracterizado por medio de su delito-tipo) *no constituye ninguna* figura delictiva (p. ej., C. P., 303);

b) en otros delitos, está construida *una figura delictiva especial* para cada uno de ambos modos de ejecución (p. ej., C. P., 153-163);

c) en otros, existe *una* figura común aplicable para la ejecución dolosa *y* la culposa.

Reglas de interpretación: cuando la ley penal calla con respecto a la faz interna del hecho, no está comprendida la ejecución culposa, y no es punible (ver p. ej., C. P., 146, 185, 240), salvo que lo contrario aparezca claramente como legislativamente querido.

III. Es preciso aclarar, sin embargo, si las expresiones *"intención" y "negligencia"* se superponen respectivamente con las de *dolus* y *culpa* (típicamente especializadas). Puede parecer, y en efecto se afirma frecuentemente, que *sólo* interesa la actitud espiritual del autor con respecto a la ejecución del delito-tipo como tal, y no también con respecto a su antijuridicidad, de modo que, p. ej., existiría ya homicidio "doloso" cuando el autor simplemente hubiese querido la muerte *como tal,* aunque la hubiese querido creyendo que ella era permitida (p. ej., en la creencia errónea de un estado de legítima defensa).

Esto sería, sin embargo, un total abandono del requisito de la culpabilidad, pues entonces serían castigados por un hecho "intencional los que no *pudieron* conocer la no permisión de su acto, a quienes, desde el punto de vista jurídico, no puede hacérseles reproche alguno. Es seguro que el Derecho actual no ha querido prescindir de la "reprochabilidad" del hecho, ello es, de la culpabilidad como requisito de la punición. Por el contrario, esto se manifiesta claramente incluso en la función que cumplen los conceptos de "intención" y "negligencia". Significan, a pesar de la identidad del tipo de ilicitud realizado, una *gravedad* internamente *distinta* del hecho, pues, de lo contrario, sería ininteligible que la ley prevea siempre penas más leves para los casos citados más arriba, *II, b,* de ejecución del delito por negligencia que en los casos de ejecución intencional, y que llegue en los casos citados sub *II, a,* a considerar impune la negligencia (en los casos sub *II, c,* la idea del legislador es que el juez, al graduar la pena tenga en cuenta las diferencias de gravedad). En otras palabras: la intención y la negligencia son *grados de culpabilidad,* y no podrían serlo si la "intención" sólo debiera abarcar la realización del delito-tipo, y a ella fuesen a parar no sólo los casos en los cuales al autor solo puede hacérsele el reproche de culpa en cuanto al contenido ilícito de su conducta, sino también los casos en los cuales no concurre reproche alguno.

Querer extraer el sentido de la palabra "intención" de la Psicología, es sencillamente hacer jurisprudencia literal. (El concepto psicológico de intención, por lo demás, se adecúa bastante bien cuando jurídicamente se determina el concepto de la intención en el sentido de intención dirigida a la *antijurídica* muerte de un hombre; comprende entonces todo el contenido requerible de la intención). Bien entendidos, los conceptos de intención y negligencia, son conceptos *normativos;* el primero, idéntico con el de *dolus* (típico-específico), el último, con la *culpa* (típico-específica). Esto se corrobora también por el hecho de que la intención se llamaba, en antiguas leyes, "*mala* intención" (como aún ocurre en el actual derecho austríaco).

Culpabilidad

No toda acción típica y antijurídica es un delito, para ello es necesario que sea atribuida a una voluntad dirigida a la comisión del hecho; esta relación subjetiva con el resultado, es la culpabilidad, lo cual implica que, para atribuir al agente, su responsabilidad debe tener conocimiento que comete un delito con la intención de llevarlo a cabo. De ello se deduce que, sólo la culpabilidad que corresponde a cada delito-tipo, es la que rige su faz subjetiva y es la requerida para su punición (Beling).

Con esta noción, el psicologismo define la culpabilidad como autoría moral de un delito que luego puede asumir dos formas: dolo o culpa, en tanto que la imputabilidad se caracteriza como presupuesto de la culpabilidad en general y fundamento personal de la pena.

Al psicologismo se opuso, en el primer decenio del siglo XX, la teoría normativa de la culpabilidad que fuera propiciada por Frank en Alemania. Según esta tesis, la culpabilidad consiste, no sólo en la relación interna entre el autor y el resultado, sino en: a) la normalidad espiritual del autor; b) la relación psíquica entre el autor y el hecho o la posibilidad de tal (dolo o culpa); c) el estado normal de las circunstancias bajo las cuales actúa el autor. Para Frank la culpabilidad jurídico penal no es una situación psicológica, sino una situación práctica valorizada normativamente. En una palabra, culpabilidad es reprochabilidad.

En procura de trascender las concepciones puramente jurídicas de la culpabilidad, ciertos autores dirigieron sus indagaciones a la personalidad del autor. En la vida —escribió Heinitz— se responde por lo que se es, sin consideraciones, porque diferentes razones esto se ha producido" (Roxin, *Política criminal y estructura del delito,* pág. 128).

Esta tesis construye la culpabilidad con arreglo a la personalidad del autor y tiene adeptos entre aquellos que hacen de la responsabilidad jurídica, una cuestión basada en la "manera de ser" del sujeto y sus especiales inclinaciones psíquicas. Sauer adopta un punto de vista cercano a esta orientación, habla así de una "culpabilidad crónica de tendencia, de inclinación, de dirección de la voluntad o de actitud de vida, aunque rechaza la mera culpabilidad del carácter porque "las potencias solas no bastan y a ellas deben añadirse aún las tendencias (activas), (Sauer, *Derecho Penal,* pág. 235).

El desarrollo de Sauer lo acerca a las fórmulas de peligrosidad o capacidad criminal del primer positivismo italiano y, como en otras nociones basadas en las características psíquicas del autor, sus conclusiones tienen cabida en órbita de la consideración criminológica del delito con base preferentemente biológica y ambiental, pero no conforman una dirección aprovechable en el sentido del derecho positivo que requiere los soportes del tipo y la antijuridicidad para trazar los perfiles de la teoría de la culpabilidad.

Para el finalismo, el objeto del juicio de culpabilidad, es la voluntad de acción antijurídica que, es reprochable en la medida en que el autor podía tener conciencia de la antijuridicidad de la acción y ella podía convertirse en contramotivo determinante del sentido (Welzel, *Derecho Penal Alemán,* pág. 195). La culpabilidad es, entonces, consecuencia de la capacidad de motivarse por el derecho que impone determinada prohibición. Cuando, conociendo esa prohibición emanada del derecho penal y pudiendo actuar, libremente, el agente no se motiva por aquella, actúa de manera culpable.

De una manera próxima al finalismo y al concepto funcional de la culpabilidad de Jacobs, sostiene Roxin, que el sujeto actúa culpablemente cuando realiza un injusto jurídico penal pese a que (todavía), le podía alcanzar el efecto de llamada de atención de la norma, en la situación concreta, y poseía una capacidad suficiente de autocontrol de modo que, le era psíquicamente accesible la conducta conforme a derecho, en una palabra, que la culpabilidad es una actuación injusta pese a la existencia de asequibilidad normativa (Roxin, *Derecho Penal,* t. 1, pág. 792 y 807).

Para esta dirección doctrinaria, la culpabilidad es el comportamiento contrario a la norma, pese a que el sujeto pudo decidirse a obedecerla. Roxin apoya el concepto sobre la consideración de la norma como parámetro del juicio de reproche y con ello, introduce un elemento que esfuma su caracterización estrictamente psicológica, determinante de su ubicación como supuesto subjetivo del delito.

Cuando el agente actúa voluntariamente, tiene conciencia de la dirección de su conducta y del proceso que se desarrolla desde el inicio hasta la culminación del hecho. La culpabilidad será así conciencia del propio hacer", es decir, actitud subjetiva del autor en dirección al fin como resultado querido, a lo que debe agregarse el sentido del acto: el sujeto sabe que va a cometer un hurto o una falsificación, conoce que el hecho es un delito, pero no se dice: voy a actuar aunque tal norma me lo prohíba, porque ese sería convertirlo en un jurista, aunque también advierta que ese hecho es un ilícito en tanto en toda "conciencia de acto" existe una intuición axiológica que acompaña la percepción de la finalidad (todo hacer supone una valoración que "colorea", por así decirlo, la intención, ejemplo, lo útil, lo peligroso, lo bueno o lo malo, lo lícito o lo ilícito), pero tal cosa no representa una referencia especial a la norma jurídica como inducción motivadora. Mezger destaca este concepto, al referirse a la culpabilidad dolosa: "el conocimiento que el dolo exige (el llamado elemento intelectual del dolo) es conocimiento de los hechos y conocimiento de la significación de esos hechos" (Mezger, *Tratado,* t. 2, pág. 92).

Es precisamente, en el examen del dolo, donde estas cuestiones se verifican con mayor precisión.

LA INTENCIÓN (DOLO)

EL ELEMENTO REPRESENTATIVO EN EL DOLO

I. Para que exista dolo, el autor debe:

1. según el § 59, I del C. P., *"haber conocido las circunstancias de hecho que pertenecen al delito-tipo"*, ello es:

a) la circunstancia de hecho que corresponden al delito-tipo *objetivamente ejecutado por él* (el delito-tipo como esquema rector común para la faz objetiva y la subjetiva). Por eso no existe, p. ej., asesinato u homicidio, cuando el autor, a pesar de haber muerto a un hombre, lo hizo creyéndolo una estatua. (Sería cuestión distinta la del homicidio culposo o la de tentativa de daño).

(He aquí la importancia de la diferencia entre las leyes complejas alternativas y las leyes complejas acumulativas: en las primeras, las alternativas son entre sí equivalentes, de modo que también existe delito doloso cuando el autor ha ejecutado *una* de las alternativas. Es distinto el caso de las leyes acumulativas).

b) el § 59, *I*, *no* requiere que el autor haya conocido el *delito-tipo mismo o* sus "elementos". Esto sería muy raro, puesto que los "delito-tipos" y sus elementos son figuras jurídicas que requieren un conocimiento especializado. Es necesario solamente el conocimiento de las *"circunstancias de hecho"*, que contempladas jurídicamente, reproducen la imagen del delito-tipo legal. "Circunstancias del hecho" significa estado de cosas puramente objetivo; el autor no necesita haber efectuado su valoración jurídica (subsunción a un delito-tipo).

c) por el contrario, para que exista dolo, la *imagen del estado de hecho* que el autor ha tenido en su espíritu debe haber sido tan comprensiva, que el *delito-tipo se adecúe a ella* en toda su extensión, plenamente y sin lagunas; así, el autor, en los delitos materiales, debe haberse representado también el evento típico.

2. Prescindiendo del § 59, *I*, C. P., el concepto del dolo requiere que el autor tuviera la *conciencia de la antijuridicidad* de su acción.

a) Esta concepción se ha tornado cada vez más dominante en la ciencia. Su justicia se deduce de que al que actúa en *bona fide,* al que cree no contrariar el orden jurídico, no se le puede reprochar nada o sólo puede reprochársele su inadvertencia, lo cual no corresponde al cuadro del dolo, como grado máximo de la culpabilidad. La intención sólo tiene sentido dirigiéndose al tipo de *ilicitud* y no sólo a lo externamente típico, con prescindencia del contenido ilícito.

Es también evidente la grave injusticia de pensar que no importa para nada la conciencia de la ilicitud. Debiera, p. ej., ser condenado a muerte el agente de policía que habiendo entendido erróneamente (tal vez sin culpa alguna) sus instrucciones de servicio, se creyese obligado a la comisión antijurídica de una muerte y hubiese obrado por fidelidad a su deber. Ni lo habría merecido, sin embargo, en el sentido de la retribución, ni estaría impuesto tal castigo por el interés de la autoridad del Estado, sino al contrario. Sería necesaria la prueba más firme para creer que el derecho positivo ha querido semejante regulación, tan contraria a todo sentido jurídico. Tal prueba no existe. Particularmente, el hecho de que el § 59, *I*, no diga nada de la conciencia de la ilicitud no ofrece base alguna para ello, aún desde el punto de vista de la jurisprudencia literal, pues el § 59, *I*, sólo dice que las representaciones del autor deben haberse referido a la esencialidad típica; pero sus mismas palabras dejan abierta la posibilidad de que el dolo requiera además algún otro elemento. Es digna también de atención la idea de que la práctica no puede avenirse con el requisito de la consciencia de la ilicitud, por lo difícil que sería probarles su existencia a los autores; pero no está el actual juez tan desamparado, cuando el derecho procesal moderno pone en sus manos la libre valoración de las pruebas.

A pesar de todo, aun hoy se enuncian teorías según las cuales la consciencia de la ilicitud no es un elemento del dolo. Se apoyan, sin embargo, en el § 59 (que no es aquí aplicable), pero hacen algunas concesiones a la teoría que rechazan (conforme al sentimiento de que no es nada satisfactoria la admisión de un dolo en caso de hallarse el autor en una actitud leal) de modo que, incluso, según ellos, la consciencia de la ilicitud no es del todo irrelevante.

El *Tribunal Supremo* estima que importando al § 59, *I*, sólo el conocimiento de las "circunstancias de hecho", es decir, *facta*, el conocimiento del *jus* y con ello el de la antijuridicidad, es irrelevante. Agrega también que "de acuerdo con el § 59, *I*", el Derecho *Civil* (y todo el Derecho restante no penal) equivale a *facta*, y que "sólo" es indiferente el conocimiento de los preceptos jurídico-*penales* para el dolo. (Así, pues, *error juris civilis* = *error facti;* por oposición a *error juris criminalis*). Si con ello se concibiese al "Derecho penal" en su justo sentido, surgiría la conclusión justa. Pues en el hecho es indiferente que el autor haya conocido su *punibilidad.* Pero el Tribunal Supremo incluye también en el Derecho penal *normas de conducta* y, conforme a ello, niega el requisito de la consciencia de la "antijuridicidad penal". Con ello, sin embargo, se desconoce que el autor no choca *contra* el Derecho *penal,* que la norma de conducta extraída del texto del Código Penal es también una norma de conducta de carácter general, y que no hay razón alguna para tratar distintamente al autor que ha creído obrar en concordancia con el orden jurídico, según dónde y cómo el principio jurídico haya sido técnica y externamente tratado por la legislación.

Aparte de ello, el Tribunal Supremo acepta el principio (compartido con otros) según el cual la consciencia de la antijuridicidad se requiere en aquellos delitos en los cuales el texto de la ley menciona expresamente entre los presupuestos objetivos de la punibilidad a la antijuridicidad (como, p. ej., C. P., 303); lo cual constituiría una excepción al principio de que no es necesaria la consciencia de la "antijuridicidad jurídico-penal". La fundamentación es la siguiente: en esos casos la antijuridicidad pertenece al "delito-tipo" y por eso se aplica totalmente el § 59, *I*. Con ello, sin embargo, se toma como punto de partida la textualidad puramente exterior, y no hay razón inteligible para que el dolo signifique en ciertos grupos de delitos algo distinto que en otros.

FRANK establece que el § 59, *I*, requiere sencillamente el conocimiento de las *"circunstancias de hecho"*, en consecuencia, no es necesario el conocimiento de las *prescripciones jurídicas.* Por otra parte, el autor deberá haber conocido tan justamente las situaciones de hecho, que la afirmación de su conocimiento de esas circunstancias se traduzca en la conclusión jurídica de la antijuridicidad. Con lo cual no se observa que el § 59, *I*, habla sólo de las circunstancias de hecho *que pertenecen al delito-tipo, y* no de circunstancias de hecho que sean importantes para la *antijuridicidad* (estado de legítima defensa, etc.). Pero si se acepta que no hay dolo cuando el autor ha desconocido los *hechos* por los cuales su acción era antijurídica, el fundamento de ello sólo puede estar en que, en ese caso, el autor obraba de buena fe, y de ello se deduce necesariamente que la buena fe excluye *en general* el dolo, aun cuando el autor, por ignorancia de *derecho haya juzgado* su hecho *como* no antijurídico.

El *Tribunal Superior* de Múnich, si bien no exige para el dolo la consciencia de la ilicitud misma, requiere que el autor *haya* podido y debido conocer la antijuridicidad. Lo mismo actualmente FRANK, entre otros. Con lo cual se incluye en el dolo la negligencia de derecho. El derecho vigente no ofrece, sin embargo, ninguna base para tal concepción. Con todo, aquí se infiltra la idea de que, para solucionar la cuestión del requisito de la consciencia de la ilicitud, hay que apartarse del § 59, *I*, y basarse más en el sentido del requisito de la *"culpabilidad"*. Esta concepción, sin embargo, se queda en mitad del camino, pues dejaría sin aclarar cómo pueden equipararse los hechos reprochables de segundo grado con los de primero.

b) El autor es "consciente de la antijuridicidad" cuando sabe que, conforme a nuestro orden jurídico, no debe obrar como obra, es decir, que se halla en contradicción con la voluntad común dominante en el Estado. Nada importa saber de qué representaciones proviene esa consciencia (conocimiento de los párrafos pertinentes de la ley o del Derecho no escrito pertinente). No es necesario que el autor haya tenido presente específicamente nuestro ordenamiento jurídico positivo. Basta que el autor, como lego, haya asociado el orden moral y de buenas costumbres con el orden jurídico, o el orden jurídico exterior con el nuestro. Pero si él tenía una representación según la cual los complejos de normas discrepaban y pensó que obraba en forma permitida, conforme a nuestro derecho, no está él jurídicamente en dolo, aun cuando supiera que obraba inmoralmente, etc. No tiene ningún apoyo en el Derecho positivo la concepción frecuentemente enunciada, según la cual lo que importa no es la consciencia de la antijuridicidad, sino la de la inmoralidad, etc., o bien de que basta para el dolo, indistintamente, la consciencia de la antijuridicidad *o* la de la inmoralidad.

II. Los términos "conocimiento", "consciencia", "representación" de las circunstancias de hecho típicamente relevantes y de la antijuridicidad, empleados en las precedentes exposiciones, no deben entenderse como indicando que el autor deba haber conocido el contenido representativo como *seguramente* dado. Basta la representación de la *posibilidad* de que se dé. El dolo, en tal sentido, puede ser un *dolus indeterminatus.* Para la faz cognoscitiva del dolo, basta que el autor obre en la consciencia de *varias* posibilidades (p. ej., el autor dispara previendo que el tiro tenga como consecuencia lesiones *u* homicidio). Caso especial: el autor espera, *en primer lugar,* que suceda la posibilidad X; pero se dice que igualmente puede ocurrir Y. Sólo que en casos en los cuales el autor se halle en tal duda, no existirá posiblemente dolo porque, aparte de la faz cognoscitiva, falte la faz voluntaria del dolo.

III. Conforme a lo precedente, hay error del autor

1. *"esencial", ello es, "excluyente del dolo"*

a) cuando el autor, por fuerza del error, se le representó el estado real de hecho de *tal modo,* que de éste *no* se habría originado el delito-tipo (objetivamente por él producido), (p. ej., él no previo que su tiro matase a un hombre: no hay intención homicida);

b) cuando el error del autor ocultó la ilicitud objetivamente producida, y éste consideró inobjetable su conducta; *a, o,* por una parte, por desconocimiento de la situación del hecho —las circunstancias de hecho que fundan la antijuridicidad— no le pareció al autor que fuese ilícito su proceder, incluyendo aquí la aceptación errónea de la existencia objetiva de una causa de exclusión de ilicitud (p. ej., en una "legítima defensa putativa", en la cual el autor cree poderse defender *porque* toma como existente una agresión ilegítima que en realidad no existe); β o bien, por otra parte, el autor pensó que el orden jurídico no se oponía a un proceder como el suyo (p. ej., "legítima defensa putativa", cuando el autor creyó obrar en forma permitida porque pensaba que la legítima defensa era posible también contra agresiones meramente preparadas y no sólo contra agresiones "actuales"; o bien el autor adquirió dinamita sin mala intención, sin saber que ello es prohibido sin autorización policial).

Errores como los enunciados sub *a* y *b* excluyen el dolo aun cuando fueran *inexcusables.* La inexcusabilidad importa solamente una imputación por negligencia, C. P., 59, *II.*

2. Los *errores de otra clase,* sean *error factis o error juris* dejan *subsistente* el dolo. Así:

a) El error sobre circunstancias concretas *que no* "correspondan al delito-tipo", que no son típicamente relevantes, ello es, que *con o sin* ellas el delito-tipo objetivamente realizado, subsiste de la misma manera. Es típicamente irrelevante, p. ej., el nombre del muerto; por eso subsiste la intención homicida aunque el autor creyese que aquél se llamaba "Francisco X" mientras que en verdad se llamaba "Fernando X", o que se llamase X, siendo que se llamaba Y.

Es también irrelevante típicamente la individualidad del objeto (cuando el delito-tipo no se apoya en objetos individualmente considerados, como en los ataques al "presidente del Reich". *En tales casos no* es esencial un *"error in objeto".* Subsiste el homicidio doloso aun cuando, p. ej., el autor creyera tener ante sí a X, siendo que es Y.

Es también irrelevante el *grupo a que un objeto pertenezca,* en cuanto el delito-tipo mismo no haga relevante un determinado grupo. Subsiste, p. ej., la intención homicida aun cuando el autor haya tomado erróneamente al comerciante X por un empleado de policía; es una caso más amplio de *error in objeto* irrelevante. (No subsiste, en cambio, el dolo del parricida, C. P., 215, cuando el autor no supo que el muerto era su pariente en línea ascendente; es, pues, sólo el caso de responsabilidad por homicidio simple, 212).

Es irrelevante el *modo y manera del curso causal* (nuevamente, mientras el delito-tipo no establezca especialmente lo contrario). Así existe daño doloso, p. ej., cuando el autor quería arrojar al fuego una cosa mueble ajena y un perro la atrapa y se la come.

Aun cuando el curso causal tome un giro distinto al esperado por el autor, de modo que el *resultado* ocurra *en otro objeto —aberratio ictus,* p. ej., el autor arroja una piedra contra X pero alcanza a Y, a quien no vio—, cuando es típicamente indiferente el resultado, subsiste la ejecución dolosa del delito-tipo.

En los casos de *"aberratio ictus"* se enseña frecuentemente que no existe dolo "con respecto al objeto alcanzado" y que no habiendo verificado la intención "con referencia al objeto no alcanzado", sólo existe tentativa, unida, eventualmente con la realización culposa del otro delito (concurso ideal). Pero con ello se olvida que el delito-tipo sólo requiere "matar a un (otro) hombre", y que, en consecuencia, de acuerdo al § 59, *I*, basta para el dolo, que el autor se haya propuesto matar "un" hombre (no importa cual). La doctrina contraria tampoco puede apoyarse en el hecho de que el autor, si hubiese previsto la *aberrado,* habría desistido, ver el punto siguiente, *b.*

b) Si el autor tenía conocimiento de las circunstancias típicas relevante y de la ilicitud, está en dolo aun cuando lo hayan *determinado* al hecho *representaciones erróneas* externas a aquel conocimiento, aunque sin ese *"error de motivación"* no hubiese cometido el hecho. Es evidente que, p. ej., no puede negarse que exista asesinato de X por hecho de que el autor se considerase heredero de X, y a éste lo tuviese por hombre rico, de modo que no habría cometido el asesinato si hubiese sabido que X era pobre o que él no era su heredero. De lo contrario, tampoco habría nunca tentativa, porque, en la tentativa, la errada representación de que el hecho se concluirá, influye como motivo.

c) Carece de importancia el *"error de encuadramiento" ("Subsumtionsirrtum").* Nada importa que el autor, conociendo las circunstancias típicamente relevantes y la ilicitud de ellas, las haya encuadrado correctamente, como un jurista, en el delito-tipo (p. ej., el autor se ha agrupado cono otros dos, sin saber que, con ello, jurídicamente, se constituye "multitud", en el sentido del § 124 del C. P.).

d) Es indiferente un error (sea *error factis o error juris)* por causa del cual el autor —consciente de la ilicitud (y de las circunstancias típicas relevante)— crea que, a pesar de la ilicitud no es punible (o lo es de otro modo que el que realmente corresponde). También con respecto a los sordomudos, para su responsabilidad, lo que importa es el *entendimiento requerido* para reconocer la punibilidad, C. P., 58).

EL ELEMENTO VOLUNTARIO DEL DOLO (DEFINICIÓN DEL DOLO)

I. Conforme al uso corriente de la vida cotidiana que toma como equivalentes las expresiones "doloso", e "intencional" (de propósito), se manejaba anteriormente el concepto de *dolus (Vorsatz)* como identificable con el concepto de *"propósito"*, "intención" *(Absiclit).*

Contra ello se dirigió la *"teoría de la representación")* (entre otros, FRANK). Ella señaló justamente que, correctamente entendido "propósito" significa la dirección de la voluntad hacia un fin, cuyo logro el autor se ha "propuesto", y que es el que a él le interesa: una acción "para". Si se tomase lo penalmente "doloso" como sinónimo lo "propuesto" sólo sería punible por "homicidio doloso", p. ej., aquel a quien le interesase matar al hombre efectivamente muerto, y no lo sería aquel que lo hubiese hecho para el logro de otro fin, para el cual el homicidio sólo servía de medio (ejemplo de FRANK: el bandido que dispara contra un hombre solamente *para* probar el alcance de su escopeta y no *para* matar un hombre).

De hecho, el dolo es independiente de la existencia de un "propósito" coincidente. Los "propósitos" del autor desempeñan otro papel. (En el C. P., es cierto, se usa en varias partes la *palabra* "propósito", pero se piensa en el dolo, ver 43, 266).

La teoría de la representación concluía en que para el dolo *nada importa* el elemento *voluntario* (la dirección del querer) y que el dolo ya está dado en la representación correspondiente. La *"teoría de la voluntad"*, que es su opuesta, discute este punto.

La discusión carece de valor práctico en los casos en que el actor no tiene duda alguna de que emprende la ejecución antijurídica de un delito. Pues si él supo perfectamente que, p. ej., mataría ilícitamente un hombre, es psicológicamente necesario que ha *querido* matarlo (y aunque tal vez se lo ha propuesto).

Otro es el caso en el que el actor sólo pensó que su conducta *tal vez* fuera la *posible* realización ilícita de un delito (p. ej., un disparo que, al hacerlo, el actor tiene la representación de que al bala *tal vez* mate un hombre, *tal vez* a un corzo). La teoría de la representación debiera consecuentemente concluir que generalmente hay dolo. Pero no llega a tal conclusión. Ella agrega que esto sólo resulta de la *actitud* que el autor asume con respecto a lo que él ha concebido como posible, es decir, que lo que interesa es un momento espiritual que está *más allá* de la "representación", y sólo de acuerdo con eso resuelve *si existe* dolo —*dolus eventualis* ("dolo condicional")— o sólo imprudencia ("imprudencia consciente"). Con eso se licencia a sí misma la teoría de la representación.

De hecho, ya surge su incorrección de que entre un dolo que sólo fuere un complejo de representaciones y la culpabilidad no habría ninguna relación, puesto que a un individuo no puede "reprochársele" su saber como tal.

Esta teoría falla también en aquellos "delitos de peligro" que están previstos por la ley para casos en los cuales el autor no es punible desde el punto de vista del correspondiente "delito de lesión", o en que no es punible la tentativa, p. ej., exposición, C. P., 221. "Exposición" significa una acción que es, de determinada manera, peligrosa para la vida; el dolo requerido por el § 221, conforme al § 59, *I*, consiste sólo en que el autor fuese consciente del peligro para la vida. Si para la intención homicida fuese sólo necesario que el autor se hubiese representado la muerte como posible, todo dolo de peligro para la vida sería necesariamente un dolo de *homicidio*. Toda exposición, conforme al § 221, *I*, sería pues, una tentativa de homicidio, punible conforme a los §§ 211 o 212, unidos al § 43, y toda exposición que resultara mortal (221, *III)* sería un asesinato o un homicidio consumado; el § 221 desaparecería.

Ahora bien, el criterio según el cual se determina si existe *dolus eventualis* sólo puede ser en todo caso algo "voluntario", el modo y manera en que el autor *se ha colocado*, decisivamente, *con respecto* a la eventualidad conocida por él como posible. En eso consiste la cuestión según la opinión general. Difieren las *formulaciones* del criterio; se habla de que lo que importa es si el autor, al carácter de su acción conocido por él como posible (p. ej., la eventual muerte de un hombre), lo ha *"tomado a su cargo"*, *"consentido"*, *"asentido"*; si *"estaba de acuerdo con él* La "fórmula de FRANK" establece: no hay *dolus eventualis* cuando el autor, si hubiese tenido ante sí el resultado como seguro, no habría cometido la acción. Últimamente FRANK quiere reconocer a esto sólo como una circunstancia esencial, de *la cual* puede *inducirse* la existencia o inexistencia del *dolus eventualis*. De hecho, nada puede importar para la afirmación o la negación del dolo el hecho de que el autor *"hubiese"* omitido *"cuando"*, etc. Pero aun en el sentido en el cual quiere FRANK emplear actualmente su fórmula, puede usársela sólo con cautela. (Si el cazador se ha dicho que tal vez su tiro mate a un hombre y, a pesar de eso, se resuelve a disparar porque para él era más importante satisfacer su deseo de cazar que cuidar la vida de un hombre, no cabe dudar de la existencia del dolo, aunque el autor, en caso de haber reconocido la muerte como segura, no hubiese disparado).

La razón esencial decisiva es la siguiente: que al autor le fuese *indiferente* cualquiera de las eventualidades. (Existe, pues, *dolus eventualis* cuando el autor miró esa eventualidad como bien venida, si es que ya no la tenía en mira). Los casos opuestos son aquellos en que sintió la eventualidad como fatal y obró ligeramente sólo porque no tomó suficientemente en serio su posibilidad.

De esto se deduce la posibilidad de un simple dolo de peligro, distinto del dolo de lesión. El se da cuando el autor a pesar de tomar como posible que ocurra la lesión, "consintió" sólo en la producción del peligro, e internamente rechazó la de la lesión.

La principal aplicación del *dolus eventualis* tiene lugar en los casos en los que el autor se encuentre en incertidumbre con respecto a las circunstancias de hecho típicamente relevantes. Del mismo modo debe considerarse la duda con respecto a la ilicitud o licitud de su conducta.

Contra el empleo del *nombre* "teoría de la voluntad" para esta forma de solucionar el problema se objeta que lo que a uno le es indiferente no es que precisamente no lo "quiera", sino que solamente "no lo quiere". Se ha propuesto, entre otros, el nombre "teoría de los motivos" (M. E. MAYER), porque ninguno de los motivos contrarios a la comisión del hecho ha sido eficaz. La designación más clara sería "teoría del asentimiento".

II. En síntesis, la definición del dolo debe ser: *dolo es aquel vicio de la voluntad, que se basa en que el autor* A) *se ha representado* (o al menos dado como posible) *las circunstancias de hecho típicamente relevantes y la antijuridicidad de su conducta, y* B) *a lo menos ha asentido* (si no es que directamente ha querido o se ha propuesto) *esa calidad de su conducta.*

Esta definición comprende al *dolus principalis* (designación para el *dolus* no simplemente "eventual"; el nombre corriente, "*dolus directus*", es equívoco por su oposición al común *dolus indirectus,* ver más abajo, *III),* y al *dolus eventualis,* los cuales caen notoriamente dentro del concepto de dolo.

Son totalmente deficientes las siguientes definiciones: obra dolosamente el que obra "conociendo las circunstancias de hecho" (aquí falta la consciencia de la antijuridicidad y el elemento voluntario, como también precisamente el agregado decisivo que hace el C. P., 59, *I*, a la expresión "circunstancias", ello es: "que correspondan al delito-tipo". Según esa definición sólo estaría en dolo, cosa que nadie afirma, aquel que conozca *todas* las circunstancias y no, p. ej., el que creyó que el comerciante X, muerto por él, era dueño de fábrica). También es deficiente ésta: obra dolosamente aquel "que comete el hecho con conocimiento y voluntad"; (aquí falta propiamente lo principal, ello es, decir *qué es* lo que debe ser sabido y querido; *toda* "acción" se realiza *con algún* "conocimiento" y alguna "voluntad"; según esa definición, p. ej., habría sido autor de homicidio doloso el cochero —que todos reconocen sólo como negligente— el cual aprieta a un niño con su coche por distracción, pues su hecho, como tal —transitar por la calle con su coche— yacía en la zona de su saber y de su querer). Es igualmente falsa e incompleta ésta: dolo es "consciencia de la causalidad", con lo cual se piensa sólo *en uno* de los elementos típicos en los delitos materiales y se olvidan totalmente los delitos de pura acción. Otra: dolo es conocimiento de las características del delito-tipo, ver en contra § 24, *I*, 1, *b*.

En el C. P., el dolo *se llama* a veces de otra manera. No otra cosa significa el término "a sabiendas" del § 153; e igualmente sucede con la palabra "intencional" de los § § 43 y 266. La Carolina de 1532, usaba la expresión "geverlich".

III. Los conceptos generales y poco claros de *dolus generalis* (WEBER) y *dolus indirectus* han sido hoy abandonados por la ciencia. Habría *dolus generalis* cuando el autor desarrolló una actividad, que sólo en su totalidad acarrea el evento, pero el autor emprende los actos últimos y decisivos en la creencia de que el resultado ya se ha producido (p. ej., A, con un golpe en la cabeza, ha desmayado a B, pero creyéndolo muerto, lo arroja al agua, en la que B se ahoga). Habría *dolus indirectus* cuando el autor emprende una acción no permitida que acarrea ciertas consecuencias no previstas por el autor (*Versari in re illicita);* aquí se imputarían esas últimas consecuencias al autor, también como dolosas.

Estos casos deben tratarse completamente de conformidad con las reglas generales. Todo acto en particular debe ser examinado para establecer qué es lo que ha producido y cuál es la culpa del autor en ello; y sólo puede afirmarse que hay *dolus* conforme a la medida de lo que realmente el autor se ha representado y ha consentido.

DOLO

El dolo es un querer obrar en el sentido del tipo, es decir, que actúa con dolo quien ha tenido la intención de procurarse un fin contrario a derecho.

Hay que señalar en primer término, que el dolo exige siempre el conocimiento de los hechos que se adecuan a la figura de la cual se trate, así el sujeto debe saber que se apodera de un bien ajeno o que falsifica billetes de banco y tener, asimismo, la intención del resultado, lo cual implica que, la noción comprende lo que el autor se propuso en forma directa como consecuencia de su acción, pero también aquellas consecuencias que están necesariamente ligadas al acto principal. Afirma Roxin, que los resultados conscientemente queridos y deseados, son siempre intencionales aun cuando su producción no sea segura o no sea la finalidad última (Roxin, obra citada, pág. 419). Esto lleva a considerar que el dolo también comprende la conexión causal que determina el resultado. Lo que debe tenerse en cuenta es el poder causal de la acción, pues hay resultados accidentales que no pueden ser adjudicados al agente. En el análisis del dolo, es necesario tener en cuenta los casos en que se produce una desviación esencial del curso causal, que no puede insertarse en el cuadro de la previsión del autor (éste dispara a un blanco situado en un árbol y el proyectil impacta en una persona, aunque pueda considerarse en esta hipótesis un remanente culposo).

El caso de aberratio ictus (A dispara contra B, pero alcanza a C que estaba fuera de la intención del autor), debe computarse como doloso porque A quiere matar y, efectivamente, mata. La solución inversa: tentativa de homicidio y homicidio culposo deja de lado el hecho de que ambos objetos del delito, son equivalentes y, por lo tanto, para la aplicación de la figura del homicidio, la individualidad del blanco es indiferente.

El dolo también comprende los elementos normativos de la figura. Cuando el precepto se acompaña de conceptos jurídicos como "cosa ajena", "lugar público", "cheque", etc., el sujeto debe conocer su significación con el alcance en que lo conoce cualquier persona, aún el profano en cuestiones de derecho. Lo que se exige es un conocimiento común, de cada término. Mezger argumenta con el concepto de "enfermedad mental"; no es necesario que el agente tenga un conocimiento psiquiátrico de lo que es una entidad nosológica determinada, por ejemplo, la esquizofrenia, sino que lo que debe saber es que abusa de una persona perturbada (Mezger, *Tratado,* t. 1, pág. 137).

El problema tiene atingencia con el error, porque el equívoco que recae en un elemento normativo de la figura, cuando es esencial, ejemplo, no saber que la cosa es ajena creyéndola propia o sin dueño, elimina el dolo. En esta hipótesis, el sujeto cree estar obrando de manera lícita y si ese error ha sido de buena fe, el delito no le es atribuido porque falta la proyección subjetiva sobra la concreción del tipo. Para que el agente obre con dolo debe saber que vulnera un derecho ajeno, de allí que el error de subsunción exculpa, porque ese actuar doloso exige el conocimiento de todas las características de la figura y, cuando se trata de elementos normativos, el conocimiento de su significación "como valuación paralela del autor en la esfera del profano" (Mezger).

El error esencial excluye el dolo cuando recae sobre el delito, tal el caso de quien cree tirar sobre un blanco fijo y hiere a un hombre que está detrás de aquel, o cuando cree estar ante una causa de justificación y responde a una agresión que no ha existido (legítima defensa putativa).

En otro orden de cosas, el error en la motivación no excluye el dolo, A mata a B creyendo falsamente que es el amante de su esposa, ni en el caso de error en la agravante: el autor no sabe que el robo en banda genera la figura del inc. del art. 167, ni si cree erróneamente que el hecho que a pesar de ser ilícito no es punible (ejemplo de Beling).

El dolo eventual puede caracterizarse como posibilidad de previsión del resultado: el agente quiere imprimir a su automóvil una velocidad prohibida y, a resultas de ello, mata a un peatón: el automovilista quiere desplazarse a alta velocidad y debe prever la posibilidad de un accidente, no obstante lo cual se dice: pase lo que pase avanzo tal como quiero, no pretendo matar a nadie, aunque tal eventualidad no va a detenerme. De este modo, puede decirse que el resultado sólo es doloso cuando su alta probabilidad no lo hubiera hecho desistir de su temeraria conducta.

Frank, el creador de la doctrina del dolo eventual, propone la siguiente fórmula: hay dolo eventual cuando el convencimiento de la necesidad del resultado posible no ha hecho desistir al autor. El propio Frank, en una segunda formulación, sostuvo la existencia del dolo eventual cuando el sujeto actúa, ocurra o no el evento letal (ejemplo del automovilista).

El problema del alcance o intensidad de la probabilidad del resultado final, ha dividido la doctrina. Se discute cual debe ser el grado de tal probabilidad en cabeza del agente, toda vez que si esta es débil o lejana no puede imputarse la conducta inicial como dolosa. Evidentemente debe tratarse de aquello que ocurre "en el común de los casos", hay acciones de por sí altamente susceptibles de causar el hecho no querido inicialmente; ejemplo: el tirador que apuesta que va a acertar el disparo en un objeto que una persona sostiene en la mano. Puede que entienda que su habilidad no le hará errar el tiro, pero si hiriese al ayudante o lo mata, es evidente que el resultado final es altamente probable. Por eso, la fórmula toma como principio lo muy verosímil, parece ser la que mejor se adapta a una solución racional de las controversias, sobre la probabilidad del evento ulterior, y junto a aquella, desde el punto de vista subjetivo, debemos agregar la aceptación del riesgo que es lo que define la actitud del autor frente al hecho posible derivado de su acción imprudente.

Dolo preterintencional: Es el caso de quien comete un hecho ilícito intencional, pero el resultado excede esa intención; A golpea a B, con tan mala fortuna que la víctima cae hacia atrás y golpea su cabeza contra el cordón de la acera y fallece. El resultado final que culmina la primera acción delictiva no es querido por el autor, pues si lo fuera, el total sería doloso y la muerte del agredido se imputaría a un título de homicidio.

En este tipo de delitos, la previsibilidad, a diferencia de las hipótesis de dolo eventual, es mínima o nula, aquí el sujeto no se representa que el suceso pueda ocurrir, sino que actúa en función de un hecho querido (doloso), con prescindencia de su ulterior derivación que no está en sus cálculos, ni es elaborado por su previsión. Nuestra lev propone un claro ejemplo de esta circunstancia en el inc. 1 b) del art. 81, que se refiere al resultado fatal como no querido, cuando "el medio empleado no debió razonablemente ocasionar la muerte". En los casos de dolo eventual, el evento final es perfectamente predecible, pero tal cosa no detiene al autor, en el delito preterintencional hay una causalidad eficiente entre acto y resultado último, pero dicho nexo causal no se imputa al sujeto porque no lo previo, actuó de tal manera que, su intención era la comisión del ilícito inicial —la lesión—, pero la caída fortuita no entraba en sus cálculos. De allí, que pueda decirse que, este tipo de delito supone la conjunción de dos líneas causales de diferente importancia en orden a la imputación, directa una, indirecta la otra. Por eso, ante la pretencionalidad, se dice que existe en el autor una doble disposición de dolo y culpa, que funciona como atenuante del delito más grave.

La negligencia

I. Negligencia es la culpabilidad que no alcanza al grado doloso de la culpabilidad, ello es, aquella reprobabilidad jurídica del querer que queda prescindiéndose del dolo.

Presupone pues, negativamente:

a) o bien un *error* del autor, que excluya el dolo (esencial).

b) o bien una *duda* del autor (relativa a las circunstancias típicamente relevantes o a la antijuridicidad), duda a la que le autor ha desechado de tal modo que no puede imputársele ningún *dolus eventmlis.*

Lo que importa en ambos casos es si el *proceso de formación del querer* era o no *reprochable* al autor ("inexcusable", ver C. P, 59, *II).* Si no lo era, no hay culpabilidad ni pena; en caso contrario, hay culpa o negligencia. Corresponde el reproche de negligencia al que ha procedido *sin cuidado,* en cuanto del complejo de representaciones que él tuvo, hubiera podido y debido alcanzar a la representación total, que lo habría debido apartar de su acción. Este "poder" se basa en la capacidad personal del sujeto concreto (no basta que hubiese podido un "hombre medio").

II. Conforme a eso, hay negligencia en los casos sub *a,* cuando el actor, con una atención adecuada, hubiese podido evitar el error —la llamada culpa *inconsciente (negligencia)*—; en los casos sub *b,* cuando el actor, con una atención adecuada, habría conocido la seriedad de la situación —la llamada culpa *consciente— (luxuria).*

III. Esta división de la negligencia vincúlase con otra.

1. El reproche puede referirse a que el autor no conociera o no hubiera tomado suficientemente en serio las *circunstancias de hecho típicamente relevantes.* En tales casos, puede hablarse de negligencia típica (ello es, relativa a delito-tipo).

2. Pero el reproche puede también referirse al hecho de que el autor no haya conocido o no haya tomado suficientemente en serio la *antijuridicidad* de su conducta: negligencia *antijurídica;*

a) puede arraigar en que el autor desconociera o no valorara con seriedad suficiente las circunstancias de hecho *(facta)* que fundaban la antijuridicidad y por eso el autor no reconociera o no considerase seriamente la contradicción de su conducta con el ordenamiento jurídico (p. ej., aceptación inculpablemente errónea de una agresión que dé lugar a legítima defensa);

b) o puede arraigar en que el autor no conociera *in abstracto* las normas jurídicas de conducta o no considerase seriamente la posibilidad de tal prohibición jurídica (p. ej., creencia en la admisibilidad de la legítima defensa contra ataques futuros; desconocimiento del requisito del permiso de las autoridades para juegos públicos. En los casos sub *b,* hay una pura negligencia de derecho.

CULPA

La culpabilidad, en su aspecto más leve, constituye la culpa. El desarrollo de la vida en sociedad, necesita que los hombres, que conviven, ajusten su propia conducta sobre las bases de deberes que hacen al orden y a la seguridad comunes, por lo que la ley penal, además de constituir la represión de intenciones criminales propiamente dichas, castiga ciertas conductas en principio involuntarias, pero causantes de sucesos nocivos o potencialmente productoras de los mismos. De allí, la imputación, a título de culpa, que taxativamente dispone el catálogo penal, así como las ordenanzas, reglamentos, edictos, códigos de faltas, etc. que consagran el cúmulo de previsiones que obligadamente se imponen a los individuos de una comunidad. Por lo primero y, desde la más estricta noción de cuidado (curia), el ciudadano se constriñe, son pena de caer en el delito a título menor, a poner diligencia, prudencia y pericia en sus relaciones con los otros, por lo segundo, la relación se hace más explícita y es el simple peligro de daño lo que inspira el castigo; lo que se reprime, es la posibilidad de que ese daño se produzca, por lo que las infracciones derivadas de la desobediencia a los reglamentos de naturaleza policial, se acercan de alguna manera a los llamados delitos de peligro concreto.

En la culpa, el resultado no es querido pero, a pesar de ello, cabe al agente un remanente de responsabilidad porque, debiendo prever, no previo. La doctrina de la culpa se elabora sobre el principio de la responsabilidad exigible y la consideración del actuar negligente o imprudente. En realidad, estos últimos son vicariantes y, si bien la negligencia, es falta de cuidado, y la imprudencia, temeridad, ambos funcionan objetivamente de la misma manera y, en los dos casos, existe un vicio de la voluntad que preside la conducta culposa (Núñez, con cita de Frank, *La culpa en el Código Penal*, pág. 122).

El reproche que se hace al agente es la falta de precaución en un hecho, cuyo resultado debió advertir, o que ha actuado con menosprecio del posible peligro que acarreaba su conducta. En el primer caso, existe un error de apreciación, el sujeto no advierte que crea un peligro cierto, cuya evitación es exigible por el derecho, en el segundo, lo admite pero confía en que su habilidad podrá evitar toda consecuencia dañosa (ejemplo: el corredor de automóviles que imprime a su máquina mayor velocidad que la permitida en zona urbana, pensando que su notoria pericia para conducir va a impedir cualquier accidente).

La culpa reconoce niveles de intensidad, que la doctrina ha denominado como culpa consciente y culpa inconsciente. Estas han sido señaladas, por Garraud, como culpa sin previsión y culpa con previsión. La primera, consiste en que el autor no ha previsto las consecuencias de su acción, la segunda, es que habiéndolas previstos como posibles, actúa con descuidada temeridad, sin querer, no obstante el resultado dañoso. En ambos casos, se propone una graduación de la culpa: en su forma más aguda, el sujeto se aproxima a una actividad dolosa, no quiere el resultado, pero es consciente de su producción "más o menos posible", procede, como dice Garraud, con "temeridad ante el peligro"; es el caso de quien enciende un farol de mecha en un establo cubierto de paja seca, aunque sabe que su conducta acarrea un peligro cierto, no toma las necesarias precauciones para evitar un siniestro. Su actitud de indiferencia ante un probable incendio no lo detiene, y esta es la base subjetiva de la culpa consciente que se aproxima notoriamente al dolo eventual.

En su grado inferior, la culpa responde a una actitud descuidada y sin precauciones, pero queda fuera del marco de la previsión, el sujeto actúa sin advertir o sin tomar conciencia de la posibilidad de que sobrevenga el resultado. Muchos casos de violación de reglamentos u ordenanzas, pertenecen a esta categoría: quien no respeta la luz roja mientras conduce, quiere cruzar un semáforo cuya señal se lo prohíbe, pero nada más, por eso, tales hechos tienen atingencia con los delitos de pura acción o de peligro.

A los efectos de la punibilidad de la conducta culposa, es necesario que el resultado no haya sido querido por el autor, que la acción desplegada por éste, sea conducente a dicho resultado y que el hecho venga señalado por la ley, en sus formas de: negligencia, impericia, imprudencia o inobservancia de reglamentos o disposiciones especiales.

Existen distintas doctrinas para fundamentar la culpa: la infracción del deber de cuidado, la evitabilidad, la creación de un peligro no permitido, etc. Se trata de aproximaciones válidas para caracterizar sus bases subjetivas, pero no agotan el concepto en su totalidad, más preciso, en cambio, es la previsibilidad que resulta abarcativa de las distintas situaciones que pueden presentarse en la casuística, porque, lo que se reprocha al agente, es no haber procedido con el cuidado (curia) necesario para evitar el evento que debió preverse. El cuidado que exige la norma, se refiere a la consideración que debe tener el autor del posible curso causal de su conducta, esto es, la previsión que determinado efecto puede ocurrir. Para determinar la previsibilidad del evento, debe tenerse en cuenta: a) lo que generalmente ocurre en situaciones análogas; b) las circunstancias de hecho que concurran antes y en forma concomitante, al hecho que se reprocha. Los cursos causales propios del resultado, deben ser calculados de acuerdo al pronóstico posterior objetivo (Welzel Rumelin).

Frente al concepto de previsibilidad se establece el de peligro, cuanto más agudo es éste último, mayor grado de previsibilidad es exigible; así, quien maneja fuego en un lugar donde se encuentran elementos inflamables o de fácil combustión, crea una situación de peligro cuya previsibilidad cabe poner en cabeza del actor. Si el peligro de daño disminuye, se estrecha la posibilidad de preverlo, por esa razón, quien realiza un acto que resulta del todo inadecuado, para producirlo no tiene el deber de prever su concreción, de este modo, quien dispara en campo raso su escopeta de caza, mal puede prever que, en ese momento, aparezca súbitamente una persona que resulta alcanzada por un proyectil. Por eso, afirma Welzel, con razón, que es decisivo el momento en el cual el bien jurídico ha entrado en el radio de acción de la situación peligrosas *(Derecho Penal Alemán,* pág. 55).

Sólo el caso concreto, puede establecer un parámetro válido para determinar la imprudencia o la temeridad de la conducta, toda vez que la ley no abarca la cantidad inagotable de situaciones en que se la puede considerar culposa. Cuando el sujeto actúa con dolo, quiere el resultado y lo prevé de antemano, la culpa, en cambio, excluye la intención, por lo tanto, frente al delito culposo no previsto por la ley, se debe determinar objetivamente el grado de peligro que entraña el acto, y luego si el sujeto pudo razonablemente prever el desenlace: quien maneja un automóvil por lo general no provoca daño alguno, si lo hace velozmente, en un lugar densamente poblado, es probable que sí, pero tampoco toda conducta imprudente lleva a la imputación penal, para ello tiene que existir un peligro cierto y predecible, el ciudadano común no tiene por qué conocer los posibles resultados de cada uno de sus actos, lo que es dable exigirle es la previsión normal de un individuo de la media. Son los jueces los que deben encargarse de comprobar los alcances de cada hecho posiblemente culposo, analizando la causa eficiente del evento y su necesaria previsión de acuerdo al grado de peligro creado en la hipótesis concreta. Pero sobre esto, caben todavía algunas precisiones porque, en el marco de la apreciación judicial, cabe también considerar el error excusable o la no exigibilidad, para no llegar a la imputación de la responsabilidad objetiva (responsabilidad por el manejo de un vehículo o por los efectos del tratamiento médico). La imputación a título de culpa, no puede abarcar los casos de mínimo descuido por parte del agente o el error de cálculo, en este punto deben aplicarse los principios garantistas de orden constitucional, de otra manera, la culpa se acerca, sugestivamente, al dolo eventual, en desmedro de situaciones perfectamente inculpables; cabe recordar que la culpa es el grado más ínfimo del ilícito, y que existen muchos casos en que el autor no se ha comportado con imprudencia manifiesta aunque sí quizás con descuido (el maquinista que no ha visto las barreras altas debido a la distancia), y su acto apenas rebasa el riesgo no tolerado por los reglamentos, se trata de lo que la doctrina denomina "imprudencia insignificante", la que no siempre es evitable, aún para el individuo cuidadoso, y da lugar a la inculpabilidad por razón de inexigibilidad (sobre el tema de la inexigibilidad, Roxin, *Derecho Penal* con bibliografía sobre el célebre caso del caballo que no obedece a la rienda", pág. 1040)

ELEMENTOS ADICIONALES DEL TIPO

Todas las figuras delictivas requieren una antijuridicidad típica y una culpabilidad orientada al mismo delito-tipo. Pero numerosas figuras delictivas requieren, además, algo específico, ya sea en la faz objetiva ya sea en la subjetiva. En tales casos, sólo existe acción punible, conforme a la figura *de que en el caso se trata,* cuando están dadas las circunstancias objetivas y subjetivas correspondientes.

I. Hay figuras que, aparte de la ejecución culpable del tipo, requieren aún ciertas circunstancias *objetivas,* que no es necesario sean abarcadas por la culpabilidad, y por eso *no son* características del *delito-tipo,* sino elementos *puramente objetivos* de la figura. Así, p. ej., sólo existe riña (C. P., 227) cuando a la ejecución culpable del delito-tipo ("participación en una pelea") se agrega además la muerte (o lesiones graves) de un hombre, objetivamente proveniente de la pelea; bancarrota (Ley de concursos, 239) solamente cuando a la ejecución dolosa del delito-tipo (p. ej., "distracción de bienes", § 239)[1] se le agrega objetivamente la apertura del concurso; lesiones preterintencionales (C. P., 226), cuando a la ejecución dolosa del delito-tipo ("malos tratos o daño en la salud") se añade objetivamente la muerte del lesionado.

Cuando el legislador, en tales figuras, precisamente teniendo en cuenta esa circunstancia objetiva, ha establecido una pena más grave que la que correspondería a la culpabilidad, es que ha permanecido apegado al pensamiento de "responsabilidad objetiva" aun cuando no ha adoptado "puramente" ese criterio. Por esta circunstancia, se acepta hoy preferentemente que el legislador no ha querido castigar también aquellos casos en los que la consecuencia, sólo objetivamente necesaria, se encuentra en relación causal *inadecuada* con la acción ejecutiva del delito-tipo.

II. Con respecto a la faz *interna,* las figuras delictivas no se construyen generalmente de modo que (concibiendo unitariamente dolo y culpa) baste del todo con una "culpabilidad" relativa al "tipo".

Lo frecuente es que se dividan las figuras:

1. En cuanto unas requieren una ejecución dolosa y otras culposa del mismo delito-tipo, o que, en general, solamente la primera constituya una figura delictiva.

2. Aun dentro del círculo de las figuras delictivas dolosas concurren algunas veces ciertas particularidades. Existen figuras que exigen un *dolus principalis,* (p. ej., C. P., 164, 187, "a pesar del conocimiento"), en las cuales el *dolus eventualis* sólo puede servir para la construcción de otra figura, o es dejado completamente de lado.

Dentro de las figuras culposas existen subfiguras en las que se requiere una culpa "calificada" (ver C. P, 222, *II,* 230, *II).*

3. Hay figuras para las que no basta un nudo "dolo", sino que además requieren otros elementos psíquicos como elementos agravantes; así, p. ej., "astucia" (C. P, 235), "premeditación" (C. P., 211), "habitualidad", ello es, por una tendencia arraigada (C. P, 150, 180, 260, etc.) y especialmente *"propósitos" especiales (*C. P, 146 242, 263, etc.).

"Propósito" debe entenderse aquí en sentido exacto. Ordinariamente, no es necesario que se alcance el fin propuesto, lo esencial es el elemento espiritual mismo del propósito (p. ej., si en el hurto, C. P, 242, objetiva —típicamente— basta la simple substracción de una cosa mueble ajena, sin ser necesaria su apropiación, el dolo que subjetivamente se dirige a esa substracción, se acompaña del fin de apropiación).

A los "delitos de propósito" pertenecen también los llamados delitos *habituales,* caracterizados por el propósito de una constante repetición de la acción, p. ej., C. P, 144, y el delito *profesional,* caracterizado por el propósito de proporcionarse un provecho por medio de la repetición, p. ej., 260, 285, 294, 302 d, 361. [6]

El delito profesional, el delito por industria y el habitual se llaman en conjunto, ordinariamente, *"delitos colectivos"*, "delitos plurales".

Los elementos específicos subjetivos son de carácter personalísimo y se asemejan *por eso* a los elementos personalísimos del *delito-tipo.* Por eso no es posible castigar como autor del delito de determinada figura al sujeto en quien no se da el carácter específico, aun cuando concurra en un sujeto usado por aquél como "instrumento" (p. ej., aquel que hace falsificar dinero por un loco, sin tener el propósito de ponerlo en circulación como legítimo, no es punible conforme al § 146, aun cuando el loco tuviese tal propósito).

La configuración del concepto de "acción punible" en los tipos delictivos subordinados (Formas accesorias)

Generalidades

I. Las acciones que corresponden a un *tipo delictivo subordinado* son también "acciones punibles". El legislador ha construido esas figuras precisamente para establecer, por medio de ellas, la punibilidad de ciertas acciones que *no son* "asesinato", "hurto", etc., y que, por eso, serían impunes desde el punto de vista de la figura delictiva autónoma.

De ahí se deduce, sin embargo, que los elementos caracterizantes de esta acción punible conformada a una forma accesoria deben ser otros que los que diferencian a las especies delictivas mismas. Se trata en cierta medida de acciones punibles de *segundo orden.*

1. La primera de sus características es ya opuesta a lo esencial de las acciones punibles de primer orden: no debe haber *realización culpable del delito-tipo.* Pues cuando el legislador ha elevado, sin restricciones, a la categoría de figuras delictivas (autónomas) a tales acciones, era delimitado también, con ello, la punibilidad; y al trazar las figuras delictivas dándoles elementos específicos objetivos y subjetivos, hace que, sin éstos, no exista figura delictiva. (Ejemplos: ejecución del delito-tipo del § 239[1] de la ley de concursos, sin la apertura posterior del concurso; daño culposo). En tales casos, el legislador ha querido que en general el hecho no sea punible.

(Constituyen una excepción en el último aspecto sólo los casos referidos más adelante. Cuando el legislador ha establecido un elemento específico de esa clase, de modo que, sin él, no existe tampoco ninguna otra figura delictiva, esa laguna en el círculo de las figuras delictivas autónomas no significa a secas que es un caso de impunidad, sino solamente que no puede existir pena desde el punto de vista de la "verdadera autoría". Cuando, p. ej., en el hurto no se prevé ninguna ley penal con prescindencia del "fin de apropiación", de ello no se puede deducir aún la impunidad plena para substracciones dolosas de cosas muebles ajenas).

2. En las acciones de segundo orden, la ejecución del *delito-tipo* viene a ser substituida:

a) por la realización culpable del contenido objetivo de una de las tres formas secundarias del actual Derecho penal alemán que constituyen *figuras accesorias: tentativa, instigación y complicidad.* Aquí se separan respectivamente los conceptos de las acciones punibles de la misma manera en que se separaban las figuras delictivas autónomas, en las cuales debe verificarse plenamente uno de los tipos autonómicamente catalogados.

b) al mismo tiempo, sin embargo, vuelven a coincidir las figuras accesorias en que por sí solas son oscuras y para generar una acción punible debe ser *tomadas conjuntamente con una clase de delitos y* sólo entonces tienen valor, ello es, como tentativa de *asesinato,* instigación al *asesinato,* complicidad en el *asesinato,* tentativa de *hurto,* instigación al *hurto,* complicidad en el *hurto,* etc. Es decir, que se encuentran en una *relación de dependencia* con respecto a los delito-tipos. Sólo que nada importa, como en las figuras específicas, la *adecuación* al delito-tipo, la *realización* del delito-tipo, que era un elemento esencial, sino que importa una *"referencia"* de otra *especie* al delito-tipo. La punibilidad no se funda aquí en que el actor haya "muerto a un hombre", etc., sino en que MI comportamiento o bien *tendía* a la "muerte de un hombre", a la "substracción de una cosa mueble ajena" (tentativa), o bien tenía una *vinculación* intelectual con la conducta de *otro que por su parte,* estaba orientada al esquema rector "muerte de un hombre" etc.

II. Así como toda figura delictiva autónoma tiene en su base su delito-tipo, que constituye el esquema común para la faz objetiva y la subjetiva, así también cada una de las tres formas accesorias se remite a un cuadro conceptual que le imprime también precisamente a ella un sello común para la faz objetiva y la subjetiva. Así, p. ej., en el instigación, el "determinar a otro a este "determinar" debe darse objetivamente y haber existido en el dolo del actor. No es prudente, sin embargo, designar este cuadro como el "concepto típico" *("gesetzlichen Tatbestand")* de la tentativa, la instigación y la complicidad, pues con ello se suscitaría, de modo peligroso para la recta comprensión, Ja apariencia de que esas formas pertenecen coordinadamente a la misma serie que los esquemas de los delitos en particular. Es verdad que aún no se ha propuesto ningún otro nombre. Entre tanto, podemos hablar del *"cuadro"* de la instigación (del cual surge la instigación misma cuando ese cuadro: 1°, se da objetivamente, y 2°, debiendo estar totalmente abarcado por el dolo). Lo mismo con respecto al cuadro de la tentativa y al de la complicidad.

La tentativa

I. La forma accesoria *"tentativa"* —por oposición al delito *"consumado"*— se vincula con las figuras delictivas autónomas a las que la tentativa se refiere de modo que el *delito-tipo* de la correspondiente figura sólo es representado en un simple *"comienzo de ejecución",* C. P., 43 (del C. P., de 1810: *"comencement d'exécution"),* es decir, que en lugar, p. ej., del requisito "matar a un hombre, está el requisito de *comenzar* a "matar a un hombre". Con lo cual, para que exista tentativa, es preciso que el cuadro específico de la tentativa se cumpla objetivamente y además culpablemente.

Las demás características de las figuras delictivas dadas subsisten, por el contrario, también en caso de tentativa (p. ej., una tentativa de "lesiones preterintencionales", C. R, 226, sólo sería concebible si el autor sólo hubiese tentado las lesiones y esa tentativa hubiese traído la muerte del otro; por otra parte, el requisito del "fin de apropiarse ilícitamente", propio del hurto, debe concurrir también en la tentativa" de hurto).

La tentativa, para constituir una acción punible, debe:

1. ser tentativa de un "crimen" en sentido estricto o tentativa de un "delito" para el cual la tentativa esté expresamente prevista, C. P., 43, *II,* (p. ej., C. P., 242, *II,* ver, por el contrario, p. ej., 223);

2. ser cometida *dolosamente* (como se infiere de los términos imprecisos "resolución" y "propuesto" del § 43). El dolo para la tentativa es idéntico al dolo para la consumación en el sentido en que se ha explicado más arriba.

II. Para comprender el significado del *"principio de ejecución"* debe tenerse presente que este concepto significa evidentemente una *clase determinada* de las posibles maneras en que una acción *puede no adecuarse a un delito-tipo.* Ese concepto debe, pues, comprenderse, por una parte, en el campo de la "carencia de tipicidad" pues las acciones plenamente adecuadas al tipo ya están reguladas por medio de las figuras delictivas autónomas. Por otra parte, la tentativa no comprende todos los casos de "carencia de tipicidad", pues una acción con la cual la ejecución del delito-tipo se "comienza" no es lo mismo que una acción *no adecuada* al tipo. Ahora bien, dentro del círculo de las acciones no típicas se diferencian.

a) acciones que *todavía* no son adecuadas, acciones preparatorias;

b) acciones que (temporal, espacial, personal, objetivamente) *no se emprenden en el "mundo circundante"* que, conforme al contenido del delito-tipo correspondiente, sería necesario, y por lo cual no son de *la clase del delito-tipo* (p. ej., el autor ha emprendido la acción prevista en el § 88 fuera de "tiempo de guerra contra Alemania"; la del § 296, a, fuera de las "aguas ribereñas alemanas"; la del § 354, sin ser "empleado de correo"; la del § 242 haciéndola recaer sobre una cosa no "ajena"), o cuando falta una acción preparatoria necesariamente requerida como previa en el delito-tipo; p. ej., el sujeto, si bien ha abusado carnalmente de una mujer, lo ha hecho sin que "a ese fin la haya previamente reducido a un estado de inconsciencia o de incapacidad de resistir", 177, 2ª parte;

c) acciones que no han sido plenamente conformes al tipo porque si bien se situaron en el estadio de la preparación y, por oposición a las acciones enumeradas sub *b,* eran aún de la clase del tipo sin embargo, para la realización cumplida del delito-tipo, era necesario un desenvolvimiento ulterior de la acción o un hecho decisivo posterior, de modo que su no conformidad al tipo consiste en el *efecto* de la *fracción última* y típica de la acción.

El legislador, con toda seguridad, ha querido dejar impunes las *acciones preparatorias (a).* Precisamente por eso ha exigido en el § 43 un comienzo de "*ejecución* ". Cuando le ha parecido necesaria la punición de ciertas acciones preparatorias, ha creado para ellas particulares figuras delictivas autónomas (ver, p. ej., C. P, 83, 84, 86, 201).

El deslinde entre "preparación" y "ejecución" surge objetivamente en cada caso del contenido de cada delito-tipo. Según una "teoría subjetiva", no existe diferencia objetiva alguna y corresponde a la ejecución todo aquello "por medio de lo cual *el autor quiere llevar a ejecución inmediatamente* el hecho". Pero tal doctrina sólo es posible prescindiendo de los delito-tipos y de su significación, y creyendo no poder hacer diferencia alguna entre las condiciones de un resultado, en razón de su equivalencia *causal.* Por lo demás, esta teoría subjetiva es ilógica: según ella no hay ningún criterio para diferenciar y, sin embargo, el autor debe poder hacer esa imposible diferencia con su voluntad. Si ella toma el término "inmediato" en el sentido de un "en seguida temporal, la compra de un arma, según ella, será preparación, cuando el hecho ocurra después de una hora; pero será ejecución cuando ocurra inmediatamente, lo cual no parece convincente.

Viceversa, los casos sub *c,* corresponden bastante a la imagen de un "comienzo de ejecución".

Por el contrario, *no* sería posible afirmarlo para las acciones no adecuadas al tipo en el sentido referido sub *b*. El que substrae su propia cosa de poder de otro, no comienza, por cierto, a "substraer una cosa ajena"; el que no es empleado y recibe obsequios en dinero, no comienza por cierto con ello "como empleado" a dejarse sobornar, etc., aunque el substractor haya tomado la cosa por ajena, aunque el no empleado se tuviese por empleado.

No son de la clase del delito-tipo y, en consecuencia, no hay tentativa en el sentido del §43, en los casos llamados que "*tentativa absolutamente inidónea*", constituidos por acciones que, tal como eran, y bajo las circunstancias del caso, no podían llegar a ser nunca una realización del tipo (p. ej., una mujer no grávida toma un medicamento no abortivo, un ciego aplica un fósforo a una roca) por oposición al verdadero principio "de ejecución", en el cual no se llega a la consumación sólo porque o bien se detuvo la *continuación* de la acción o bien no se produjo la *continuación* causal del suceso.

Tal es la opinión dominante ("teoría subjetiva") divergente de la "teoría subjetiva". Esta proviene de la época en la cual no se sabía distinguir la antijuridicidad de la culpabilidad, considerándose antijurídica toda acción proveniente de un querer malo. La verdad es que las acciones que nos ocupan no tienen en sí mismas ningún contenido ilícito (y en todo caso, ninguno que corresponda al concreto tipo delictivo); carecen objetivamente de significación, si es que no son totalmente conformes al derecho (nadie duda de que el médico obra conforme a derecho cuando suministra la medicina curativa, aun cuando creyera que fuese veneno y quisiera matar al paciente). En la "tentativa absolutamente imposible" lo que contraría al Derecho es simplemente el querer del actor. Con lo cual la teoría subjetiva va a parar en la punición de lo meramente interno del hombre; pero como que ella debe reconocer que con eso se subvertiría un principio fundamental del Derecho penal, pretende que las acciones de que nos ocupamos se dan, también objetivamente, en forma suficiente para la punición, por cuanto contienen "una *manifestación* del querer malo" y no sólo un querer como tal. Pero las acciones por medio de las cuales se descubre un plan malvado, para el ordenamiento jurídico son, naturalmente, muy bien venidas, es decir, no antijurídicas. Finalmente, la inestabilidad de la "teoría de la manifestación" se muestra en el hecho de que la ley ha dejado impunes las acciones preparatorias, las cuales, del mismo modo, ponen de manifiesto un querer malvado.

La teoría subjetiva substituye el "principio de ejecución", que la ley requiere, de un modo inaceptable y contrario al § 2, C. P., con figuras arbitrarias y borrosas, que también encubren en forma engañosa el mismo principio de ejecución. Ello se aclara definitivamente si se considera que carecería de sentido que el legislador castigara acciones no típicas que nada significan objetivamente y que todos podemos tranquilamente dejar pasar, y que, por otra

parte, considerase impunes acciones que objetivamente tienen un contenido ilícito y que son más dignas de atención como son las acciones preparatorias. La falta de un fundamento racional en la teoría subjetiva aparece así claramente.

Esta teoría arraiga también en un simple elemento *sentimental:* en la repugnancia hacia los sujetos que se han desenmascarado, y en el pensamiento de que, después de fallarles el primer golpe de su plan, se servirán posiblemente, otra vez, de medios adecuados. Pero la repugnancia moral no justifica ninguna pena *del Estado* y la idea de peligrosidad sólo conduce a la aplicación de *medidas de seguridad*..

Generalmente, la teoría subjetiva sólo se profesa en forma restringida. Se ha intentado, en efecto, separar los casos de tentativa absolutamente imposible, es decir, de tentativa propiamente dicha, de los demás casos de "carencia de tipicidad". Quedan excluidas las "tentativas" por medios supersticiosos — error que arraiga en el pensamiento "nomológico", etc. —. Estos empeños no son consecuentes con el punto de vista subjetivo.

El Tribunal Supremo se ha colocado, desde hace decenios, en el punto de vista subjetivo. Pero ya entonces no estaba totalmente de acuerdo y fue necesaria una decisión plenaria. Desde entonces se ha mantenido sólo tradicionalmente en esa concepción sin emprender nuevo examen. Por el contrario, fuera del Tribunal Supremo, la práctica acepta reiteradamente el punto de vista objetivo (p. ej., Tribunal de Hamburgo, 1898, de Hamm, 1926).

III. Dentro de la tentativa se distinguen *dos gradaciones:*

1. El autor no ha concluido aún su acción ejecutiva, ello es, no ha continuado su movimiento corporal lo bastante para que (en los delitos de pura actividad) ella ya constituya la realización del delito-tipo, o bien (en los delitos materiales) haya alcanzado a cumplir los actos finales necesarios para la producción de la causalidad tendiente al evento típico: llamada *tentativa inconclusa* (p. ej., en el momento del golpe, el autor deja caer el brazo por un calambre; o bien, en los delitos de doble acción el autor ha emprendido sólo la primera).

2. El autor (en los delitos materiales) ha concluido los actos corporales del caso para acarrear el resultado (la *acción* ejecutiva) de modo que para la "realización" misma ya sólo importan acontecimientos ulteriores que están más allá de la acción: llamada *tentativa concluida* (p. ej., un tiro errado).

Una teoría "subjetiva" quiere diferenciar según que el autor haya creído no haber hecho aún o ya haber hecho lo que deseaba. Pero se presenta una dificultad insoluble cuando, p. ej., el autor haya creído que para desencadenar totalmente la causalidad es necesario aún hacer algo más, y sin embargo, su acción estaba, en verdad, completa y acarreó el resultado. En tal caso, existiría una tentativa inconclusa al mismo tiempo que un delito consumado, lo que es contradictorio.

Sobre la importancia de los dos grados de la tentativa.

Tentativa

La tentativa, es el inicio de la comisión de un delito frustrado en su consumación, por causas ajenas al autor o por su propia decisión (desistimiento).

El delito se perfecciona cuando se lleva a cabo aquello que la norma prohíbe, esto es, cuando se produce el evento típico. No obstante, antes de ese momento, existen actos conducentes a su perpetración, pero que no conforman aún el objeto de la norma incriminatoria, tales momentos son conocidos por la doctrina como actos preparatorios y principio de ejecución. La tentativa se ubica en el segundo segmento de la totalidad activa del hecho típico.

Actos preparatorios son aquellos que no resultan aún aptos para poner en peligro el bien jurídico protegido, y permanecen en la esfera de la subjetividad del agente, aunque puedan integrar un designio criminal futuro. Los primeros actos enderezados a la comisión de un delito —por ejemplo, comprar un arma o el veneno—, son atribuibles a una posible intención del sujeto, pero de ninguna manera pueden ser alcanzados por la ley penal, y si bien es cierto que todo crimen comienza con un proceso psíquico que tiende a convertirse en acción, el mero pensamiento o la intención no son punibles. "La violación interna subjetiva de la norma penal —dice Soler— es totalmente insuficiente para fundar la pena (*Tratado*, t. 2, pág. 242). En efecto, el derecho no puede captar penalmente las intenciones, porque tal cosa sería desconocer una de las premisas fundamentales del Derecho Penal civilizado, que conmina con sanción solamente hechos ocurridos en el mundo real.

La acción preparatoria no vulnera el bien protegido y, fuera de tal agresión, tampoco existe adecuación a figura alguna y, por ende, no hay delito. Lo que guía los actos preparatorios es un plan a futuro, pero no puede determinarse a ciencia cierta —por lo menos en lo que hace al derecho— cual sea ese plan (puede comprarse un arma para cazar o el veneno para eliminar plagas, etc.), y esa indeterminación es lo que impide reconocer tales actos como "comienzo de ejecución".

Excepcionalmente, algunas acciones preparatorias son asimiladas a delitos, en sí por el valor singular del bien jurídico protegido como, por ejemplo, poseer elementos aptos para falsificar moneda, o cantidades de sustancias prohibidas susceptibles de ser comercializadas. Aunque no se trata de comienzo de ejecución de ninguno de esos delitos, ambos hechos revelan una alta probabilidad de que tales delitos, sean cometidos, por lo que son sancionados en forma autónoma, debido precisamente a la alta peligrosidad social de las infracciones propiamente dichas (falsificación de moneda y tráfico de alcaloides). Fin este sentido, afirma Sauer, que "Cuánto más valioso es el bien protegido y reprochable la voluntad, tanto más sube también la peligrosidad concreta propia de la tentativa y se desplaza hacia atrás con ello el "principio de ejecución". (Sauer. *Derecho Penal*, pág. 166).

El comienzo de ejecución, es la piedra angular del aspecto objetivo de la tentativa, lo cual supone poner freno a un subjetivismo peligroso que llega a penalizar la mera intención de los actos preparatorios.

Si seguimos las fases del delito, que señalábamos más atrás, tenemos que, los simples actos preparatorios impunes, son seguidos por aquellos que están más próximos a la comisión del hecho,

configurando la etapa inicial de su concreción.

La tentativa, desde el punto de vista legal, se constituye por medio de dos supuestos, uno material, que es el comienzo de ejecución, y otro intelectual, la voluntad de cometerlo y una circunstancia constituyente; la ausencia de desistimiento.

Para establecer lo que es conceptualmente "comienzo de ejecución, debe considerarse el tipo de delito al que se refiere la noción, y partir desde allí para decidir si el agente ha realizado los actos concretos que describe la figura en su fase inicial, y que esos actos sean captados por el verbo típico del delito en cuestión. En opinión de Stratenwerth, para que haya tentativa, será necesario que se realice, por lo menos, una parte de la acción que caiga bajo el supuesto de hecho del delito como típica y que sea alcanzada por el verbo en él utilizado. *(Derecho Penal,* pág. 205).

En resumen, se deben considerar punibles a título de tentativa los hechos aptos para lograr el resultado esperado. La acción debe ser considerada ex ante y significar la puesta en peligro del bien jurídico tutelado. El dolo corresponde al del delito tentado (Beling hace especial hincapié en este punto; el dolo para la tentativa es idéntico al dolo para la consumación).

Ha de considerarse, en ámbito de la tentativa, la eficacia causal de la acción, tomando como módulo el medio empleado. Su idoneidad, puede valorarse en el momento de la ejecución, o sea, cuando la acción recae sobre el objetivo perseguido por el agente, dicha valoración representa un diagnóstico sobre el peligro corrido por el bien jurídico tutelado. En este sentido, no puede considerarse tentado todo aquello que no sea el comienzo de una acción, causalmente eficaz, para producir el resultado lesivo, por ejemplo, pretender la muerte de otro por medio de conjuros o rezos. Es necesario considerar además que por medio empleado", debe entenderse no sólo los elementos materiales que pretende utilizar el agente (armas o veneno), sino también la conducta enderezada al mismo fin, si ésta no es determinante, en cuanto al resultado querido en el caso concreto, es insuficiente o inidónea. En cambio, si la conducta es apta para producir el evento en sí, en una palabra si ha sido suficiente como para poner en peligro el bien jurídico protegido, estaremos ante la tentativa del delito del cual se trate, tal el caso de quien prepara un artefacto explosivo y lo coloca en el sitio que quiere hacer volar, pero debido a una circunstancia ajena al agente, no funciona o es desbaratado por la autoridad.

La idoneidad de la conducta significa, desde el punto de vista objetivo, un alto grado de peligrosidad para el objeto de protección, como lo apunta Antolisei; la tentativa es punible cuando la conducta es una acción peligrosa (*Manuale,* pág. 257). El peligro corrido, debe entenderse como una situación concreta y estar fundado en la circunstancia de que el acto sea un comienzo de ejecución, debe todavía agregarse que, dicho acto, debe proyectarse sobre el tipo del delito, lo cual nos lleva a analizar la tentativa, respecto de la figura de la cual se trate, para determinar el primer paso que conduce al delito incompleto. Cuando la ley expresa "el que matare a otro", reprime el delito consumado, de modo que la tentativa debe reconducirse al hecho de "comenzar a matar a otro". Para que exista tentativa escribe Beling— es preciso que el cuadro específico de la tentativa se cumpla objetivamente, y además culpablemente". Es decir, que el delito tentado es un delito no consumado, pero tiene todas sus características, así "empezar a matar a otro" será, por ejemplo, disparar a distancia accesible un arma contra la víctima, o poner el veneno, subrepticiamente, en la bebida que va a consumir. Lo que se debe tener en consideración, es la figura del delito: si el acto cae dentro del esquema típico, estaremos trente a la tentativa, de no ser así, se tratara de actos preparatorios o, inclusive, neutros y, por lo tanto, impunes. Por esta razón, la doctrina, en general, acepta que la tentativa no peligrosa es impune. La tesis de la puesta en peligro del bien jurídico, permite elaborar, en la casuística, un concepto claro de la tentativa, por que traza un límite definido entre acto punible y acto inidóneo: la acción debe considerarse como tentativa en la medida de su aproximación al resultado típico, cuando ese peligro disminuye o se esfuma pierde fuerza la imputación a título de delito frustrado (Stratenwerth ha tratado el tema de la puesta en peligro de un bien jurídico en forma amplia. *Derecho Penal,* 1, pág. 212).

El desistimiento se produce cuando el agente, luego de haber iniciado la comisión del hecho, interrumpe su actividad delictiva o, cuando habiendo cumplido sus propósitos, actúa para evitar el resultado. De ello se deduce que, en un caso, el desistimiento representa una actividad negativa (dejar de hacer), y en la otra, positiva (hacer para evitar el evento) ejemplo; el ladrón que abandona la casa sin robar nada, o quien retira el artefacto explosivo del lugar donde lo coloco.

Desde el punto de vista objetivo, es necesario considerar el total del iter criminis y sus condiciones materiales: necesidad de utilizar armas, violentar un domicilio, o preparar el acecho. El desistimiento es renunciar a seguir actuando, aun cuando el material delictivo estuviera listo para su utilización. La resolución de cada caso en particular deberá, poner de manifiesto si el agente tenía a su disposición todos los medios, y la ocasión de actuar sin impedimentos (señorío sobre el objetivo y posibilidad de disponer la consumación) y no hizo, pese a ello, lo necesario para consumar. Si se contesta afirmativamente la pregunta sobre estas circunstancias, estaremos ante una hipótesis de desistimiento. En cambio, no ocurrirá otro tanto, si el sujeto deja de actuar porque advierte un peligro cercano, tal el ladrón que huye cuando oye la sirena policial.

El delito imposible o la tentativa inidónea, señala el límite jurídico de la tentativa. La figura aparece en las hipótesis en las que falta el objeto material del delito, o alguno de sus elementos esenciales (ausencia de tipo), valga el caso: tentativa de aborto de una mujer no embarazada, hurto de cosa propia, estupro en una mujer que excede la edad propia de ese delito. Es estos casos, resulta imposible la realización del delito en tanto la acción no es típica.

Por otra parte, se debe tener en cuenta, en orden al delito imposible, la inidoneidad del medio. El medio absolutamente inidóneo, debe llevar a la impunidad de la tentativa, porque resulta evidente que la forma en que el agente pretendió el resultado es necesariamente inconducente para lograrlo. Mezger cita el ejemplo de la cocinera que, deseando desembarazarse de otra de las servidoras de la casa, en que ambas prestaban servicio, por un problema de celos, colocó en el lecho de esta última una insignificante cantidad de pólvora, que al explotar sólo produjo un mínimo estallido. El Tribunal —recordaba Mezger— la absolvió en base a su "exquisita necedad" (Mezger, *Tratado,* t. 2, pág. 249).

Los autores, por lo general, han sostenido que la idoneidad, que es en realidad adecuación causal eficiente, puede reconducirse a la noción de peligro. La idoneidad de la acción —apunta Antolisei— no significa otra cosa que la peligrosidad de esa acción y, como el peligro no es otra cosa que la probabilidad, el requisito de idoneidad debe considerarse subsistente cuando, al momento del acto, presentaba indudable probabilidad de producir el resultado (Antolisei, *Manuale,* pág. 257). Para Hippel, citado por Mezger, la teoría acertada es la de la peligrosidad con arreglo, a la cual es punible la tentativa objetiva y concretamente peligrosa, mientras que es impune, en cambio, la tentativa no peligrosa. Entre nosotros, Soler, también se refiere al tema, señalando que el elemento objetivo de la tentativa consiste en el peligro para los bienes jurídicos protegidos. Si la acción —agrega— carece de idoneidad, no habrá existido peligro y, en consecuencia, el hecho no constituirá tentativa (Soler, *Tratado,* t. 2, pág. 263).

Nuestra ley también recurre al concepto de peligrosidad, para determinar si el delito imposible puede dar lugar a una pena mínima o a su impunidad (art. 44, última parte), y en esto sigue la doctrina más aceptable desde el punto de vista de la aplicación práctica y jurisprudencial del instituto. La peligrosidad —en efecto— es un módulo apropiado para valorar la idoneidad o la inidoneidad del medio y la acción, los ejemplos pueden, en este sentido, ser lo suficientemente ilustrativos: la tentativa de homicidio por medio de conjuros o rezos, o el disparo a una distancia en que el alcance es imposible. En estos casos, la lógica indica que el resultado es inalcanzable, porque toda consecuencia material de un acto implica la idoneidad de la cadena causal que une ambos extremos. En cambio, si el resultado era perfectamente posible, pero un acontecimiento ajeno a la voluntad del agente frustra el evento, el acto será una tentativa cumplimentada, ejemplo: tentativa de robar un cajero automático, casualmente vacío, o el disparo contra alguien provisto de un chaleco antibalas que no estaba a la vista del agresor.

Como quiera que sea, siempre es de tener en cuenta los límites objetivos a las puras intenciones, si el médico receta una droga con la posible intención de provocar la muerte del paciente y, por error, receta otra que resulta inocua, no es punible: en el caso se limita objetivamente una imputación sobre la pura subjetividad del agente, puesto que la intención no es comprobable y, de hecho, no ocurrió daño alguno. En contra, Mezger, que se inclina por la culpabilidad del acto frustrado en base a que "pudo haber perturbado la seguridad jurídica" (toma como ejemplo, el caso de quien quería realizar un cambio falso de agujas y lo ha realizado por error correctamente, y no ha provocado el descarrilamiento del tren) *(Derecha Penal,* t. 1, pág. 289). Pero tal cosa es llevar la imputación subjetiva a límites inaceptables. En la hipótesis del médico como en la del guarda-agujas, falta por completo el tipo, y ni siquiera existen actos preparatorios definidos, por ese motivo la intención no puede resultar punible, el límite está elaborado sobre la fase exterior de la infracción, si ésta no se ha manifestado en acto, el posible dolo queda huérfano de apoyo material y el acto interno no puede considerarse desde el punto de vista del derecho penal.

LA PARTICIPACIÓN ACCESORIA
ESENCIA DE LA PARTICIPACIÓN ACCESORIA

I. La ley, al construir los conceptos de "instigación" y "complicidad", se funda en que todo delito-tipo comprende solamente aquellas personas que han hecho precisamente aquello que corresponde justamente al tipo: a aquél de quien no pueda decirse que "ha matado a un hombre", no puede aplicársele la pena del § 211 y sig. Pero las acciones *preparatorias* y *secundarias,* con las que un sujeto ha contribuido para que *otro* realice el delito-tipo no podían lisa y llanamente descuidarse desde el punto de vista de la política penal. Tales conceptos se hallan, por una parte, en nítida oposición al concepto de "autoría" (incluyendo a la "autoría inmediata"); por otra parte, están *referidos a* la acción principal (al delito-tipo que caracteriza a ésta), es decir, son "accesorios" de la acción principal. La ley penal, sometiendo a pena a instigadores y cómplices, hace también de ellos "autores" en un sentido más amplio de la palabra, y el concepto así formado de "autor en sentido lato" se subdivide ahora en "autoría propiamente dicha", y "coparticipación".

II. A la dependencia, simplemente abstracta y conceptual, de las figuras de la participación con respecto al delito-tipo, el actual derecho alemán la transforma en dependencia de la real *existencia de la acción punible de otro,* de un *"hecho principal",* 48, 49. Que alguien sea punible como instigador o cómplice, es algo que sólo puede ocurrir con relación a una acción determinada de otro, y que lleve consigo todas las características de una "acción punible". Por eso son inconcebibles instigación y complicidad:

1. donde no existe una acción de otro, ejecutiva del tipo, a lo menos, en la forma accesoria de la tentativa. No es suficiente el hecho de que *deba* subseguir una tal acción (por eso la instigación y la complicidad son sólo concebibles como "consumadas" por el acontecer del hecho principal; jurídicamente, no hay "*tentativa* de complicidad o de instigación"). Tampoco basta la acción de otro que no caiga dentro de un delito-tipo (por eso no hay, p. ej., instigación o complicidad al suicidio).

2. Tampoco es concebible una participación penal a un hecho principal no antijurídico.

3. Lo mismo con respecto a un hecho principal no culpable. A este respecto, la Ley de Menores, § 4, presenta dificultades. Antes de esta ley la situación jurídica era la siguiente: el mayor que requería o posibilitaba la acción de un niño o de un joven aun inimputable era "*autor* mediato", que se servía del niño o del joven como "instrumento", pues en éste faltaba la imputabilidad. La ley, sin embargo, habría podido ordenar que en adelante la instigación y la complicidad fuesen referibles a hechos principales sin "culpabilidad", con lo cual se rechazaría el concepto de autoría mediata en tales casos. Sin embargo, no la ha hecho (de modo que, por ej., ahora, como antes, no existe participación a hechos de enfermos mentales). La Ley de Menores dispone solamente, § 4: "La punibilidad del instigador y del cómplice *no se altera* por los § 2, 3 que regulan la imputabilidad". Con lo cual se significa que *no es necesaria una nueva* regulación. La fundamentación oficial muestra, sin embargo, que se quería salir de la participación en hechos de niños y jóvenes irresponsables.

Este pensamiento, sin embargo, no alcanza a aclararse. Es indudable que no se quería reducir la penalidad del mayor que contribuye a la ejecución del delito de un irresponsable. Tal cosa sucedería si en la participación a hechos de irresponsables se aplicase la figura de la "participación". Por ej., la madre que proporciona a su hijo una escopeta para disparar contra un tercero, no sería autora mediata, sino sólo cómplice, y por ello, más levemente castigada. Los propósitos de la relación oficial son, pues, muy contradictorios. Por eso es preciso no ir más allá de lo que la misma Ley de Menores dice, § 4; este texto contiene sencillamente una disposición en blanco: las disposiciones generales con respecto a la instigación y a la complicidad en el hecho de irresponsables permanecen invariables. Puesto que el C. P. no reconoce tal participación, el § 4 de la Ley de Menores, carece de objeto.

Es discutible si la participación se circunscribe a la participación en hechos *dolosos* o sí, según § § 48, 49, C. P., también se considera la participación en hechos principales culposos punibles. Por regla general, la cuestión carece de valor práctico, pues si *Secundus* no está en dolo, y sólo obra imprudentemente, aparece como "instrumento" en poder de *Primus,* y así la pena de *Primus* está fundada ya por regla en el punto de vista de la autoría mediata. Sin embargo, el texto de los § § 48-49 no restringe el hecho principal a los casos "dolosos", y hay casos en los cuales (en consideración a la no punibilidad del autor mediato como tal por faltar en él una circunstancia personalísima) la impunidad de *Primus* por participación en un hecho principal culposo sería chocante.

4. En aquellas figuras delictivas en las cuales concurren circunstancias típicas especiales sólo puede haber participación punible cuando el hecho principal en sí mismo satisface esas circunstancias (p. ej., no hay participación en riña si ésta no termina en el grave resultado previsto por el § 227; no hay participación en daño por imprudencia).

5. Tampoco existe participación punible a acciones que no son punibles desde el punto de vista expuesto más arriba.

Es, por el contrario, indiferente, que el autor principal tenga de su parte una "causa personal de exclusión de pena" y, desde luego, si para la persecución del autor principal concurren o no todos los presupuestos procesales.

III. El concepto de "hecho principal" se ensancha, pudiéndose agregar la instigación y la complicidad —como participaron secundaria— a una instigación y a una complicidad por sí punibles. (discutible).

IV. El participante accesorio no necesita cumplir los requisitos del delito-tipo, y especialmente es indiferente que para él concurran los elementos personalísimos del tipo, (sólo deben concurrir para el autor principal). Por eso es punible como instigador, conforme a los § § 332 y 48, el que, no siendo empleado, determina a un empleado a un acto de corrupción (332) (participación en un "delito especial").

V. La ciencia antigua, para la división en clases de los "autores en sentido amplio", empleaba los conceptos de acción "intelectual y "física". Debía considerarse "física" la intervención corporal, e "intelectual" la exteriorización del pensamiento. La acción intelectual se reducía a la instigación. Tal división no es, sin embargo, fundamental. La "acción intelectual" puede tanto ser autoría mediata (p. ej., provocar a un enfermo mental) como instigación o complicidad (como, p. ej., impartiendo recomendaciones para un interrogatorio).

VI. No son actualmente formas de la participación, *a)* el favorecimiento y la receptación, 257 y sigs.; actualmente son delitos autónomos; *b)* el complot y la banda.

Dentro de la participación accesoria, sólo existen la "instigación" y la "complicidad".

VII. Hay tipos de delito que *en realidad* uno solo puede cometerlos *con* otro sujeto o *en o para* otro (la llamada *complicidad necesaria")* y que, sin embargo, en la ley están conformados de tal manera que sólo uno de los sujetos es considerado como "autor" posible. Aquí la voluntad del legislador es en parte dejar en general, impunes a los "otros", aun cuando su contribución, en sí misma, constituiría "complicidad" (llamadas "excepciones a la doctrina de la complicidad"). Es necesaria una interpretación especial (discutida en parte) para cada caso. (Ejemplos: C. P., 236, con respecto a la raptada; 120, con respecto al detenido).

INSTIGACIÓN

I. La figura de la instigación trazada por la ley —y que rige tanto para la faz objetiva como para la subjetiva— dice textualmente: *"determinar a otro a la acción punible por él cometida".* C. P., 48, lo cual significa generar la resolución de cometer un hecho posteriormente cometido (es indiferente la gravedad de ese hecho principal "crimen", "delito" o "contravención").

La ciencia anterior encontraba una dificultad en el hecho de que el instigador evidentemente pone una causa y aun la más importante, p. ej., para la ulterior muerte de X, "físicamente" realizada por el instigado. Se argumentaba: si el instigador ha causado la muerte de X, él es el "autor". Para escapar a tal consecuencia, se creyó necesario tener que negar la propiedad causal de la acción instigante, y se encontró la solución deseada en el libre albedrío del instigado, entendiéndose esa libertad como una indeterminabilidad absoluta. La resolución del instigado sería suya y autónoma, la instigación tendría sólo el valor de una proposición no determinante. Así se llegó al dogma de la "interrupción de la cadena causal" por el acto libre de *Secundus;* la acción instigadora de *Primus* perdió su carácter de "causa" del hecho de *Secundus,* y nada impedía, pues, concebir la instigación como algo distinto de la autoría. Al mismo tiempo se separaba la instigación de la autoría mediata por cuanto en esta última "la cadena causal no estaba interrumpida".

Estas consideraciones—aun sostenidas a veces actualmente— contienen una sobrevaloración infundada de la libertad del querer, hasta separar plenamente las acciones humanas de las leyes de la causalidad.

Pero no se necesitan tales razones para que se puedan diferenciar jurídicamente la autoría y la instigación. La solución del problema surge simplemente de que no todo el que ha puesto una "causa" para un evento es por ello ya un "autor", sino que lo que regula la calidad de autor es el cuadro representativo central enunciado por el correspondiente delito-tipo. Con lo cual se funda especialmente también la diferencia entre instigador y autor mediato. Del instigador no puede decirse que *él* haya matado a X, mientras que es posible decirlo de los autores (aun de los mediatos).

II. Esta figura constitutiva de la instigación debe ser *realizada* (y antijurídicamente).

En consecuencia, no existe cuando el hecho principal o bien posteriormente no ha sucedido o bien, habiendo sucedido, provino de una resolución que *Secundus* (como *"alias* u *omnímodo facturus")* ya había tomado. Pero tales instigaciones sin resultado sin resultado constituyen a veces figuras delictivas, ver especialmente C. P., 49 a, 159.

III. En cuanto a la faz interna, para la punición es necesaria la *intención* de instigar.

Para esto es aplicable el desarrollo expuesto más arriba, considerando que aquí en vez de "las circunstancias de hecho que corresponden al *delito-tipo"*, lo que se tiene en cuenta son las circunstancias que corresponden a la *figura de la instigación* como objeto de la representación y del asentimiento del actor. Hay, pues, intención de participar sólo cuando tanto la propia instigación como el hecho principal ajeno subyacen en la representación y en el asentimiento del actor.

Conforme a ello debe juzgarse el *"excessus mandati"*.

Es suficiente la intención de que el autor principal "sólo debe intentar" *(agent provocateur);* sin embargo, en determinados casos, no hay pena para el *agent provocateur,* porque creía deber obrar de ese modo o porque creía desbaratar después el evento típico, C. P., 46[2].

LA COMPLICIDAD

I. La figura *de la complicidad* trazada por la ley consiste en que el actor *haya prestado ayuda con consejos o hechos* al autor de un "crimen" o de un "delito" C. R, 49.

Con ello, pues, se *contrapone* el cómplice al autor (principal) y de modo tal que unas veces no hay pena para el cómplice (en la "contravenciones") y otras veces (en los crímenes y delitos) la pena es menor que la del autor (C. R, 49, *II).* En consecuencia, si varios sujetos han obrado conjuntamente, es importante saber si todos han participado como "autores" ("coautores") o si uno u otro han participado sólo en el papel de cómplices. (En otra parte se considera si es posible incluir en la complicidad de primer orden una complicidad de complicidad).

1. Del sistema del C. P. se deduce claramente que el § 49 del C. P. no está destinado ni a reducir a cómplices a aquellos a los cuales la figura delictiva de la parte especial alcanza plenamente, ni a transformar en autores, en contra de la parte especial, a aquellos que no han realizado el delito, sino que el § 49 funciona para aquellos que han facilitado el hecho, sin que sean punibles como autores, conforme a la figura del caso.

Esto sucede:

a) con aquellos que han contribuido a la acción típica de otro con una acción *preparatoria o concomitante,* (por oposición a acción *ejecutiva,* C. P. 47).

b) con aquellos que a pesar de haber obrado típicamente y haber facilitado la acción de otro no son, sin embargo, "autores" (coautores) *por* no existir en ellos un *demento personalismo extratípico* de la correspondiente figura. (P. ej., A ha ejecutado conjuntamente con el ladrón B la "acción de substraer" pero sin el fin de apropiación que caracteriza al ladrón: al autor principal de hurto).

Tal es la opinión dominante *(teoría objetiva).*

Es distinta la *"teoría subjetiva"* (v. BURI, Tribunal Supremo): Siendo idénticas la "condición" y la "causa" de un resultado, no existe objetivamente la posibilidad de distinguir entre autores y cómplices; en consecuencia, la diferencia sólo puede ser puramente anímica: será autor el que haya puesto una condición con la "voluntad de ser autor", *animus auctoris,* y cómplice el que la ha puesto con "voluntad de ayudar", *animus socii;* aquél ha querido el hecho como suyo, éste, como ajeno. Si, p. ej., A y B han contribuido conjuntamente a la muerte de X, lo que según esta doctrina importa es saber cuál de los dos tenía un interés propio en la muerte de X y él será el autor, aunque sólo haya proporcionado el arma al otro o haya sostenido a la víctima. El otro, por el contrario (el que no estaba por sí mismo interesado en la muerte de X), es cómplice, aun cuando haya ejecutado completamente solo la acción central típica (el acto de matar). (A veces la teoría subjetiva es restringida a las contribuciones contemporáneas, concediéndose así que las acciones *preparatorias* aparecen *objetivamente* como complicidad).

Esta doctrina surgió en oposición a la antigua teoría objetiva (llamada material) la cual se preocupaba por encontrar diferencias de valor causal entre las condiciones de un resultado, y *conforme a ello* determinar la diferencia entre acción principal y complicidad.

De hecho, esa tarea no puede conducir al fin, *in fine.* Pero la teoría subjetiva pasó por alto que el carácter objetivo de la complicidad con respecto a la autoría emana simplemente del contenido del delito-tipo, y que el jurista debe orientarse de conformidad a la "causalidad típica", tal como la ley misma la presenta, ("teoría formal-objetiva").

En su lugar la teoría subjetiva introduce en la ley un elemento de diferenciación absolutamente desconocido por ella, cual es el *motivo* del actor: que se haya obrado por propio interés en el resultado o por otro móvil.

De las consecuencias que de ello son inevitables surge que la teoría subjetiva no puede ser la que el legislador tenía en mira: conforme a ella debería dejarse impune a aquel que ha realizado plenamente el delito, él solo, si es que no tenía interés propio en el resultado (p. ej., al bandido alquilado para la muerte de X, la vida o la muerte de éste le son indiferentes, pues sólo obra por un comitente y por precio); en tal caso, faltando al *animus auctoris,* sólo podría ser cómplice, pero como tal tampoco sería punible porque no existiría hecho principal.

La teoría subjetiva trata de escapar de estas consecuencias imposibles, introduciendo el concepto de *"instrumento doloso (de mala fe)"*. El *Primus* que se sirve de *Secundus* para la comisión del hecho, aun cuando *Secundus* cometa el hecho responsablemente, es siempre el verdadero autor; *Secundus* obra para él, como instrumento. Con tal construcción se hace posible que en el ejemplo dado se castigue al comitente del bandido como "autor" y al bandido como a su cómplice.

Pero esta construcción no salva del todo de las consecuencias enfadosas de la teoría subjetiva (si p. ej., el bandido hubiera cometido el asesinato sin ser contratado y por amor a N. N., debería ser considerado impune). En consecuencia, la figura del "simple instrumento" se muestra contraria a la ley, pues destruye el § 48 relativo a la instigación: todo instigador está evidentemente interesado en la realización del delito; si ese elemento fuese el que caracteriza al "autor" no habría sujeto alguna encuadrable en el § 48. Por lo demás, la figura del "instrumento doloso" se muestra ininteligible porque ambiguamente afirma ("dolo") y niega ("instrumento") la personalidad del autor.

2. Bajo el concepto legal de complicidad del § 49 no se comprende la complicidad por actitudes pasivas. La doctrina dominante no lo estima así. Pero si ésta fuese exacta, el § 139 del C. P. sería ininteligible (los casos *especialmente gravados* de complicidad pasiva en él establecidos importarán una pena *mayor* que la que les correspondería conforme al § 49; y si fuera aplicable a los casos más leves conforme al § 49, tendríamos que, por ej., no denunciar la producción de un asesinato sería castigado sólo con prisión y los demás casos de complicidad pasiva en un asesinato o en una violación serían castigados con reclusión). Ver también "consejo o *hecho*" en el § 49.

II. La punibilidad de la complicidad está restringida en el C. P, § 49, a la complicidad *dolosa.* Para el dolo en la complicidad es aplicable lo dicho para el de la instigación. (Nada tiene que hacer con el "*animus socii*" de la teoría subjetiva).

Participación criminal

La comisión de un delito puede ser la obra de una o varias personas. En este último supuesto existe lo que conocemos como participación o también como lo denomina la doctrina italiana, "concurso de personas en el delito". El punto de partida de la teoría de la participación es la relación de causalidad, que resulta determinante para definir los conceptos de autor, partícipe primario, cómplice e instigador. La causalidad en ámbito de la participación tiene una doble función, excluye de la penalidad, por el hecho, a todo aquél que no ha sido causal a su respecto, y proporciona la base para determinar el grado de responsabilidad de los partícipes del mismo. Como autor, lo mismo que como partícipe, solo puede ser punible el que ha puesto una condición del resultado. La causación del resultado traza el límite de la responsabilidad por el hecho típico (la dualidad, causación-participación ampliamente en Mezger, *Tratado,* t. 2, pág. 272).

Existen diversas formas de participación y cada una de ellas tienen régimen legal lo cual implica que el concepto es un producto de la ley que fija los distintos grados de complicidad y las escalas correspondientes a él. Vamos a destacarlas utilizando el sistema de nuestro propio ordenamiento, comenzando por el autor que es el punto de arranque a través del cual se alinean las restantes categorías.

Autor es quien realiza la acción típica, es decir, quien causa con su acción el resultado ilícito. Esta definición tiene su correlato en la noción naturalística de la acción. En el lenguaje común decimos que, quien realiza un hecho de la vida real, es causante del mismo porque dispone de los elementos para llevarlo a cabo, y actúa en dirección al fin. Así quien siembra un campo o fabrica una mesa, es causante de dichas actividades orientadas a determinado propósito. Por ello resulta lícito decir que el hombre es causante del resultado propuesto por su voluntad. La posición naturalística de la acción ha sido destacada por Von Liszt: "acción —decía— es la producción reconducible a una voluntad humana de una modificación del mundo exterior. (En Roxin, *Derecho Penal,* t. 1, pág. 235. A la idea naturalista, suma el autor a Beling y a Mezger y hace una crítica del concepto en base a los delitos de omisión donde faltaría la voluntad del acto.)

Al principio de causalidad que domina la noción de autor y correlativamente la teoría de la participación, debe agregarse la tipicidad (como cumplimiento del tipo) de modo que podría ampliarse el concepto diciendo que es autor quien es causa voluntaria de un injusto típico.

La tesis causal permite, desde el punto de vista lógico, determinar la responsabilidad de cada partícipe destacando la relación que existe entre cada uno de ellos y la figura correspondiente. Es a partir de la causalidad en que pueden caracterizarse los diversos protagonistas del hecho penal, un ejemplo de ello es el art. 45 de nuestra ley penal que distingue los partícipes de la siguiente manera: a) los que tomasen parte en la ejecución del hecho (coautores), b) los que prestasen al autor o autores un auxilio o cooperación sin los cuales no habría podido cometerse (cómplices primarios), c) los que hubieren determinado directamente a otros a cometerlo (instigadores).

El coautor actúa en el hecho en la misma línea objetiva y subjetiva que el autor, es su par, ambos llevan a cabo la acción típica y ambos quieren el resultado. Este último punto de vista subjetivo es imprescindible para definir al coautor, pues procede con el dolo específico del delito, no solo ayuda o complementa sino que integra una misma intencionalidad con el autor, de allí que la responsabilidad y la escala penal se comunican entre ambos. Pin cambio no se comunica al coautor la agravante específica que corresponda al autor: si el delito requiere como agravante la condición de parentesco, el coautor que no lo sea solo responde por el delito base (ejemplo, inc. 1 del art. 81). En esta hipótesis el coautor responde por homicidio simple, salvo que la agravante fuera conocida por él (art. 48, última parte).

El cómplice aporta una condición sin la cual el delito no habría podido cometerse, así, por ejemplo: el gerente infiel que realiza los planes para que otros cómplices actúen en el robo, ubica las alarmas, entrega la combinación de la caja fuerte, señala la hora de apertura de la misma y diseña el plano de las distintas dependencias, Puede muy bien no intervenir en el asalto al banco, pero su actividad es directamente causal del hecho que, sin su auxilio o cooperación, no habría podido llevarse a cabo con posibilidades de éxito.

Desde el punto de vista subjetivo, debe existir un acuerdo de los implicados en el rol que cada uno ha de cumplir en función del hecho a cometerse: el cómplice debe querer la actividad auxiliar en el sentido de hacer aquello que complementa de una manera decisiva la actividad del autor, se conduce con el dolo del delito, pero limita su acción con arreglo al plan convenido que lo implica en un aspecto causal directo, puesto que su auxilio o cooperación son determinantes en la ejecución del ilícito.

Instigar es inducir a otro a cometer un delito. El art. 45 se refiere a quienes hayan "determinado directamente a otro", lo cual señala que la figura del instigador está constituida por la fuerza psíquica determinante de la ejecución del hecho. El instigador hace surgir en el autor directo la idea de obrar para cometer el ilícito. Señala Mezger que la instigación es causación intelectual, pero con el poder suficiente como para que el instigado obre de acuerdo con la intención de aquél. "La instigación —afirma— exige una especial causación del resultado: el camino a través del alma del otro. Por ello también la instigación es causal respecto del resultado" (Mezger, *Tratado*, t. 2, pág. 309).

No se trata de un condicionamiento material objetivo del hecho, que queda en manos del agente, sino de una intencionalidad, el instigador quiere el hecho, obra con dolo del delito inducido, pero se sirve de otro para llevar a cabo su plan. Ahora bien, queda claro que el autor también procede dolosamente, él también quiere cometer el delito. Se trata de una comunidad ideológica destinada a la comisión de un delito, determinada por dos momentos distintos, pero concurrentes en el fin; el hecho de instigar o el inducir y la comisión propiamente dicha.

Debe agregarse que la instigación culposa no es imputable penalmente; quien con palabras demuestra sus deseos de que determinada persona muera, no instiga en el sentido de la ley, es necesario ir más allá de una simple expectativa o intención puramente intelectual. Instigar es para la ley, actuar en un plano subjetivo directo y apto para que el inducido descargue la conducta delictiva, es decir, suministrar la idea concreta del hecho e impulsar a otro para que lo lleve a cabo; lo que no alcanza esos niveles es una simple expresión de deseos que no puede llegar a configurar autoría intelectual de que tal resultado se obtenga de una u otra manera. Si el instigador quiere que A robe a B, pero aquél lo mata y luego lo roba, el primero responde en principio en forma culposa porque el hecho excedió el marco típico de la instigación. Stratenwerth opina en el mismo sentido, aunque refiriéndose al mismo tipo de delito. Si el autor —señala— va más allá de lo querido por el instigador cometiendo, por ejemplo, un hurto con armas en lugar del hurto simple al que se lo determinó, el instigador responderá dentro de los límites de su propio dolo y, eventualmente, por la realización culposa del resto del resultado" (*Derecho Penal*, pág. 267).

Refiriéndose a nuestra ley, opina Soler, que si el autor obró por su exclusiva cuenta, excediendo el pacto instigado, por ejemplo en la hipótesis en que concurran especiales causas de agravación, el instigador se determina conforme a los principios del dolo eventual. Lo que no estaba en su representación no puede serle adjudicado, en tanto la alteración del hecho representa una responsabilidad superior, ello es, un verdadero exceso (Soler, *Tratado,* t. 2, pág. 331).

El cómplice secundario es el auxiliar del autor que no aporta al hecho más que un elemento coadyuvante en la comisión, pero cuya intervención no es de tal entidad que deba considerarse que, sin ella, el delito no hubiera podido cometerse. Es quien ayuda al autor a concretar el delito, pero con una acción diversa de la principal. El cómplice quiere el delito y adhiere a su consecución con una actividad que puede ser física o moral, pero lo que resulta definitorio, para distinguir al cómplice secundario de los demás partícipes, es que su cooperación no es esencial en el curso comisivo. La ley (art. 46) define al auxiliar como los que cooperan de cualquier modo en la ejecución y los que presten ayuda posterior cumpliendo promesas anteriores (por ejemplo quien oculta al autor o le suministra los medios para escapar).

En todo caso, el cómplice secundario no realiza el tipo del delito, ni su actividad puede adecuarse a la figura en cuestión, por eso alguna doctrina sostiene que el autor actúa en un hecho propio y el auxiliar solo pone una condición supeditada y complementaria del hecho de otro; allí está le diferencia: el dolo y el componente material son distintos, es por esta razón que el cómplice secundario no responde por el exceso del autor, del coautor o del instigado.

Segunda Parte: *Causas personales de exclusión de pena*

I. Ordinariamente, aquel que ha cometido una *"acción punible",* es punible por ello. Sin embargo, la ley reconoce el *privilegio de la impunidad* para determinadas personas. Esto no significa impartir licencia para una conducta delictiva, pero significa que aún en caso de la comisión de una "acción punible" no existe pretensión punitiva contra los privilegiados. Tal clase de impunidad es personalísima (*"causas personales,* individuales, subjetivas *de exclusión de pena).* En consecuencia, la circunstancia de que el autor principal tenga a cubierto su persona por una causa de esas no obsta a la punibilidad de un instigador o de un cómplice.

II. Tienen privilegio de impunidad en tal sentido:

1. *los miembros del Reichstag* (Congreso) y los de las *legislaturas locales* con respecto a sus *votos* y a las *manifestaciones hechas en el desempeño de su función.* Constitución, art. 36 (C. P., 11), ver Constitución de Baviera, 37, *I.*

2. Los *extranjeros* por sus acciones cometidas en el *extranjero,* mientras no esté especialmente previsto (como en C. P. 4, [1] 298), ver C. P. 4. [2 3]

3. los que en estado de legítima defensa excedan los límites de ésta por perturbación, temor o miedo *("exceso en la legítima defensa"),* C. P., 53, *III.*

4. hay aún disposiciones *especiales* para *determinadas clases de delitos,* C. P., 173, *IV,* 209, 247, *II,* 248 a, *II,* 264 a, *IV,* 370[5] *II.*

No gozan de impunidad los extraterritoriales extranjeros (éstos sólo están exentos de la *competencia de tribunales,* ver Ley Orgánica de los tribunales 18-21, tal es hoy la opinión general). El privilegio previsto en la Constitución, 43, *III,* para el presidente no se refiere tampoco a la punibilidad, sino a la persecución.

Tercera Parte: *Causas de extinción de la pena*

I. Ciertas circunstancias, cuando concurren después de la comisión del hecho, terminan con la acción penal existente, son las llamadas *causas de suspensión o de cancelación* (extinción) *de la pena.* Debe distinguírselas nítidamente de las causas *de exclusión* de pena (hasta concurrir una causa de extinción de la pena el autor es punible, mientras que causas de *exclusión* de la pena son aquellas que fundan la impunidad *en un principio);* igualmente deben distinguirse de la extinción del derecho de acusar (que corresponde al derecho *procesal)* ya sea por cosa juzgada, etc.).

II. Son causas *generales* de extinción de pena:

1. el *cumplimiento de la pena en el país* (el cumplimiento en el extranjero sólo en los casos del § 4, [3] según § 5, [1] C. P., ver, sin embargo, 37);

2. Desistimiento de la pretensión punitiva del Estado, ello es:

a) Perdón (en sentido estricto),[1] ello es, abandono (total o parcial) de las penas jurídicamente impuestas; pudiéndoselo dividir en indulto (perdón aislado) y amnistía (perdón colectivo). El perdón es esencialmente desistimiento de la pretensión punitiva del Estado (con respecto a la reincidencia, se equipara, sin embargo, a la punición, 245, 246, *III).* Su fin: "compensación de equidad" con respecto al *jus strictum.* El autorizado para perdonar es el Estado, al que corresponde la respectiva pretensión punitiva. El *ejercicio* del poder de perdonar reside por tanto en el Estado cuyos tribunales de primera instancia se han pronunciado, y por medio del órgano que la Constitución correspondiente designe (ver Constitución, art. 49, Const. de Baviera, art. 51).

Caso especial: el perdón *condicional:* perdón bajo la condición de buen comportamiento durante un tiempo de custodia, procedente del principio jurídico extranjero de la "condena condicional" pero transformada en suspensión condicional de la ejecución de la pena. Con respecto a los menores, los tribunales pueden legalmente aplicarla, Ley de Menores, 10 y sigs., conforme a lo regulado por las instrucciones para la administración de justicia.

El perdón concedido en el extranjero extingue la acción penal alemana en los casos del § 4, [3] C. P., cf. § 5. [2]

b) "No pronunciamiento de pena" por el tribunal, Ley de M., 6, 9, *IV.*

c) "Absolución" por el tribunal por retorsión de injurias y lesiones leves (es corriente, pero incorrecta, la designación "compensación" de los hechos o de las penas), 199, 233.

3. *Prescripción,* que descansa en la consideración de que el ordenamiento jurídico no puede menos que reconocer como jurídicos a ciertos estados mucho tiempo subsistentes y a causa de su propia firmeza, 66.

a) El C. P. distingue la "prescripción de la acción", ello es, prescripción de la pretensión punitiva *antes* de un pronunciamiento firme y "prescripción de la pena", ello es, prescripción *después* de un pronunciamiento ejecutoriado.

Los *plazos* de la prescripción encuéntranse en los § § 67, 70, 71. (Plazo especial para la prescripción de los delitos de imprenta, Ley de I., § 22, y para

---

2 Aparte del perdón en sentido estricto se suele incluir en el perdón (en sentido amplio) la "abolición" propia del derecho procesal, ello es, el sobreseimiento del proceso.

las infracciones financieras, Ley de impuestos, 384, *I)*.

La prescripción de la acción *comienza* en el día en que se cometió la acción, 67, *IV;* ver, sin embargo, 171, *III*.

La prescripción de la pena comienza con la ejecutoria de la sentencia, 70, *IV*.

La prescripción de la acción *se interrumpe* por todo acto *judicial* contra el autor por causa del hecho, 68, comp., sin embargo, C. de Proc., 413, *IV*, 419, *IV*, y Ord. de Imp. 384, *II;* la prescripción de la pena se interrumpe por todo acto tendiente a la ejecución proveniente de la *autoridad ejecutiva de la pena*, 72. Después de la interrupción comienza una prescripción *nueva*.

La *suspensión* de la prescripción es distinta de la interrupción de la misma. Después del plazo de suspensión continúa la prescripción ya *comenzada*. La prescripción de la acción se suspende (C. P., 69, conforme a la ley de 26 de marzo de 1893, llamada *lex* Rintelen), mientras la prosecución de la acción se encuentra jurídicamente excluida, ver, p. ej., Constitución, art. 37; C. P., 191. Téngase presente, sin embargo, el § 69, *II*, C. P.

El efecto de la prescripción de la acción consiste en la extinción de la pretensión punitiva (según otro punto de vista, sólo implica extinción del derecho de acusar). Por el contrario, la prescripción *de la pena* debe remitirse al derecho *procesal* como una causa que excluye el derecho a la ejecución de la pena y no la pretensión punitiva.

La prescripción legal extranjera extingue la pretensión punitiva alemana en los casos de los § § 4^3 y 5^2 del C. P.

b) Por la ley de 9 de abril de 1920 sobre los informes sumarios del Registro Penal y cancelación de las anotaciones penales, se ha agregado una *Prescripción de los efectos de la pena* (rehabilitación, ello es, *rehabitation de droit)*.

III. El *desistimiento espontáneo* libera de la pena:

1. en general, cuando el hecho no ha sobrepasado el estado de *tentativa*.

De ahí la diferencia entre tentativa *incompleta* y *completa;* en la primera, basta no continuar la *acción ejecutiva en sí misma ("desistimiento en sentido estricto")*, C. P., 46; [1] en la otra, el autor, para quedar impune, debe impedir el evento típico *("arrepentimiento activo")*, C. P., 46. [2]

El § 46 del C. P. conforme a su *ratio* no se aplica solamente a los casos en los cuales la tentativa aparece como una forma subordinada, de acuerdo al § 43 del C. P., sino también a aquellos casos en los cuales una tentativa constituye un *"delictum sui generis"* y desde luego para acciones preparatorias constituidas en una figura delictiva autónoma (p. ej., C. P. 86) (discutido).

La expresión "el autor" en el § 46 comprende no sólo al autor principal, sino también al instigador y al cómplice.

Por otra parte, la impunidad comprende sólo *a la tentativa "como tal"*, ello es, que si la misma acción representa a un tiempo, en otro sentido, un delito consumado (concurso ideal) —llamada tentativa calificada—, este hecho sigue siendo punible sin consideración al desistimiento.

2. Con respecto al delito *consumado* no existe, en principio, ningún desistimiento que libere de la pena correspondiente. Excepciones (bajo forma

de *"arrepentimiento activo")*: C. P., 163, *II*, 204, 209, 310. Ver también Ley de Impuestos, 374, y Ley de Def. de la Rep., § 1, *III*.

IV. Las causas de extinción de pena son *"personales"*, ello es, que en una pluralidad de copartícipes importan liberación sólo para aquellos para cuya persona se dan las condiciones (también lo que es discutido— para el § 46 del C. P.: si, p. ej., A ha cometido una tentativa perfecta por instigación de B y luego impide el resultado, B es punible por instigación a la tentativa ejecutada por A). Excepción: C. P., 204 (en cuanto al desistimiento de los duelistas favorece también al padrino).

Cuarta parte: Síntesis de los presupuestos de la punibilidad

En general

I. Según se deduce de lo expuesto hasta aquí, los presupuestos de la punibilidad se presentan jurídicamente como un sistema ramificado de circunstancias. La fundamental en la *acción punible"*; pero ésta importa la punibilidad sólo de aquellos que no participan de una *causa personal de exclusión de pena* y aquellos que no se liberan de la pena a consecuencia de una *causa de extinción*. La *"acción punible"* misma muestra además el ingenioso enlazamiento de la *"tipicidad"* —la inscripción puramente externa de la conducta en el catálogo de las figuras delictivas— con la *ilicitud culpable, y* finalmente aun la limitación legal de la punibilidad de acuerdo con las *causas materiales de exclusión de pena.*

El concepto general de "acción punible" puede, pues, determinarse de este modo: *"acción punible" ("delito en sentido amplio") es aquella acción típicamente antijurídica y correspondientemente culpable, que no se halla cubierta por una causa material de exclusión de pena.*

Dentro de este conjunto, distínguese las *acciones punibles primarias* (conformes a una figura autónoma) y aquellas *secundarias* (conforme a una "figura accesoria") de modo que, en las primeras, el concepto depende de la *"adecuación* de la acción al delito-tipo", mientras que en las otras concurre una *vinculación de otra clase* con el delito-tipo (como la de los conceptos "tentativa", "instigación", "complicidad").

II. Así, para la *impunidad*, se presentan jurídicamente muy distintos títulos con muy distintas significaciones. Prescindiendo de que, en principio, no puede plantearse la cuestión de la punibilidad sin referirse a una *determinada acción humana,* se presentan como circunstancias que por sí solas implican impunidad:

la carencia de "tipicidad";

la carencia de antijuridicidad (causas de justificación);

la carencia de culpabilidad (causas de exclusión de la culpabilidad);

además, las causas materiales de exclusión de pena;

las personales,

y las causas de extinción de la pena.

Es poco recomendable designar todas esas circunstancias como "causas de exclusión de pena" ("en sentido amplio"), (como lo hace el título del Cap. 4° de la parte general del C. P.). Es mejor decir eximientes, causas de no aplicación de la pena.

III. Entre las acciones que, por carecer de un tipo regulado por el legislador, son impunes, se encontrarán aún casos que serán calificados, ya por los juristas, ya por el pueblo, como malos hechos. Se entiende que dada la construcción firme de los tipos, impuesta por la Constitución, Art. 116 y el C. P., 2, al Derecho penal, sólo el legislador está llamado a llenar esas lagunas, y la jurisprudencia y la ciencia deben cuidarse de complementarlas a su arbitrio, teniendo presente que el legislador ya ha contrabalanceado los intereses y que ha preferido "lagunas" en la punibilidad a la inseguridad.

Hay una eximente especialmente notable en los casos en que la figura delictiva contiene un elemento personalísimo, cuando *Secundus* que ejecuta el hecho no satisfaga ese requisito, mientras que *Primus,* en quien tal elemento concurre, haya actuado sólo como instigador de *Secundus* (p. ej., B sin tener el "fin de apropiación" del § 242 substrae la cosa, instigado por A, que tiene el propósito de apropiación). Aquí no hay hecho principal punible de *Secundus* y, en consecuencia, no hay instigación punible. La construcción ya en sí misma vacilante— de una "autoría por medio de un instrumento de mala fe" se trocaría aquí por una franca teoría *in frudem legis.* Debe reconocerse más bien que en tales casos, *de lege lata,* no hay pena.

APÉNDICE: DEL VALOR DE LAS RELACIONES INTERNACIONALES EN PARTICULAR (EL LLAMADO DERECHO PENAL INTERNACIONAL)

I. De la doctrina de los presupuestos de la punibilidad puede destacarse como cuestión especial la siguiente: ¿qué influencia tiene sobre la punibilidad, conforme al actual Derecho penal alemán, la circunstancia de que exista una pluralidad de estados y que, con ellos, exista "interior" y "exterior", como también "ciudadanos y bienes jurídicos nacionales y extranjeros"? Se ha hecho corriente designar las consideraciones sobre este tema bajo el nombre de "*Derecho penal internacional*", aunque, en realidad, no se trata de verdadero Derecho "Internacional", sino de Derecho "nacional" alemán. Además, por otra parte, los correspondientes preceptos jurídicos no representan un "Derecho penal" especial, sino que sólo enseñan, por medio de una especie de corte transversal, ciertas particularidades del sistema de Derecho penal.

La política legislativa presenta al legislador las siguientes posibilidades: trazar el límite entre lo punible y lo impune.

a) conforme al lugar del hecho, interior o extranjero: *principio de territorialidad;*

b) conforme a la nacionalidad del autor: nacionales y extranjeros, *principio de la personalidad* (principio de sujeción o de subditanía, principio de la nacionalidad activa);

c) conforme a la pertenencia del bien jurídico agredido — bienes jurídicos nacionales o extranjeros: *principio real,* principio de la nacionalidad pasiva;

d) negación general de limitaciones de esa clase: *principio mundial o universal.*

II. El *actual Derecho penal alemán* se ha decidido por el principio de la *territorialidad,* C. P., 3, 4, *I*, 6, de modo, sin embargo, que la impunidad que de ello emana para los hechos cometidos en el extranjero, está restringida en un ámbito no insignificante por disposiciones excepcionales, ver especialmente C. P., 4, *II* (ley de Def. de la Rep., §7) y lo expuesto más arriba). (Es, naturalmente, un requisito previo de la punibilidad que la acción sea *antijurídica* conforme a las normas jurídicas alemanas que rigen *la conducta,* a pesar del carácter extranjero de la acción).

Puesto que en los hechos cometidos en el extranjero la calidad de nacional o de extranjero es la que regula la punibilidad o la impunibilidad, ver C. P. 4, [2 3], al cambiar la nacionalidad, importa la nacionalidad existente al tiempo del hecho (discutible); excepción (el hecho de tornarse ulteriormente punible): C. P. 4, [3] *II*.

Sobre el cumplimiento de la pena, el perdón, la prescripción extranjeros (y los casos del C. P., 4)[3], ver C. P. 5[1]. [2] Sobre el cómputo de la pena extranjera, C. P. 7.

Capítulo Tercero

LA PUNIBILIDAD

Primera parte: Las penas legales

I. Para cada *clase (y subclase) de delitos* establece la ley una pena de tal modo firme que, en principio, solamente es aplicable *la pena legal contenida en la correspondiente disposición.* Cuando ésta se refiere a una clase de pena sin fijar máximo ni mínimo, se entienden aplicables el máximo y el mínimo *generales,* comp. más arriba y, como ejemplo, C. P., 242 ("prisión" = prisión de 1 día a 5 años). En ciertos casos, se añaden penas accesorias, ver, p. ej., C. P., 32, 248.

II. Para determinar la pena que corresponde en las *figuras accesorias,* es necesario siempre y ante todo establecer la que corresponde para la clase (o sub-clase) de delito, en la que aquélla se apoya en cada caso.

1. En la *tentativa,* esa pena no se aplica sin variaciones (como en el Derecho franco-prusiano: *"La tentative est le crime même")* sino que (siendo menor la importancia objetiva que en el hecho consumado) se reduce a una *pena menor.* Regla fundamental para calcularla: unidad máxima de medida menor que la prevista como máxima para el delito consumado (C. P 44, *I);* mínimo, la cuarta parte del mínimo aplicable al delito consumado (44, *IV*). Regulación especial en § 44, *II, III,* Ver también Ley de Imp., 360, *II.*

2. Para el *instigador,* se aplican *sin variación* las penas del hecho principal, C. P, 48, *II.*

3. Para los *cómplices,* la pena se calcula en la misma forma que *para la tentativa,* ello es, disminuida, C. P, 49, *II* (ver, sin embargo, Ley de Imp. 361).

Con respecto a los casos 2 y 3: si el hecho principal sólo llega al grado de tentativa, debe lógicamente tomarse como base para determinar la pena de los cómplices la pena calculada conforme a lo expuesto al número 1°. (Ejemplos: complicidad de B en una tentativa de homicidio cometido por A: para A, disminución de la pena del § 212 conforme al § 44; después de ello, para B, disminución de esta pena ya disminuida, conforme al § 49, *II,* 44).

Para los cómplices secundarios (complicidad de complicidad) la pena debe calcularse sobre la base de la pena de los cómplices primarios, y disminuirse nuevamente, conforme al § 49, *II.*

III. Las penas *normales* en el sentido expuesto sub I y II, bajo ciertas circunstancias, son suplantadas por otras.

1. Las penas propiamente aplicables deben *substituirse:*

a) por una *menor,* cuando el autor sea un *menor* (púber), conforme a especiales medidas de la Ley de T. de M., § 9. (Por el contrario, sordomudez no importa ninguna diferencia con respecto a la pena aplicable).

b) por una *mayor,* cuando concurre alguna de las *causas generales de agravación del derecho penal militar* (p. ej., ante tropas reunidas"), según C. P. M., 55 y 53.

Las penas aquí correspondientes *(a* y *b)* son cuantitativamente variables (ello es, que varían conforme a las disposiciones a las cuales se adaptan). Las circunstancias conforme a las cuales se articulan (minoridad, etc.), se designan como *formas accesorias variantes de la pena.*

2. En *una cantidad de figuras delictivas* la ley determina que la pena propiamente aplicable puede o debe cambiarse por otra menor cuando concurren *"circunstancias atenuantes"* (del Derecho francés, *circonstances atténuantes),* p. ej., C. P., 113, *II;* 228; 243, *II;* 246, *II;* 263, *II,* etc.

3. Apartándose del principio según el cual la pena para el *instigador* y el *cómplice* debe calcularse accesoriamente sobre la pena que corresponde al hecho principal, el C. P., 50 determina algo especial para los casos en que la ley establece diferencias en las penas, de acuerdo a *"calidades o relaciones personales"* (p. e., C. P., 244 en comparación con 242; 215 con 212; 342 con 123). En tales casos, la pena básica del cómputo para el instigador y el cómplice se determina de acuerdo a *su* calidad personal, etc. (Ejemplo en el parricidio: si el hijo H es autor y un extraño E instigador, H es punible conforme al § 215, E sólo es punible conforme al §212; si E es autor y H instigador, E es punible conforme al § 212 *y* H conforme al 215).

SECUNDA PARTE: AUMENTO Y DISMINUCIÓN DE LA PENALIDAD

I. Se llaman *causas de aumento y de disminución de la pena* aquellas, por efectos de las cuales se cambia por otra la pena, que si ellas correspondería, según que, respectivamente, hagan aplicable una pena mayor o una menor. Tal es la designación empleada por la ley para esas circunstancias, ver C. P., 50; C. P M 55; C de P. P., 263, 265, *II,* 267.

Es uso muy corriente y vulgar hablar aquí de circunstancias de *agravación* y de *atenuación* de la pena, y llamar circunstancias atenuantes y agravantes a las bases para la *graduación* de Ja pena, aun cuando la ley no emplea para ello tales nombres. Es indudable que esto conduce a confusiones; mantener esas designaciones no sólo carece de objeto, sino que es equívoco.

Para el Derecho penal común pueden usarse como sinónimas las expresiones *calificación* para el *aumento de pena y "privilegio"* para la *disminución de pena.*

II. Tales causas de aumento y de disminución provienen:

1. en parte, de circunstancias *generales,* que *no se hallan incluidas dentro de las figuras particulares del delito.*

2. en parte, las emplea el legislador para la construcción de *sub clases de delitos* ("calificados o "especiales" o "agravados" o, por otra parte, privilegiados"), delitos que, junto con el *"delito genérico* (o "delito básico") constituyen una *familia de delitos.*

Dentro de esas familias de delitos se diferencian las diversas clases de modo que:

a) a veces, la subclase (calificada o privilegiada) tiene un *delito-tipo* que restringe el del delito genérico por un elemento *especial* (p. ej., parricidio, C. P, 215 en comparación con el delito genérico de homicidio, 212);

b) a veces, todas las clases tienen *el mismo delito-tipo;* pero las subclases calificadas o privilegiadas se fundan a) o bien en una circunstancia *puramente objetiva, o* bien G) en un *elemento psíquico especial* (ver arriba). (Ejemplo para *b* α: el delito de homicidio preterintencional" calificado por el resultado objetivo grave, C. P., 226, comparado con el delito genérico "lesión dolosa", 223; ejemplo para b G: la falsedad documental grave del C. P., § 268, comparado con el § 267).

En los casos sub *a,* corresponde la pena por la subclase calificada sólo cuando el dolo del autor comprende también la circunstancia agravante, C. P, 59, *I* (ejemplo: no es punible conforme al § 215 sino sólo conforme al § 212, quien no supo que el muerto era su ascendiente). Por el contrario, el mal comprendido § 59, no se refiere a las circunstancias enumeradas sub *b.*

3. El legislador a veces agrupa figuras delictivas distintas y con penas distintas, pero unidas entre sí por un idéntico delito-tipo, y lo hace de modo que ninguna de ellas es técnicamente el delito genérico, p. ej.,: 211, homicidio doloso con premeditación, 212, homicidio doloso sin premeditación; 222, homicidio imprudente. Es discutible el alcance que en los hechos tenga la diferencia formal entre los casos sub 2 v sub 3 (p. ej., para C. P, 50, arriba).

Tercera parte: Punibilidad subsidiaria (Concurso de leyes)

I. Las leyes penales no están todas dispuestas por el legislador en el mismo rango. Hay entre ellas algunas que quieren pasar inadvertidas cuando el caso es punible de acuerdo a *otra* disposición penal determinada. Aquéllas están, pues, dotadas de una validez sólo *"subsidiaria".*

1. Conforme a eso, se excluye siempre el delito *genérico* cuando concurre una *subclase calificada* o *privilegiada* derivada de aquél *(relación de especialidad),* p. ej., no debe atenderse al § 242 del C. P., cuando sean aplicables los § § 243, ó 370, [5] no lo son los §§211 y sigs. cuando funciona el 206.

2. Hay leyes penales que (en caso de identidad del actor) "son *consumidas"* por ciertas otras. Algunos modos de conducta, que el legislador ha sometido a pena como figuras delictivas (autónomas o subordinadas), lo son de modo que desaparece su especial valor delictivo cuando el actor es punible desde otro punto de vista desde el cual aquellas acciones ya están también valoradas. Entonces prácticamente basta designar y tratar ese otro encuadramiento como el *titulus* que funda la punición y no tener en cuenta los otros, tomándolos como "consumidos". Tales los casos de:

los delitos de *lesiones,* consumidos por los delitos de *homicidio;*

los delitos de *peligro,* consumidos por Jos correspondientes delitos de *lesión;*

las figuras delictivas *"calificadas"* por un *resultado objetivo grave,* consumidas por aquellas figuras que importan pena *mayor* porque comprenden la *producción dolosa de ese resultado;*

los llamados delitos de *reducción de cosas* (como *"actos posteriores impunes")* consumidos por los delitos por los cuales el sujeto se ha apoderado de las cosas, toda vez que el legislador, al establecer la pena, ya ha supuesto implícitamente que el actor, con posterioridad al hecho, ordinariamente convertirá la cosa en dinero (así, p. ej.: el hurto consume la apropiación posterior de la cosa, consumada por el autor);

las acciones *preparatorias* (cuando están en general castigadas) y Jas de *tentativa,* consumidas por el *delito posteriormente consumado* (p. ej., consunción del § 201, C. P., por el § 205);

la *complicidad,* por una *instigación* realizada por el mismo individuo y para el mismo hecho principal y, a su vez, la instigación, consumida por la propia *autoría.*

II. Suele llamarse *concurso* de leyes" a esta relación que media entre dos leyes penales por la cual se excluye la una cuando la otra se aplica. Los casos de concursos de leyes se dilucidan por Ja interpretación del contenido de la ley penal; el *texto* de la ley pocas veces da base para ello (comp., p. ej., C. P., 49, *a).*

CUARTA PARTE: CRIMEN, DELITO, FALTA

Con fines de técnica legislativa (ver C. P., 4 y sigs.; 27 *a, 27 b,* 43, 49, 49 *a,* 67, 74, 257, etc.), el Código Penal, § 1, divide la totalidad de las clases y subclases de delitos en *"crímenes", "delitos" (propiamente dichos)* y *"faltas"* (la llamada división tripartita del Derecho francés —*crimes, délits, contraventions*)— y lo hace conforme a la medida de las penas legales que corresponden al caso normal (sin atender a las disminuciones que importan la minoridad y las circunstancias atenuantes. Así un hecho que en sí mismo sea "crimen", lo sigue siendo siempre, aun cuando sea cometido por un menor o con circunstancias atenuantes).

El carácter de "crimen", etc., se proyecta inalterado de la clase delictiva especial correspondiente en cada caso a las formas accesorias tentativa, instigación y complicidad.

Capítulo Cuarto

DE LOS DELITOS EN PARTICULAR (PARTE ESPECIAL)

Primera Parte: Delitos contra determinado individuo

Delitos contra la salud y la vida

Lesiones

I. Bajo la insuficiente designación de "lesiones" el C. P. § 223 (ley compleja alternativa) comprende: 1° el *dañamiento corporal* del otro; 2° el *daño en la salud de otro.* Lo primero es una perturbación del bienestar subjetivo o del aspecto exterior que no ataca a la totalidad del organismo. Lo último es un perjuicio en la totalidad (corporal o espiritual) del estado de salud.

La operación médica efectivamente curativa no es, en consecuencia, una lesión. Las intervenciones médicas con mal resultado (dañamiento del organismo) satisfacen, por el contrario, el *delito-tipo* del § 223; su antijuridicidad no se excluye en todo caso por el *fin* curativo perseguido por el médico; pero sí, según el caso, por el consentimiento de la víctima o por el derecho de necesidad.

II. Clases:

1. lesiones dolosas: *a)* "graves", C. P., 224-226 (caracterizadas por los graves resultados previstos por la ley); *b)* "leves", 223, *I, II;* 223 a, *I, II),* entre éstas, las "lesiones peligrosas" del § 223 a, *I* (el "instrumento peligroso" a que este párrafo se refiere se determina no sólo de acuerdo a su calidad abstracta, sino en relación al modo y manera en que se lo utiliza —discutido).

2. lesiones culposas, C. P., 230, *I,* con la sub-clase calificada del § 230, *II.*

Ver además C. P., 340; C. P. M., 122, 122 a, 123, 148.

Homicidio. (Homicidio propiamente dicho y aborto)

I. Los *delitos de homicidio en sentido estricto* giran alrededor del delito-tipo "matar a un hombre", ello es, la destrucción de la vida de otro hombre ("hombre": el nacido, por oposición al feto, ver más abajo, *II).*

Clases:

1ª Homicidio *doloso,* con las sub-clases:

a) Asesinato, homicidio cometido con premeditación, 211. Pena de muerte.

b) Homicidio (Totschlag), ello es, el homicidio doloso cometido sin premeditación (especialmente el cometido en estado emocional), 212. Casa de disciplina.

Es atenuante en el homicidio el hecho de haber sido provocado el autor por la víctima, 213. Son, por el contrario, calificados, el parricidio, 215, y el homicidio cometido al emprender una acción punible, ya sea para evitar un impedimento o para escapar a la aprehensión por un hecho anterior, 214.

c) Muerte (asesinato u homicidio) *por demanda de la víctima,* 216. Prisión no menor de 3 años.

d) Infanticidio (homicidio o asesinato de un niño), 217; el homicidio doloso, con o sin premeditación, cometido en la persona de un hijo no legítimo, por su madre natural, en el acto del nacimiento o inmediatamente después. "En el nacimiento" significa desde la presentación del niño fuera del cuerpo de la madre (ver abajo, *II).*

Asume un carácter especial el homicidio en duelo, 206, ver, sin embargo, 207.

2ª Homicidio *por imprudencia,* delito, 222. Calificación: haberlo cometido en violación de un deber del cargo, función o profesión, 22, *II;* ver además C. P. M., 148.

II. Aborto. Muerte de una vida en germinación, 218. Feto es el embrión hasta salir del cuerpo de la madre, no hasta el comienzo de los dolores de parto, ni, por otra parte, hasta la separación del cuerpo de la madre (discutido).

LESIONES

El delito-tipo de la figura del art. 89 es "causar a otro un daño en el cuerpo o en la salud". El elemento subjetivo puede ser tanto el dolo como la culpa; el dolo eventual, se configura en los casos de desaprensiva conducción de vehículos automotores u otros elementos mecánicos susceptibles de manipulación o manejo.

Art. 90: Describe las lesiones graves como el debilitamiento permanente de la salud, de un sentido, de un órgano o de un miembro, dificultad permanente de la palabra, peligro para la vida, o deformación de rostro.

Art. 91: Describe las lesiones gravísimas como una enfermedad mental o corporal posiblemente incurable, perdida de un sentido, órgano, miembro, o de su uso o de la capacidad de engendrar o concebir.

Art. 92: Agravante del art. 80 para cada tipo de lesión.

Art. 93: Atenuantes del inciso 1° letra a) del art. 81.

Art. 94: Caso de lesiones culposas. Si las lesiones fueran de las previstas en los arts. 90 o 91 y concurriera alguna de las circunstancias del segundo párrafo del art. 84, se elevará el mínimo de la pena.

HOMICIDIO

El delito-tipo de la figura del art. 79 es: "matar a otro". Puede cometerse por medio de una acción o una omisión. Como elemento subjetivo requiere el doló directo, debe analizarse si el medio empleado era eficaz para obtener la finalidad propuesta por el agente. La comisión utilizando medios morales o psíquicos, como el anuncio de la muerte de un ser querido a un cardíaco o los conjuros o rituales dirigidos a alguien en extremo supersticioso, no alcanzan a configurar el delito. El punto ha dado lugar a controversias, (ver especialmente en Soler, *Tratado,* t. 3, pág. 13).

Art. 80: Da cuenta de un elenco de agravantes del delito base "al que matare": a su ascendiente, descendiente o cónyuge. El elemento subjetivo es, sabiendo que lo son, (inc. 1); ensañamiento, alevosía o veneno (inc. 2); por precio o promesa remuneratoria (inc. 3); placer, codicia, odio racial o religioso (inc. 4); con peligro común (inc. 5); concurso premeditado de dos o más personas, (inc. 6); en razón de la comisión de otro delito, procurar la impunidad para sí o para otro, o no haber logrado el fin propuesto al intentar otro delito (inc. 7). Respecto del inc. 1 se hace la salvedad de que, si existen causas extraordinarias de atenuación, el juez puede aplicar pena menor (en vez de perpetua, prisión o reclusión de 8 a 25 años).

Art. 81: Se reconoce como atenuante la emoción violenta (punto a) y el delito preterintencional (punto b).

Art. 82: Caso del homicidio agravado del inc. 1 del art. 80, cometido en estado de emoción violenta.

Art. 83: Instigación o ayuda al suicidio.

Art. 84: Contempla la forma culposa del homicidio. La agravante concurre en caso en que se produjera más de una víctima fatal o si el hecho hubiera sido ocasionado por la conducción imprudente, negligente o inexperta o antirreglamentaria de un vehículo.

ABORTO

El delito-tipo de la figura del art. 85 es: "causar la muerte a un feto". Las distintas figuras que lo componen son: aborto sin consentimiento de la mujer, agravado por la muerte de ésta, (inc. 1). Aborto con consentimiento de la mujer, agravado por la muerte de ésta (inc. 2).

Art. 86: Aborto practicado por profesionales en el arte de curar. Salvo el caso de aborto terapéutico (inc. 1). Si el embarazo proviene de una violación o atentado al pudor sobre una mujer idiota o demente. Se requiere el consentimiento del representante legal (inc. 2).

Art. 87: Aborto preterintencional. El elemento subjetivo es no haber tenido el propósito de causarlo y el embarazo fuera notorio, o le constare al autor.

Art. 88: Aborto causado por la propia mujer o con su consentimiento para que otro se lo causare. La tentativa de la mujer es impune.

DELITOS DE PELIGRO PARA EL CUERPO Y LA VIDA

I. Las lesiones y el homicidio causados por medio de veneno se conforman a las reglas generales. El § 229 del C. P., sin embargo, construye una figura particular y complementaria (llamada *envenenamiento)* consistente en el *suministro de veneno* u otra sustancia capaz de dañar la salud del hombre. Faz subjetiva: es necesario, el dolo dirigido al acto mismo de suministrar el veneno, el propósito de dañar la salud.

II. El delito de *exposición* (221) típicamente puede sólo cometerse en personas que, ya sea por su corta edad, decrepitud o enfermedad, se hallen indefensas, y consiste *a) o* bien en que alguien dolosamente *coloque* a una persona así en una situación de desamparo; *b)* o bien en que alguien que tenga a una tal persona indefensa a su cuidado, o que deba cuidar su colocación, situación o admisión, la *abandone* dolosamente en una situación de desamparo. Calificación típica en § 221, *II.* Calificación por el mero resultado objetivo en § 221, *III.*

III. Riña es la participación en una pelea o en una agresión cometida por varios. La ley (227) castiga *a)* la sola participación, sobreentendido que ella sea culpable, cuando (condición objetiva) con la riña o agresión se ha causado la muerte de un hombre o una lesión grave; *b)* y somete a una pena mayor a aquellos que han cometido una lesión y que con ello, *conjuntamente con los otros,* han causado la muerte o la consecuencia más grave.

IV. Duelo es la pelea convenida, reglamentada por reglas estrictas, entre dos personas que se sirven de las armas de duelo de costumbre. El llamado duelo americano no está comprendido:

1. Las prescripciones del C. P., sin embargo, se refieren sólo al duelo *con armas mortales,* 201 y sigs. Son armas mortales aquellas que *de acuerdo a sus características y a las circunstancias en que se las emplea,* pueden producir lesiones mortales y no sólo por un curso causal totalmente inadecuado. De acuerdo a eso, no son punibles como duelo las luchas de esgrima de los estudiantes. Otra es la opinión del Tribunal Supremo que parte de que el concepto de la letalidad de un arma se determina *abstractamente.*

2. La ley distingue separadamente *a)* el reto al duelo y la aceptación del reto, 201, 202; *b)* el padrinazgo, 203, *c)* el duelo mismo, 205, 206, 208; *d)* la incitación al duelo, 210. C. P. M., 112.

V. Ley del 18 de febrero de 1927 para la *lucha contra las enfermedades venéreas.*

VI. 1°) *Participación en una agrupación o sesión que se propone cometer delitos contra la vida* o que los considera como medios para el logro de otros fines, Ley de Def. de la Rep., § 1.

2°) *Agresión al cuerpo o a la vida ("ejecución de violencias")* contra la persona del *Presidente del Reich* o contra un *miembro del gobierno* nacional o de uno local, Ley de Def. de la Rep., § 3.

Riña

La figura del art. 95 describe el homicidio o las lesiones de los arts. 90 y 91, causados por una riña o agresión. La modalidad de la acción típica es la participación de más de 2 personas. La ley tiene por autores a quienes hayan ejercido violencias sobre el ofendido. La circunstancia que condiciona al tipo, es que no constare quienes fueran los causantes directos del desenlace. Corresponde la atenuación de la pena en el caso de lesiones leves (art. 96).

Duelo

El delito-tipo del art. 97 es batirse a duelo, condicionado por la presencia de padrinos mayores de edad. El artículo determina diversas sanciones según el grado de lesiones causadas al adversario. Las lesiones leves se asimilan al hecho de que ambos adversarios resultaren ilesos, (inc. 1). La muerte del adversario se asimila a las lesiones graves o gravísimas, (inc. 2).

Art. 98: Prevé el caso de duelo sin la intervención de padrinos, lo cual puede dar lugar a que la muerte del adversario se considere homicidio simple (inc. 1), o lesiones según su gravedad (inc. 2). De no existir lesiones, la pena será la que corresponde a las lesiones leves (inc. 3).

Art. 99: Conjuga dos tipos alternativos: instigar a otro a provocar o aceptar un duelo, y desacreditar públicamente a otro por no desafiar o rehusar un desafío. Si el duelo no se realiza o causare lesiones leves, (inc. 1). Si causare la muerte o lesiones graves o gravísimas, (inc. 2).

Art. 100: Provocar o dar causa a un desafío. Existe un elemento subjetivo que complementa el delito-tipo: proponer un interés pecuniario u otro objeto inmoral. Si el duelo no se verifica o, efectuándose, no resultare muerte ni lesiones (inc. 1); si el duelo se realizare y resultaren lesiones (inc. 2); si resultare la muerte de alguno de los adversarios (inc. 3).

Art. 101: El combatiente que faltare, en daño de su adversario, a las condiciones pactadas. Si causare lesiones a su adversario (inc. 1); si le causare la muerte (inc. 2).

Art. 102: Los padrinos de un duelo que usaren cualquier género de alevosía en su ejecución.

Art. 103: Los padrinos que concertaran un duelo a muerte o en condiciones capaces de causar la muerte. Si no se verifica la muerte la pena será de multa.

DELITOS CONTRA LA LIBERTAD PERSONAL

COACCIÓN Y EXTORSIÓN

I. La libertad personal, como libertad de *decisión,* es perjudicada por la *coacción.* Esta se caracteriza por el hecho de que si bien de parte del coaccionado existe aún una "acción" (acción positiva u omisión o consenso) que reposa en su resolución, sin embargo, esa resolución deriva de una presión físicamente ejecutada por otro y sin ella no se habría producido (quebrantamiento de la voluntad, *coactus voluit).* El medio coactivo puede sólo ser la expectativa de un mal (= amenaza) para el caso de no tomar la resolución, ya sea suscitando temor por medios violentos *(vis compulsiva)* y por lo que aún puede esperarse, ya sea por amenaza en el sentido estricto de la palabra.

Alrededor de tal coacción giran diversas clases de delitos, a saber: *a) coacción propiamente dicha,* C. P., 240: imposición dolosa de una acción, de un consenso o de una omisión por la fuerza o amenazando con un crimen o delito; *b) extorsión,* C. P., 253, que se diferencia de la coacción prevista en el § 240, porque para la figura, bastan amenazas de toda clase; pero en la faz subjetiva es necesario, además, que el dolo se acompañe del propósito de que de la acción coacta se obtenga un beneficio patrimonial antijurídico para sí o para un tercero. Así, 254 (extorsión grave), 255 (robo extorsivo).

II. Casos de antijuridicidad excluida:

1. Amenazar por medios no prohibidos para que el amenazado cumpla con un deber (p. ej., amenazas de demandar dirigidas al deudor).

2. Manifestaciones cuyo sentido global es el de una comunicación: procederemos de tal o tal otro modo (no prohibido), según la actitud del interpelado (p. ej., el comprador amenaza retirarse como parroquiano en caso de que el vendedor no baje los precios en el futuro).

EXTORSIÓN

El delito-tipo de la figura del art. 168 es: "obligar a otro a hacer algo mediante intimidación". Son modalidades del sujeto activo: simulando autoridad pública o falsa orden, a su vez, el artículo señala modalidades de la acción con referencia al sujeto pasivo: entregar, enviar, depositar o poner a disposición del agente o de terceros. Hay complementos normativos: con dinero o documentos que produzcan efectos jurídicos, (párr. 1).

Art. 169: El que para cometer alguno de los hechos expresados precedentemente empleare imputaciones contra el honor o violación de secretos, (tipo: coacción). Se agrega el secuestro extorsivo (art. 170) y la sustracción de cadáveres (art. 171).

DELITO DE PRIVACIÓN DE LA LIBERTAD Y SUS ANÁLOGOS

I. Privación de la libertad, particularmente encarcelamiento, 239.

II. Rapto, 236-238.

III. Rapto del hombre, 234, y de infante, 235.

IV. Rapto de esclavo y trata de esclavos. Ley de 28 de julio 1895.

DELITOS CONTRA EL HONOR INJURIAS

I. El objeto de la tutela legislativa en la injuria es el *honor* del hombre viviente en particular (o de una autoridad, 196, o de un cuerpo político, 197). Honor es la valoración social estimativa. Ese valor depende de dos componentes: en primer lugar, de la esfera de deberes de la persona y luego del comportamiento de esa persona con respecto a esos deberes. Conforme al contenido de esas dos premisas, puede distinguirse:

a) la valoración *real (jurídica)* del honor de una persona, dependiente de su real comportamiento en relación a sus obligaciones;

b) la valoración *hipotética* del honor, dependiente de la esfera de deberes como tal, prescindiendo de que el sujeto se comporte conforme a esos deberes;

c) la valoración *de hecho* del honor, ello es, la real apreciación en el círculo de los conciudadanos, dependiente del conocimiento o de la creencia de éstos acerca del comportamiento de la persona.

La valoración real del honor fija el límite hasta el cual puede llegar la tutela jurídica contra injurias. Sólo las acciones que no se adecúan a ese valor pueden ser injurias *antijurídicas.*

Sin embargo (prescindiendo de la cuestión de la antijuridicidad o de la licitud), son ya injurias aquellas acciones que no se conforman a valor *hipotético* del honor de la persona. (Es incorrecto afirmar, como algunos lo hacen, que el objeto de la injuria sea la valoración de hecho, arriba, c; si así fuera, el que falsa y conscientemente imputase un perjurio a un hombre de honor no sería injuriante si la opinión general creyera en el perjurio).

Para determinar el concepto de la injuria debe dejarse de lado el reflejo de la acción del autor en la vida emotiva del otro; la injuria no consiste en "agraviar" (otro criterio sostiene la llamada teoría de la mortificación); no es ni necesario ni suficiente un movimiento de desagrado para la injuria *(pati quis injuriam etiamesi non sentiat potest).*

II. Clases de injuria:

1ª *Injuria calumniosa* (calumnia), 187.

a) Delito-tipo: afirmación o propagación de un hecho falso relativo a otro, hecho tendiente a hacerlo despreciable, o a desmerecerlo ante la opinión pública o a poner en peligro su crédito. Para la consumación es necesario el conocimiento del tercero de las manifestaciones del autor.

b) Faz culpable: "no obstante conocer la inexactitud", = dolo con exclusión del *dolus eventualis.*

2ª *Difamación,* 186.

Según la opinión dominante (que se atiene a las palabras de la ley), conforme al § 186 es también punible aquel cuya manifestación deshonrosa para el otro era verdadera, salvo que en el proceso lograse probar esa verdad. Además, para la faz subjetiva, bastaría que el autor conociera el contenido deshonroso de su manifestación; la buena fe acerca de la exactitud de lo manifestado sería indiferente.

Conforme a esta concepción, la tutela del honor alcanzaría también a Jas personas de honor manchado. La r*atio legis* requiere a ese respecto la interpretación según la cual el § 186 relacionado con el § 187 hace materialmente suficiente el dolo común (y prescinde del hecho de poner en peligro el crédito), pero en lo demás concuerda con el § 187 y solamente agrega una prescripción *procesal* (relativa a la cuestión de la prueba).

3ª *Injuria formal* (mala designación), 185.

a) Delito-tipo: la conducta no compatible con el honor de otro, que no cae bajo los casos citados 1 y 2, (injurias verbales - injurias de hecho - injurias simbólicas).

Casos de injuria en el sentido del § 185: afirmación de hechos dirigida al injuriado y que si fueran hechas a terceros serían calumnia o difamación;

Juicios del autor sobre el otro, que tienen el sentido de que en algún respecto no cumple con su función (ya sea que ello se diga al otro mismo o a terceros), pero no juicios que no se refieren a la persona misma, sino sólo a determinadas obras de ella, 193;

Finalmente, acciones que, sea por su forma o por las circunstancias, no corresponden a la valoración honorífica de otro, aun cuando en su contenido mismo no sean injurias, comp., 192.

Para la consumación se requiere que alguien alcance a conocer la manifestación del autor.

Por debajo del límite inferior de la injuria encuéntrase la simple *desconsideración,* ello es, un proceder que si bien es inconveniente, según las costumbres sociales, a los ojos de un juzgador que aprecie objetivamente sólo provoca un juicio desfavorable para el actor mismo. La desconsideración no es más punible para el Derecho del Reich (hasta 1926 el C. P. M. contenía el delito de desconsideración a un superior).

b) Exclusión de la antijuridicidad de la injuria; ver especialmente C. P., 193. ("Expresión de intereses legítimos" = aquellos que sólo pueden garantizarse mediante el ultraje del honor ajeno, y que con éste eran jurídicamente a lo menos equivalentes. Caso del derecho de necesidad, arriba).

c) Faz culpable: Dolo, llamado *animus injuriandi.* No interesa el *"fin de injuriar".* (Es acertada la jurisprudencia que a las expresiones «forma y circunstancias" de los § § 192, 193, C. P., les da el valor de "propósito de injuriar").

INJURIAS

El delito-tipo de la figura del art. 110 es: "deshonrar o desacreditar a otro". El dolo está referido a la intención de menoscabar o vituperar (véase lo que decimos al respecto del elemento subjetivo de la figura en el apartado sobre el Delito-tipo).

Art. 111: La ley permite al acusado de injurias probar la verdad de la imputación, cuando hubiera tenido por objeto defender o garantizar un interés actual, (inc. 1); si el hecho atribuido hubiera dado lugar a un proceso penal, (inc. 2); si el querellante pidiera prueba de la imputación, (inc. 3).

CALUMNIA

El delito-tipo de la figura del art. 109 es: "la falsa imputación de un delito que dé lugar a una acción pública". El dolo se configura con la intención de que la especie se propague en detrimento del honor y el buen nombre de la víctima. Se requiere un elemento subjetivo integrante del dolo: que el autor conozca la falacia de la imputación.

Art. 112: Calumnia o injuria equívoca o encubierta.

Art. 113: El que publicare o reprodujera injurias o calumnias inferidas por otro, será tenido por autor.

Art. 114: Cuando la injuria o la calumnia se hayan propagado por medio de la prensa en la Capital y territorios nacionales, sus autores quedarán sometidos a las sanciones precedentes. Se podrá ordenar, a pedido del ofendido, la publicación a costa del culpable de la sentencia o satisfacción.

Art. 115: Las injurias proferidas por litigantes, apoderados o defensores, producidas en los tribunales mientras no hayan sido dadas a publicidad sólo correcciones disciplinarias.

Art. 116: Injurias recíprocas.

Art. 117: La retractación pública antes de contestar la querella o en el acto de hacerlo. Exención de pena.

DELITOS CONTRA LA HONESTIDAD

I. Contra la honestidad *de la mujer* existen los siguientes casos:

1. Violación y constreñimiento a acciones impúdicas, 176, [1] especialmente violación, 177, I, 1ª parte. Se caracterizan porque en ellos se quebranta la voluntad resistente de la mujer por la fuerza, o se la sofoca o doblega por la amenaza de un peligro presente para su vida o su cuerpo.

2. Acercamiento carnal no consentido, 176[2] y 177, I, 2ª parte, ello es, el abusivo concúbito extramatrimonial con una mujer, no contra, sino sin su voluntad.

3. Logro subrepticio del coito, 179. En este caso la mujer presta su consentimiento al acto, víctima de un engaño que simula la legitimidad de la cohabitación.

4. Seducción de una doncella menor de 16 años e intachable, induciéndola a cohabitar, 182.

II. Las agresiones al honor sexual de personas *de ambos sexos* menores de 14 años las castiga el § 176, [4] C. P.

DELITOS CONTRA LA INTEGRIDAD SEXUAL

El delito-tipo 119 fue sancionado en reemplazo del anterior 119, que era mucho más preciso y técnico. El actual crea una figura desmesurada, detallista y confusa, y pondera notoriamente la Moral sobre el Derecho.

En primer término, son de destacar las múltiples modalidades de la acción que pretende abarcar todo el panorama de las posibles formas de llegar a lo que la norma denomina "abusar sexualmente", (en la versión anterior la expresión era "abuso deshonesto" y la víctima debería ser mayor de doce años, menor de quince años y tratarse de mujer honesta, (art. 120). En la taxativa versión actual, el artículo se refiere a: violencia, amenaza, abuso coactivo o intimidatorio (si es coactivo es intimidatorio) de una relación de dependencia, de autoridad, o de poder (la autoridad es poder) o aprovechándose de que la víctima, por cualquier causa, no haya podido consentir libremente la acción. Esta enumeración farragosa pudo perfectamente obviarse empleando la forma, mucho más apropiada desde el punto de vista típico, "violencia o intimidación", con lo cual, la norma hubiera ganado en claridad y economía conceptual.

En cuanto al "sometimiento sexual" del segundo párrafo, ¿cuál es el verdadero significado de la expresión?, ¿la reducción a una especie de esclavitud, dependencia psíquica o lavado de cerebro? es difícil captar jurídicamente esta figura que tiene connotaciones psíquicas o mentalistas, pero que no se adecúa a ninguna de las formas comunes de abuso sexual, (véase que todavía no se habla de acceso carnal), resultando entonces una difusa descripción de un hecho tan difícil de comprobar como carente de bases jurídicas serias.

El párrafo agrega que el sometimiento sexual fuera "gravemente ultrajante para la víctima", lo cual resulta obvio, la reducción a semejante estado es "gravemente etc.", toda vez que todo sometimiento implica ultraje o menoscabo para la personalidad de quien lo sufre. La hermenéutica de este párrafo es tan dificultosa, como arduo es encontrar una fórmula que haga del abuso sexual, (que es la figura más leve de los delitos contra la honestidad), un "sometimiento gravemente ultrajante", etc.

Ahora bien, existiendo acceso carnal (tercer párrafo), se configura una agravante de todo lo anterior, cuando en realidad la violación debió legislarse en un artículo especial como el art. 119 del Código anterior que con mucho mejor técnica jurídica expresa que el delito se configuraba si, "la víctima fuera menor de doce años, cuando se hallare privada de razón o sentido, o por enfermedad o cualquier otra causa no pudiera resistir; cuando se usara fuerza o intimidación. Estos son los elementos que configuran la violación. Beling define el delito en parecidos términos (véase acápite 1 del punto 1).

En el mismo artículo figuran las agravantes de los dos párrafos anteriores: grave daño en la salud física o mental (inc. a) cometido por un pariente directo o un tutor, curador y ministro de algún culto reconocido o no, o encargado de educación o guarda (inc. b); portador de una enfermedad de transmisión sexual grave con peligro de contagio (inc. c); cometido por más de dos personas o con armas (inc. d); cometido por personal de fuerzas de seguridad en ocasión de sus funciones (inc. e); contra un menor de dieciocho años aprovechando convivencia preexistente con el mismo (inc. f)

El art. 120 se refiere al estupro: se aumenta la edad de la persona hasta los dieciséis años, aprovechando el autor la inmadurez sexual de la víctima, su relación de dependencia u otra circunstancia equivalente. La norma merece las mismas objeciones que las precedentes, en cuanto a su calidad técnica. Se refiere, sea al sometimiento sexual gravemente ultrajante para la víctima o que hubiera habido acceso carnal. Respecto a lo primero, evidentemente, no se trata de un estupro que, según la definición comúnmente aceptada, es el acceso carnal con una menor, el "sometimiento... etc." es ajeno a éste, aunque pueda comprenderlo, lo cual tornaría el concepto en una redundancia. Como quiera que sea tal "sometimiento" debió legislarse como una perversión aparte del acto sexual, *y* no como un aspecto del delito-tipo. En otro orden de cosas, el art. 120 del Código anterior, exigía que la víctima fuera mujer honesta, calificación que ha desaparecido en la actual redacción, lo que impide al juez un examen ponderado de cada caso, desestimando el hecho si la mujer ha tenido una actividad sexual promiscua. Lo que protegía la norma era la presunta inocencia de la víctima, por lo cual, no existiendo la fundamentación del bien jurídico protegido, no existe el delito.

El art. 124 dispone el agravamiento de la pena en caso de muerte de la persona ofendida.

Delitos que violan la tranquilidad jurídica y la esfera de secretos

I. La ley (241) castiga el hecho de *amenazar* a otro con la comisión de un "*crimen*" (en el sentido del §1, *I,* C. P.). No es necesario que la amenaza haya sido hecha en serio (es decir, no es necesario que el autor haya pensado ejecutarla) bastando que tuviera sentido amenazante y que en la intención del autor así se entendiese; no se requiere que el amenazado la tema.

II. Los § § 299, 300 castigan:

1. La apertura no autorizada de cartas y otros documentos cerrados, 299;

2. La violación de secretos de otros, que hayan sido confiados, conforme al § 300, C. P.

Delitos contra los derechos de autor y de inventor

Reimpresión, ejecución no autorizada, violación de patente, etc. Comp. la ley de 19 de junio de 1901 relativa a los derechos de autor de obras de literatura y música; ley de protección del arte y la fotografía de 9 de enero de 1907; ley de protección de modelos de 11 de enero de 1876; ley de patentes, 7 de abril de 1891; ley de protección de muestras, de 1° de junio de 1891.

Delitos contra los derechos a las cosas y sobre las cosas

Contra derechos reales y la posesión

Hurto

1. Delito-tipo: *Substracción* (no "apropiación") *de una cosa mueble ajena de la posesión o la custodia de otro,* 242.

El objeto del hurto es una *res corporalis mobilis,* la cual *a)* se hallaba en *propiedad* de persona distinta de la del autor (conforme a los principios del Derecho civil, pues no existe una "propiedad jurídico-penal"; *b) y que halla en la custodia* (ello es, efectiva tenencia) de persona distinta del autor.

"Substracción" significa que el autor aparta la cosa de la custodia de otro y la trae a su propia custodia. Se consuma en cuanto se produce la real tenencia del ladrón (punto de vista de la teoría de la aprehensión). No basta remover la cosa (teoría de la contrectación), y, por otra parte, no se requiere el traslado logrado de la cosa (teoría de la ablación) o el traslado a la casa (teoría de la ilación). Es irrelevante que el "tener" sea tan excluyente y consolidado, que *de jure* equivalga al poder de disposición de un propietario.

En la faz *subjetiva* es necesario: *a)* dolo; *b)* fin de apropiarse ilícitamente, ello es, que el autor debe haberse propuesto lograr un dominio análogo al del propietario. Discrepa Frank: fin de apropiación sería el propósito de disponer del valor económico de la cosa. Pero con ello se va a parar al *animus lucri faciendi* del Derecho romano, el cual nuestra legislación conscientemente no requiere ni lo considera suficiente, sino que más bien, por el contrario, lo substituye con el fin de apropiación con algo distinto (aunque *de lege ferenda* no deba aprobarse). Por ello la substracción de una libreta de ahorros con el fin de devolverla después de una extracción parcial, no es hurto (discutido).

II. La ley califica:

1. El hurto grave, 243. Destácanse el hurto con fractura, el hurto con llave falsa, el hurto en banda;

2. El hurto reincidente, 244, más exactamente, "hurto en *segunda reincidencia*". Sobre la prescripción de la reincidencia (10 años), comp. 245 *in fine,* y ley de rehabilitación de 9 de abril de 1920.

3. La rapiña, 252.

III. El hurto necesario privilegiado, 248 *a.*

IV. El hurto entre cónyuges, así como el de ascendientes contra descendientes, es impune (causa personal de exclusión de pena, 247, *II;* 248 *a, III.*

DEFRAUDACIÓN

Defraudación (246) es la apropiación antijurídica y dolosa de una cosa mueble ajena no lograda por hurto y cometida por quien tenía la custodia de ella. La llamada apropiación de cosa perdida es una defraudación.

Están castigados con pena agravada:

1. El abuso de confianza, ello es, la defraudación de cosas *confiadas;*

2. con pena aún mayor la violación de depósito, según la ley de depósitos de 5 de julio de 1896, párrafo 1.

La defraudación por necesidad es privilegiada, 248 *a.*

Las causas personales de exclusión de pena son como en hurto, 247; 248, *a, III.*

ROBO - APROPIACIÓN DE MUNICIONES, ROBO DE ALIMENTOS

I. El *robo,* 249, es de hecho un hurto calificado: un hurto cometido por medio de fuerza contra una persona o por medio de amenazas de un peligro actual para la vida o el cuerpo. Sin embargo, técnica y formalmente, la legislación lo ha separado del hurto, haciendo de él una clase especial y fundamental de delito (de ahí que, p. ej., no sean aplicables los § § 247, 248 *a).* Diferencia de la extorsión: la fuerza y las amenazas no tienen la eficacia de motivar el acto, sino que quebrantan o paralizan la voluntad.

Son calificados: *a)* el robo grave, 250, [1-4] entre éstos, el bandolerismo y la piratería; *b)* la reincidencia en el robo, 250,[5] *c)* el robo especialmente agravado, 251.

II. El derecho positivo separa también del concepto de hurto (y también del de defraudación):

1. La apropiación de cartuchos (hurto de municiones) 291.

2. La *substracción de artículos de consumo,* 370, [5] ello es, la substracción o defraudación de alimentos o artículos de primera necesidad de escaso valor o

en pequeña cantidad, para el consumo inmediato, es decir, a consecuencia de un deseo instantáneo (robo de alimentos) coincidente casi con la substracción o defraudación de cosas de consumo doméstico.

Uso no autorizado de cosas

1. El único caso *de furtum usus* que el C. P. tipifica y castiga es el del § 290.

2. La ley sobre *depósitos* del 5 de julio de 1896 castiga *el furtum usus* que comete el comerciante con ciertos papeles de valor.

3. Por la ley de 9 de abril de 1900 se castiga la *substracción de energía eléctrica.*

Violación de domicilio

Una de las formas de la posesión es el llamado derecho al hogar, es decir, el poder de disposición jurídicamente tutelado sobre la vivienda, incluidos los locales de comercio o dependencias (cercadas), incluso los espacios cerrados destinados al servicio público o al comercio. El que dolosamente penetra ilegítimamente en tales locales o el que permanece en ellos sin autorización contra la indicación de persona autorizada, comete una violación de domicilio, punible según el § 123.

El hecho es calificado, cuando se lo comete:

a) con armas o colectivamente, 123, *II;*

b) con fines violentos, por una multitud públicamente amotinada, 124.

Daño y sus análogos

I. Daño, 303, es perjudicar o destruir una cosa (mueble o inmueble) ajena. Es punible sólo la forma dolosa. Casos calificados, 304, 305.

II. El llamado hurto de forrajes, 370, [6] es decir, la substracción de granos o de otros objetos aptos para o destinados a la alimentación del ganado, contra la voluntad del dueño y con el fin de alimentar el propio ganado. No es hurto, porque el autor le falta el propósito de apropiarse él mismo de la cosa.

III. El hecho de poner en peligro embarcaciones o cargas con productos prohibidos ("contrabando"), 297.

IV. El C. P., 289 destaca del *furtum possessionis* (hoy por lo demás no punible), "*la violación del embargo*", ello es, la substracción de la cosa mueble propia o de una ajena, cometida con propósito ilícito, a beneficio del propietario, de poder del usufructuario, prendario o depositario.

Hurto

El delito-tipo de la figura del art. 162 es: "apoderarse de una cosa mueble total o parcialmente ajena". La expresión "ilegítimamente" refuerza la antijuridicidad genérica del delito. El dolo se funda en el conocimiento que debe tener el autor sobre la ajenidad de la cosa. Si la cree propia o que se encontraba abandonada, siendo error esencial, desaparece la adecuación típica.

Art. 163: Comprende diversas formas de agravación, según el hurto sea de ganado, productos separados del suelo, instrumentos de trabajo, alambres o elementos de cercos, causando su destrucción total o parcial. También hurto de cinco o más cabezas de ganado utilizando un medio motorizado como transporte, (inc. 1); aprovechamiento de desastres o conmoción pública o de un infortunio del damnificado, (inc. 2); uso de ganzúa, llave falsa o la verdadera sustraída, hallada o retenida, (inc. 3); con escalamiento (inc. 4); hurto de mercaderías o cosas muebles transportadas (inc. 3); hurto de vehículos dejados en la vía pública o lugar público, (inc. 6).

Defraudación

El delito-tipo de la figura del art. 172 es: "despojo mediante ardid o engaño". Las modalidades de la acción son: nombre supuesto, calidad simulada, falsos títulos, influencia mentida, abuso de confianza o aparentando bienes, crédito, comisión, empresa o negociación.

El art. 173 describe en catorce incisos las diversas maniobras conducentes a defraudar. Es una lista exhaustiva de las formas más comunes de cometer el delito, necesaria, tal vez, por la altísima complicación del comercio y los negocios modernos. El engaño, el ardid o las maniobras fraudulentas, pueden cometerse a través de tal número de actividades que, en el caso, la taxatividad se hace necesaria para cubrir la mayor cantidad de hipótesis posibles. Otro tanto ocurre con el elenco del art. 174 que contiene referencias a seguros y préstamos a la gruesa, al abuso de menores o incapaces, al uso de pesas o medidas falsas, al fraude en la ejecución de una obra o en la entrega de materiales capaces de poner en peligro la seguridad de las personas, de los bienes o del Estado y al fraude en perjuicio o de una administración pública. Agravante de los dos últimos puntos, es la calidad de empleado público. Casos especiales de apropiación indebida figuran en el art. 175.

Robo

El robo es un hurto calificado por el empleo de la fuerza. El art. 164 describe el delito bajo los mismos términos que el art. 162, sólo que agrega la compulsión al esquema básico. La figura admite diversos tiempos en la concreción de la violencia, sea que se la emplee antes del robo para facilitarlo, en el acto de cometerlo o después de cometido para facilitar la impunidad del agente.

Las agravantes se refieren al resultado de homicidio (art. 165); lesiones graves o gravísimas, con armas, en despoblado y en banda (art. 166, inc. 1 y 2); en despoblado, en lugares poblados y en banda, o con perforación o fractura de lugar habitado o dependencias inmediatas, o si concurriera alguna de las circunstancias del art. 163 (art. 167, inc. 1, 2, 3 y 4).

Violación de domicilio

El delito está descripto en el art. 150, el delito-tipo es; entrar en morada o casa de negocios ajena contra la voluntad del propietario. Se agrega la referencia al derecho del sujeto pasivo a excluir al intruso.

Pena de inhabilitación para el funcionario público o agente de la autoridad que efectuara un allanamiento ilegal (art. 151). El hecho no constituirá delito, en caso de que se cometiera para evitar un mal grave o para cumplir con un deber de humanidad o auxiliar a la justicia (art. 152).

Daño

El delito está contemplado en el art. 183. Para describirlo se emplean varias formas verbales: destruyere, inutilizare, hiciera desaparecer o de cualquier modo dañare. El hecho debe recaer sobre una cosa mueble o inmueble o sobre un animal. Existe una referencia normativa puntualizada en la expresión "total o parcialmente ajeno". Las agravantes son: el fin de impedir el libre ejercicio de la autoridad o venganza de sus determinaciones; (inc. 1 del art. 184); producir infección o contagio en animales domésticos (inc. 2); emplear sustancias venenosas o corrosivas (inc. 3); en despoblado y en banda (inc. 4); en lugares públicos, en tumbas u objetos conmemorativos o en obras de arte colocados en edificios o lugares públicos (inc. 5).

Delitos contra los derechos de apropiación

I. Contra el derecho de caza, 292, 295, 368. [10 y 11]

II. Lesión del derecho de pesca, 370, [4] 296, 296 *a*.

Delitos en las relaciones creditorias

I. El *quebrantamiento de contrato* no se castiga en general, sino en casos aislados (sólo en tipos delictivos aislados), ver 298, 329. Ordenanza de gente de mar del 2 de enero de 1902.

II. Infidelidad es la lesión al deber de cuidar de intereses patrimoniales ajenos confiados, cometida por tutores, mandatarios, etc., 266.

III. Soborno de factor de comercio: ley contra la competencia desleal de 7 de junio de 1909.

IV. La ley castiga como *bancarrota* ciertas acciones del deudor que significan una lesión o un peligro para las pretensiones fundadas de la masa de acreedores. Los delito-tipos son especializados ("ocultación de bienes", "no llevar contabilidad", etc.); la punibilidad está subordinada a la condición objetiva de que el autor haya cesado en sus pagos o que contra él se haya abierto concurso.

Clases: bancarrota intencional, L. de Conc., 239 y simple bancarrota — llamada impropiamente "culposa", 240.

V. Substracción de bienes a la ejecución compulsiva (frustración de la ejecución), 288.

Delitos contra los derechos patrimoniales de toda clase

De la estafa y sus análogos

I. Estafa, § 263, C. P.

1. Delito-tipo: *perjuicio patrimonial,* acarreado por una determinada *inducción en error.*

a) Patrimonio: el conjunto de relaciones jurídicas de alguien, en cuanto ellas representan un valor económico.

b) Perjuicio patrimonial = α*)* substracción o destrucción de un derecho patrimonial; β*)* desvalorización de disminución del valor de un bien patrimonial; *c)* recargo de un deber; *d)* agravación de un deber preexistente. Conforme a la concepción corriente debe también equipararse el *lucrum cessans,* como en el C. C., 252.

En los casos de cambio de valores, para resolver si existe daño patrimonial debe tenerse también en cuenta el valor de lo dado en cambio por el autor (como substraendo).

c) Inducción en error: por simulación de circunstancias falsas o supresión o desfiguración de circunstancias verdaderas. (Por eso no hay estafa por apreciaciones equívocas o predicciones).

d) El autor debe haber ocasionado el perjuicio patrimonial "con" su proceder engañoso. Y ello de modo que el engañado, a consecuencia del error, emprenda una disposición patrimonial perjudicial (ya sea sobre su patrimonio o sobre el de otro que esté jurídicamente a su disposición), ello es, de modo que no tiene conciencia del valor perjudicial que para el patrimonio tiene la disposición tomada. Si el engaño, si bien movido por el error a que ha sido inducido por el autor, toma una disposición cuyo significado perjudicial no desconoce (p. ej., regala), *se daña él a sí mismo* (o al tercero), pero *no lo daña a él el autor,* y por eso éste no está comprendido en el § 263 (discutido). Comp. arriba, *in finis,* ("interrupción de la relación causal").

2. El dolo es necesario; además de él, sin embargo, el "propósito de proporcionarse a sí mismo o a un tercero un beneficio patrimonial ilícito". Es indiferente que se haya o no logrado efectivamente el beneficio patrimonial. Beneficio patrimonial "antijurídico" es aquel que puede ser reclamado por vías legales (otro criterio el del Tribunal Supremo según el cual es un beneficio patrimonial al cual el actor no tenía derecho alguno). En consecuencia, no hay estafa en negocios inmorales por ambas partes, ver C. C., 817, punto 2.

3. La segunda reincidencia califica la estafa, 264; ver Ley de rehabilitación de 9 de abril de 1920 (arriba); es privilegiada la estafa por necesidad, 264, *a* (en ésta hay causas personales de exclusión de pena para ascendientes y esposos, 264, *a, IV).*

II. Los productores y comerciantes son perjudicados o amenazados en sus intereses patrimoniales cuando personas no autorizadas abusan ilícitamente de su nombre, de su firma o de su marca industrial registrada. Tales abusos los castiga la Ley de marcas del 12 de mayo de 1894.

III. Es punible la competencia desleal, *concurrence déloyale* (propaganda engañosa, ocultación de existencias, denigración, etc.), ley del 7 de junio de 1909.

Delitos de explotación y juegos prohibidos

I. Explotación de menores con fines lucrativos, 301, 302.

II. El usurero es castigado por las leyes del 24 de mayo de 1880 y 19 de junio de 1893, incorporadas en los § § 302 *a.* hasta 302 del C P Deben distinguirse: *a)* el usurero de dinero o de crédito, ver las particularidades en § § 302 *a.* hasta 302 *d; b)* el usurero de objetos (desde la ley de 1893) punible solamente cuando procede así habitual o profesionalmente, 302 e.

2. Arrendador usurero: ley de alquileres del 1° de junio de 1923.

III. Juegos prohibidos, 284-286 conformes a la ley de 23 de diciembre de 1919, "Juegos de azar" en contraposición a juegos de destreza y de entretenimiento.

Receptación

La *receptación* o encubrimiento real (*Schhehlerei Partiererei)* típicamente requiere que alguien oculte, compre, tome en prenda o de otro modo o intervenga para que otro tome cosas logradas por medio de una acción punible, 259. El delito-tipo presupone, pues, para que su realización sea posible, una "acción punible" de otro como hecho previo, pero es irrelevante que el autor del hecho anterior sea por él personalmente impune. Puesto que los hechos de niños y de menores incapaces, por falta de imputabilidad y en consecuencia de culpabilidad, no son acciones punibles, no puede vincularse a ellas una receptación (posible, por el contrario, la defraudación, etc., de parte de los imputables que posteriormente tratan con aquellos). De esto suele discutirse desde la Ley de Menores, 4.

En la faz subjetiva se requiere el dolo consistente en el propósito de procurarse a sí un beneficio; (las palabras de la ley "debió advertir conforme a las circunstancias" no importan que la receptación culposa sea punible, sino que sólo alivianan la prueba del dolo (como presunción de culpabilidad), (discutido)).

Calificación: *a)* Receptación habitual y profesional, 260; *b)* receptación en segunda reincidencia, 261, ver la Ley de Rehabilitación del 9 de abril de 1920. Comp. 262.

Segunda Parte: Delitos de peligro común

Peligro es la posibilidad próxima de que sobrevenga un evento dañoso. Hay peligro *común* cuando el círculo de las personas o cosas amenazadas no sea individualmente limitado. Desde el punto de vista legislativo del peligro común son especialmente castigados (siempre, claro está, que el peligro común no esté incluido en el "delito-tipo", es decir, cuando no se trate de un auténtico "delito de peligro"):

I. Incendio: doloso: leve, 308; grave, 306, 307; aquí "la estafa de seguro", 265. —Culposo, 309.

II. Atentados dinamiteros, ley de 9 de junio de 1884 contra uso delictivo o peligroso de sustancias explosivas.

III. Inundación, 312-314.

IV. Atentado contra transportes ferroviarios, 315, 316, 319, 320.

V. Atentados peligrosos para el tránsito aéreo. Ley de tránsito aéreo de 1° de agosto de 1922.

VI. Ver ley del 30 de junio de 1900 sobre epidemias.

PELIGRO

El peligro es el estado que deriva de situaciones o acciones que, potencial mente, pueden dar lugar a un daño. Para valorarlo, la ley emplea el método de la experiencia (lo que normalmente debe ocurrir). El derecho se ocupa de los estados de peligro concreto, aunque no sobrevenga un resultado de efectivo perjuicio para las personas o los bienes. Basta para configurar las respectivas infracciones, la alta posibilidad del evento debido al potencial destructivo del medio puesto en actividad (incendio, estrago).

En nuestra legislación, tales delitos de peligro constan en el Titulo: delitos contra la seguridad pública. El art. 186 hace referencia a: incendio, explosión e inundación, siempre que hubiera peligro común para los bienes (inc. 1). El inc. 2 se refiere al incendio o destrucción de bienes agrícolas. El inc. 3, al peligro para archivo público, biblioteca, museo, arsenal, astillero, fábrica de pólvora o de pirotecnia militar o parque de artillería. El inc. 4, al peligro de muerte para alguna persona, y el inc. 5, si el hecho fuera causa inmediata de la muerte de una persona.

Art. 187: Estrago por medio de sumersión o varamiento de nave, derrumbe, inundación de mina o cualquier medio poderoso de destrucción.

Art. 188: Destruir o inutilizar medios de defensa contra inundaciones u otros desastres, haciendo surgir el peligro de que estos se produzcan. Sustraer, ocultar o hacer inservibles elementos destinados a la extinción de incendios o evitar otros desastres.

Art. 189: Contempla la forma culposa. Si la omisión culpable pusiera en peligro de muerte a alguna persona o causare la muerte de alguna persona, se eleva el máximo de la pena.

Art. 189 bis: Fabricar, suministrar, adquirir, sustraer o tener en su poder bombas, aparatos capaces de liberar energía nuclear, material explosivo o tenencia de elementos destinados a la preparación de tales artefactos. Dar instrucciones para la preparación del material antes señalado. Portación, tenencia o acopio de armas de fuego o de guerra o municiones correspondientes a armas de guerra, piezas de éstas o instrumental para producirlas.

Art. 189 ter.: Proporcionar armas de fuego a quien no estuviera autorizado. Venta de armas como actividad habitual.

Delitos contra la seguridad de los medios de transporte y de comunicación

El delito-tipo de la figura del art. 190 es: poner en peligro un medio de transporte. Detalla los medios sobre los que puede recaer la acción: nave, construcción flotante o aeronave (primer párrafo). Las agravantes son: que se produjere naufragio, varamiento o desastre aéreo (segundo párrafo). Que el hecho causare lesión o muerte de alguna persona (tercer párrafo). Se aplicarán las disposiciones del artículo, aunque la acción recaiga sobre una cosa propia si hubiera peligro para la seguridad común.

El delito-tipo de la figura del art. 191 es "detener o entorpecer la marcha de un tren". Existe una referencia subjetiva, la acción debe tener como fin hacer descarrilar el tren. Las agravantes son: si se produjere descarrilamiento u otro accidente (inc. 2); si resultare lesionada una persona (inc. 3); si resultare la muerte de una persona (inc. 4).

Art. 192: Acto tendiente a interrumpir el funcionamiento de un medio de comunicación destinado al servicio de un ferrocarril.

Art. 193: Arrojar cuerpos contundentes o proyectiles contra un tren o tranvía en marcha.

Art. 194: Impedir, estorbar o entorpecer, aunque sin crear una situación de peligro común, transporte o servicios públicos de comunicaciones, provisión de agua, electricidad o servicios energéticos.

Art. 195: Abandono de un tren o un buque por los responsables de su conducción antes de llegar a puerto o al término del viaje ferroviario.

Art. 196: Descarrilamiento, naufragio u otro accidente por culpa o imprudencia. Agravante: si resultan lesiones o muerte de alguien.

Art. 197: Interrumpir o entorpecer las comunicaciones telegráficas o telefónicas o resistirse violentamente a restablecerlas.

Tercera Parte: Delitos contra la colectividad

Contra el Estado como organismo político. (Delitos políticos)

1. *Alta traición*, ello es, ataque intencional a las condiciones esenciales del Estado, especialmente al territorio del Estado o a la Constitución, conforme a las incriminaciones particulares de los § § 81, 82, C. P. El objeto típico de la traición lo son, en principio, solamente el Estado *alemán* y los Estados particulares *alemanes;* en otro caso es aplicable sólo la figura del § 102. Ver 4. [1]

Preparación de la alta traición: 83-86.

2. *Traición del país,* ello es, ataque doloso al Estado en sus relaciones con otros Estados, a saber: *a)* traición militar, 87-91, *b)* traición diplomática, 92.

Típicamente sólo los alemanes pueden ser autores del delito de traición militar (los extranjeros sólo mediando determinadas condiciones, 91, *II).* Ver 4. [2] El objeto típico de la traición diplomática pueden serlo también los estados particulares alemanes.

3. Traición de secretos militares (espionaje en tiempo de paz), Ley del 3 de junio de 1914.

4. Detractación del estado, 131.

5. Ultraje a las instituciones constitucionales, a los colores nacionales, etc. Ley de Def. de la Rep., § 5.

DELITOS CONTRA LA AUTORIDAD DEL PODER PÚBLICO

I. Según el § 113, C. P., es castigado por *resistencia a la autoridad pública* el que dolosamente se resiste por la fuerza o amenaza resistir por la fuerza a un agente de la autoridad en el legítimo ejercicio de su cargo o que lo ataca de hecho durante el desempeño legítimo del mismo. "Desempeño legítimo" existe cuando el agente podía o debía obrar como lo hizo (aun cuando el agente ejecute una orden ilegal, siempre que esté personalmente obligado a seguir la orden ilegal, —discutible—); no existe, por el contrario, cuando obró como no podía (aun cuando a consecuencia de un error de hecho o de derecho, y aun cuando sea tan inculpable que considere legítimo su proceder —discutible—). El contenido del dolo se regula de acuerdo con las reglas generales.

II. El ejercicio de coacción contra una autoridad o un empleado, con fuerza o amenazas para que ejecute u omita una acción de servicio, es castigado por el § 114 del C. P.

III. Sublevación y motín, ver 115 y 116.

IV. El soborno (activo), 333, 334, *II.*

V. Liberación de detenidos, ver 120, 121; sublevación de presos, 122.

VI. Fractura de sellos, 136.

VII. Quebramiento de arresto (quebrantamiento del confinamiento), 137.

VIII. El § 49 *a* del C. P., llamado "*§ Duchesne*" (inspirado en la ley belga de *duchesne* de 1875) castiga la frustrada *incitación a la comisión de un crimen* (en sentido estricto), la aceptación de tal incitación, el ofrecimiento para la comisión de un delito y la aceptación de tal ofrecimiento. Ver 49, *a, III.* Otras instigaciones punibles 110, 111, 112.

RESISTENCIA A LA AUTORIDAD

El delito-tipo de la figura del art. 237 es: emplear intimidación o fuerza contra un funcionario público o quien le prestara asistencia, "el dolo consiste en exigirle la ejecución u omisión de un acto propio en sus funciones".

Existen agravantes según el hecho se cometa: a mano armada (art. 238, punto 1); por reunión de más de tres personas (punto 2), si el culpable fuera un funcionario público (punto 3); si el delincuente pusiese manos sobre la autoridad (punto 4). En el caso del funcionario público sufrirá inhabilitación por doble tiempo de la condena.

Art. 239: Resistencia o desobediencia a un funcionario público o a quien lo asista.

Art. 240: Se considera funcionario público al particular que tratara de aprehender o hubiese aprehendido a un delincuente sorprendido en flagrancia.

Art. 241: Perturbación del orden en las sesiones legislativas, en las audiencias de los tribunales o allí donde una autoridad esté ejerciendo sus funciones (punto 1). Impedir estorbar a un funcionario público cumplir con un acto de sus funciones —sin estar comprendido en el art. 237— (punto 2).

Art. 242: Funcionario que, en el arresto o formación de causa contra miembros de los poderes públicos, convención constituyente o colegio electoral, no guardare las formalidades legales.

Art. 243: Incomparencia de testigos, peritos o intérpretes a prestar declaración. Estos dos últimos sufrirán inhabilitación especial.

DELITOS CONTRA LAS BUENAS COSTUMBRES, EL HONOR Y EL ORDEN FAMILIAR

I. Corrupción y proxenetismo. Ver 361,[6] 173-175, 180, 181, 181 a, 183, 184, 184 a, 184 b.

II. Son acciones punibles contra el orden matrimonial el adulterio (172), el doble matrimonio o bigamia (171), matrimonio simulado o engañoso (170).

III. Alteración o supresión dolosa del "estado civil" de otro, ello es, de su situación familiar, se castiga en el § 169.

CORRUPCIÓN

El delito-tipo de la figura del art. 125 consiste en: "promover o facilitar la corrupción de menores". Existe una referencia a la edad de la víctima: menor de dieciocho años, y un elemento subjetivo en relación a ésta; aunque medie consentimiento" (párr. 1).

Las agravantes son que la víctima tenga menos de trece años (párr. 2). También referencias a las modalidades de la acción: engaño, violencia, amenaza, abuso de autoridad o cualquier otro medio de intimidación o coerción, y a la calidad del sujeto activo: pariente inmediato o persona encargada de la tutela, educación o guarda, (párr. 3).

Art. 125 bis: Referido a la prostitución con las mismas características dogmáticas que la figura anterior.

Art. 126: Promover o facilitar la prostitución de mayores de dieciocho años. Existen referencias al dolo: ánimo de lucro o para satisfacer deseos ajenos y a las posibles modalidades de la acción: engaño, abuso de una relación de dependencia o mediante cualquier medio de intimidación o coerción.

Art. 127: Explotación económica de la prostitución de una persona mediante engaño, abuso de una relación de dependencia o de cualquier medio de violencia o intimidación.

Art. 127 bis: Promover o facilitar la entrada o salida del país de menores de dieciocho años para ejercer la prostitución. La pena se agrava cuando se tratare de un menor de trece años o cualquiera que fuese la edad de la víctima si media engaño, violencia o coerción, o si se tratare de pariente inmediato o responsable de la educación o guarda.

Art. 127 ter.: Promover o facilitar la entrada o salida del país de persona mayor de dieciocho años para que ejerza la prostitución mediante engaño, violencia, coerción, o abuso de autoridad.

Art. 128: Producción y publicación de imágenes pornográficas en que se exhiban menores de dieciocho años. Organizar espectáculos pornográficos en vivo, en que participen dichos menores. Distribuir imágenes pornográficas, con grabados o fotografías, de menores de dieciocho años al momento de la creación de la imagen. Facilitar el acceso a espectáculos pornográficos o suministrar material pornográfico a menores de catorce años.

Art. 129: Ejecutar o hacer ejecutar actos de exhibiciones obscenas expuestas a ser vistas por terceros. Agravante referida a menores de dieciocho años y con independencia de la voluntad del afectado, cuando se trate de un menor de trece años.

MATRIMONIOS ILEGALES

El delito-tipo de la figura del art. 134 es: "contraer matrimonio existiendo impedimento". El dolo resulta del conocimiento que tengan los cónyuges de dicho impedimento. Hay una referencia normativa: el impedimento debe causar la nulidad absoluta del acto.

Art. 135: Las agravantes están referidas al ocultamiento de la nulidad al otro contrayente (inc. 1) y el matrimonio simulado (inc. 2).

Art. 136: El oficial público que a sabiendas del impedimento autorice el matrimonio; si procediera sin saberlo por no haber llenado todos los requisitos legales preceptuados para la celebración del matrimonio, sufrirá pena de multa e inhabilitación especial (párr. 2). También sufrirá pena de multa el oficial público que procediera a la celebración del matrimonio sin haber observado las formalidades legales (párr. 3).

Art. 137: Consentimiento del representante legítimo de un menor impúber, para que éste contraiga matrimonio.

SUPRESIÓN Y SUPOSICIÓN DEL ESTADO CIVIL Y DE LA IDENTIDAD

El delito-tipo de la figura del art. 138 es: "hacer incierto, alterar o suprimir el estado civil de otro".

Art. 139: Fingir preñez o parto para dar derechos hereditarios al supuesto hijo (inc. 1). Hacer incierto, alterar o suprimir la identidad de un menor de diez años, retenerlo u ocultarlo (inc. 2).

Art. 139 bis: Facilitar o promover o, de cualquier modo, intermediar la perpetración de los delitos de éste capítulo, con o sin precio o promesa remuneratoria o ejercido amenaza o abuso de la autoridad, (párr. 1).

Funcionario público o profesional de la salud que cometa alguno de las conductas de éste capítulo. Inhabilitación especial por doble tiempo que el de la condena.

DELITOS CONTRA EL ORDEN RELIGIOSO Y LA PIEDAD

I. Las transgresiones "contra la religión" no las incrimina el orden jurídico como tales, sino en cuanto, mediatamente, amenazan al Estado mismo, al poner en peligro el orden externo de la vida social de las personas que unidas forman el Estado. Desde tal punto de vista se castigan ciertas acciones afrentosas, 166, 167.

II. Por su sentido ofensivo de la piedad son castigados los siguientes hechos:

1. La violación de la paz de los muertos, 168.

2. La difamación de muertos, 189.

DELITOS CONTRA LA PAZ Y LA SEGURIDAD PÚBLICAS

I. Alteración de la paz pública, ver 125.

II. Intimidación pública, ver 126.

III. Ver además 127, 127 *a,* 128-130, 130 *a,* (este último es el

llamado párrafo de los predicadores). Para 128, 129: Ley de Def. de la Rep. § 4.

DELITOS CONTRA LOS DEBERES JURÍDICOS

FALSA INCULPACIÓN Y OMISIÓN DE DENUNCIA

I. Falsa inculpación a sabiendas, 164, 165. Es punible desde el punto de vista del abuso que con él se hace de las instituciones procesales y disciplinarias del Estado y no como injurias. Por eso tanto la falsa inculpación, aun con el consentimiento del acusado como la autoinculpación están también comprendidas en el § 164 (discutible).

Faz subjetiva: "no obstante el conocimiento de la falsedad" = *dolus principalis.*

II. La omisión de denunciar la preparación de ciertos delitos se castiga en el § 139. Ver Ley de Def. de la Rep., § 2.

En cuanto a la falsa denuncia de un delito ante la autoridad, art. 245.

DELITOS DE PERJURIO

I. Perjurio: Falso juramento a sabiendas (doloso) el cual puede ser cometido por las partes (153), testigos o peritos (154). Ver 157 ("juramento necesario"), 158, 161.

II. "Falso juramento imprudente", 163.

III. La instigación al perjurio sigue las reglas comunes, C. P, 48, arriba. Debe distinguirse:

1. la "inducción al *perjurio" frustrada,* 159;

2. la "*inducción* a un falso juramento *sin* carácter de *perjurio,* 160, *I* (*Primus* induce de mala fe a *Secundus* y éste, de buena fe —culposamente o inculpablemente— presta un juramento falso. En tal caso, *Primus* no es punible como autor mediato de perjurio, pues el juramento es personalísimo, ver arriba; por eso el legislador lo ha construido como *delictum sui generis).*

3. La inducción frustrada, § 160, *I;* 160, *II.*

IV. Abuso en "afirmaciones que equivalgan el juramento, 156, 159, 160, 163.

ENCUBRIMIENTO (FAVORECIMIENTO)

I. Delito-tipo: Ayuda prestada al autor de un crimen o "delito" después de la comisión del hecho, 257. Con respecto al favorecimiento prestado a niños y menores inimputables, ver arriba.

Es punible solamente la forma dolosa y cuando, además el favorecedor tiene el fin de substraer de la pena al autor del hecho anterior (forma llamada favorecimiento personal) o de asegurar a éste beneficios de su hecho (forma llamada favorecimiento real).

Hay agravación cuando el favorecedor obra en su propio beneficio, 257, *I,* § 1, *in fine.*

No es punible el favorecimiento personal prestado a un pariente, 257, *II.*

II. Cuando el hecho anterior es un hurto, una defraudación, un robo o delito equivalente a robo, el favorecimiento prestado en beneficio propio se torna "receptación", 258 ("receptación personal en contraposición a "receptación de cosas" del § 259) Sobre esto, 260-262.

ENCUBRIMIENTO

El delito-tipo de la figura del art. 277 es de carácter mixto alternativo: "ayudar a alguien a eludir a la autoridad" o "a sustraerse a la acción de esta", (inc. 1, punto a).

La norma puntualiza diversas modalidades de la acción: ocultar, alterar o hacer desaparecer rastros pruebas o instrumentos del delito, o ayudar a ocultarlos, alterarlos o hacerlos desaparecer, (punto b); adquirir, recibir u ocultar dinero, cosas o efectos del delito, (punto c); no denunciar un delito o no individualizar a los autores ya conocidos, cuando se estuviere obligado a promover la persecución penal de ese delito (punto d); asegurar o ayudar a los autores a asegurar el producto o provecho del delito (punto e).

Se consideran agravantes: el encubrimiento de delitos graves (pena mínima de tres años de prisión), (punto a); actuar con fines de lucro (punto b); la habitualidad en hechos de encubrimiento (punto c), (inc. 2). En estos casos, la agravante solo operará una vez aun cuando concurran más de una de ellas. Pero podrá tomarse en cuenta la pluralidad de causales en el cómputo de la pena.

Están exentos de responsabilidad los que hubieran encubierto al cónyuge, parientes hasta el cuarto grado de consanguinidad o segundo de afinidad, a un amigo íntimo o persona a la que se debiera especial gratitud (inc. 3). La excepción no rige respecto a los casos del inc. 1, e y del inc. 2, b.

Art. 278 y **279**: se refieren al lavado de dinero o blanqueo de capitales o legitimación de activos de origen delictivo.

DELITOS CONTRA LA CONFIANZA Y BUENA FE EN LAS RELACIONES.

(DELITOS RELATIVOS A DOCUMENTOS Y MONEDAS)

I. Falsedades documentales, 267, 280. Es discutido el concepto de documento. Según el criterio más correcto, documento es un objeto apreciable por los sentidos, importante como prueba de un pensamiento jurídicamente relevante fijado en él por medio de signos escritos, aun cuando quien extendió el documento no lo hiciera con fines probatorios (no es necesaria la "destinación probatoria").

El documento es "público" cuando está extendido por un oficial público dentro de los límites de sus funciones oficiales o por una persona provista de la facultad de dar pública fe dentro del círculo de negocios a él señalado y en forma prescripta, C. de P. Civ. 415. En otro caso se tratará de "documento privado".

1. *Falsedad* (y falsificación) *de documentos,* 267.

a) Delito-tipo de dos actos: confección del documento falso (o adulteración del verdadero) + utilización.

"Confección del documento falso" es extender un documento *ilegítimo,* es decir, en el que parece como *otorgante* alguien de quien el documento *no procede;* es indiferente que el *contenido* del documento sea cierto o falso.

"Falsificar = introducir en un documento auténtico contenidos que no proceden del otorgante. (Es inexacta la idea corriente de que falsificación es toda alteración del contenido primitivo del documento y que por ello también el otorgante del documento puede "falsificarlo").

b) En la faz subjetiva se requiere el dolo + (ya desde el primer acto) fin ilícito + (en el uso) fin de engañar. El concepto de propósito ilícito" en el sentido del § 267 es discutido (es simplemente = dolo, o bien: propósito de proporcionar pruebas jurídicas? o bien: propósito de determinar al engañado a un acción jurídicamente relevante?).

Son equiparados a la falsificación documental, el abuso de firma en blanco, 269, y el uso de un documento total o parcialmente falso, 270.

Es calificante el propósito de procurar para sí o para otro un beneficio patrimonial o el de causar un mal a otro, 268. Es privilegiada la falsificación de libretas de servicio, etc., con el fin de mejorar de posición, llamada falsificación de documentos identificadores, 363.

2. *Falsedad en el servicio,* 348, *I,* 349. Confección de un documento público auténtico con *falso contenido.*

3. *Hacer insertar falsedades en un documento público* (corriente, pero equívoca, la designación "falsedad intelectual"), 271, 272 comp. 273. Presupone que

quien extiende el documento desconoce la falsedad de lo documentado (de lo contrario, el que hace confeccionar la documentación es punible conforme a los § § 48 y 348).

4. Supresión de documentos, 274, [1] 248, *II.*

5. Ver además, 274[2]-280.

II. Crímenes y delitos monetarios, ver 146-152, 4. [1]

FALSIFICACIONES DE DOCUMENTOS EN GENERAL

El delito-tipo de la figura del art. 292 es mixto alternativo: "hacer en todo o en parte un documento falso" o "adulterar a uno verdadero". El dolo consiste en saber que el documento va a producir un perjuicio y actuar con esa finalidad. Se agrava la penalidad si se tratara de un instrumento público (párr. 1) o si el documento fuera destinado a acreditar personas, titularidad de dominio o habilitación para conducir automotores (párr. 2). Quedan equiparados a los documentos de identidad, aquellos que acreditan como tales a los miembros de las fuerzas armadas o de seguridad, así corno los documentos nacionales y los certificados de parto y nacimiento.

Art. 293: Inserción en un documento público de declaraciones falsas concernientes a material probatorio, de modo que pueda resultar perjuicio.

Art. 294: Supresión o destrucción en todo o en parte de un documento, de modo que pueda causar perjuicio.

Art. 295: Certificado médico falso, si de ello resulta un perjuicio (párr. 1). Agravado si el falso certificado tuviera como consecuencia que una persona fuera internada en una causa de salud, (párr. 2).

Art. 296: El que hiciera uso de un documento falso queda penalmente equiparado al autor de la falsedad.

Art. 297: Se equiparan a los documentos públicos a los testamentos, certificados de parto o nacimiento, letras de cambio y títulos de crédito trasmisibles por endoso o al portador.

Art. 298: Si el delito fuera cometido por un funcionario público con abuso de sus funciones, será pasible de inhabilitación absoluta por el doble de tiempo de la condena.

Art. 298 bis: Quienes emitan o acepten documentos que no correspondan a operaciones contractuales, o quienes injustificadamente no acepten facturas de crédito cuando el servicio ya hubiera sido prestado en forma debida, o reteniendo la mercadería entregada.

DELITOS CONTRA LA TRANQUILIDAD Y EL PACÍFICO DESENVOLVIMIENTO DE LA VIDA CIVIL

Se destacan el escándalo y los ruidos persistentes, 360. [11]

Delito-tipo del escándalo: molestias ocasionadas a un círculo indeterminado de personas de modo tal que aquéllas trascienden al exterior y son inmediatamente apreciables por los sentidos (no basta la molestia psíquica como, p. ej., la causada por artículos de diario).

La antijuridicidad no se da en el solo hecho de que la acción sea apreciada como desagradable, es necesaria una valoración de intereses (semejante al de la injuria según § 193).

DELITOS CONTRA EL ORDEN ECONÓMICO PÚBLICO

I. Delitos financieros (impositivos): Ord. de Imp., § § 355-384 (acciones de oposición al pago de impuestos: substracción al impuesto, amenaza a la percepción, encubrimiento, transgresiones financieras).

II. Mendicidad, 361. ^{4}

III. Nomadismo, 361. ^{3}

IV. Vagancia, 361. ^{8}

V. Además especialmente $361^{5 \text{ y } 7}$.

DELITOS DE FUNCIONARIOS Y MILITARES

Delitos de funcionarios, 331, 332, 334, *I*, 335-359; C. P. M., 145.

Delitos militares: C. P. M., 56 y sigs.

Capítulo Quinto

EL DELITO CONSIDERADO AISLADAMENTE Y SUS CONSECUENCIAS PENALES

Primera Parte: Conmisuración penal

I. Tanto de acuerdo al Derecho actual como al antiguo, el Juez en la sentencia no sólo debe pronunciarse por la imposición de pena (y dado el caso, la *clase* de pena), sino que debe fijar precisamente la *magnitud* de la pena que corresponde al caso particular. (No se sigue el sistema de "sentencia indeterminada", reclamada por la dirección moderna, como sucedería si se tratase de medidas educativas, de intimidación, etc.).

El Juez debe tomar como punto de arranque aquella pena legal que el caso, tal como ha sido establecido (como hurto simple, como tentativa de hurto con fractura, etc.), acarrea consigo (prescindiendo de las "circunstancias atenuantes). Con ello, la pena aplicable, —la "imponible"— está ya dada cuando aquella pena es "absolutamente determinada", p. ej., en el caso del § 211 del C. P. En caso contrario —que es el ordinario— el juez tiene la tarea de escoger dentro del "*marco penal*" que la correspondiente disposición le suministra, por vía de "*conmisuración penal*", la magnitud adecuada al caso particular. Debe, pues, representarse cómo se ordenaría cuantitativamente el caso dado en la totalidad de casos comprendidos dentro de la misma figura delictiva, y así observar las circunstancias que comparativamente lo hacen aparecer más grave o más leve, tanto en su faz objetiva (mayor o menor contenido ilícito del hecho) como en su faz subjetiva (mayor o menor valor culpable del hecho), para lo cual, conforme al principio de la responsabilidad culpable, debe prescindirse de las circunstancias objetivas agravantes, que no sean imputables a la culpa del autor. Aparte de eso, debe considerarse la mayor o menor impresionabilidad del autor por el mal de la pena.

Las circunstancias relevantes para la conmisuración de la pena llámense en conjunto "*bases para la conmisuración penal*". La ley proporciona solamente algunas pocas (ver C. P., 20, 27 c.), en lo demás el juez debe tomarlas del espíritu del Derecho Penal. La ley no suministra una designación técnica para diferenciar aquellas que la tornan más leve. Se las llama adecuadamente circunstancias *agravantes*" y "*atenuantes*" (la designación corriente que en su lugar se usa, "circunstancias de aumento" y "disminución de la pena", está mal aplicada, pues *estas* expresiones son usadas por la ley para aquellas circunstancias de las cuales el *legislador* hace depender una *pena* distinta).

II. Desempeñan un papel particular las "*circunstancias atenuantes*" previstas por la ley en ciertas figuras delictivas. Externamente se presentan como circunstancias atenuantes (la ley dispone, para el caso en que concurran, a veces imperativa, a veces facultativamente, un marco penal menor), pero no contienen ningún elemento cualitativamente diferencial reconocible, por lo cual se los designa como "circunstancias atenuantes innominadas", y, de hecho, son circunstancias de conmisuración, sólo que por ellas el marco penal ordinario se cambia por otro inferior y precisamente de acuerdo a éste se efectúa la conmisuración penal propiamente dicha.

III. La pena hallada por la vía de la conmisuración no es siempre la definitiva; puede presentarse sólo como una magnitud de la cual se llega a la pena que se pronuncia.

1. Superación de la "pena por sí misma aplicable": 208.

2. Degradación de la "pena por sí misma aplicable": 157.

3. Sustitución de "la pena por sí misma aplicable" a causa de la improcedencia jurídica de su monto, por otra alteración penal: 44, *IV,* 2ª parte; 49; 157, *II;* 158; comp. 14, *II;* 21.

IV. Aun con frecuencia no bastan los principios *I-III* en la conmisuración de la pena debidamente adecuada.

1. Si para un delito o de una contravención se establece una pena que no permite la sola imposición de la pena de multa, y la conmisuración de la pena conduce a una pena privativa de la libertad no mayor de tres meses, a pesar de aquella condición de la disposición aplicable, no debe imponerse la pena privativa de la libertad, sino la multa, cuando de este modo el fin de Ja pena puede lograrse, C. P., 27 *b.*

2. La pena merecida puede, por ciertas circunstancias, acortarse o anularse totalmente de hecho; es la llamada computación de la pena: *a)* cómputo de la prisión preventiva, 60, facultativa; *b)* C. P., 7.

3. Para el caso de imposibilidad de cumplimiento de la pena de multa, la pena privativa de libertad es su "substitutivo", C. P, 29, 78, *II,* C. de P. P., 459.

En todos estos casos la pena primaria impuesta por oposición al caso III, jurídicamente se mantiene, es decir, que procesalmente, el tribunal debe efectivamente imponerla en el texto de la sentencia y sólo agregar los pronunciamientos a que se hace referencia en *IV,* 1-3 (el caso *IV,* 1, es discutido).

Los casos *III,* 1, 2 y (cuando el cómputo no importe un total desplazamiento de la pena), el caso *IV,* 2 se los designa frecuentemente "agravantes o atenuantes impropios".

V. 1. En la "retorsión de injurias y de lesiones" el juez tiene la facultad de eximir o de disminuir la pena ("compensación") conforme a las disposiciones de § § 199, 233, C. P.

2. "No pronunciamiento de pena": Ley de Menores, § § 6, 9, *IV.*

IV. Liberación condicional: Ley de Menores § § 10 y sigs.

Segunda Parte: Cómputo del número de delitos

El pronunciamiento judicial punitivo tiene, por una parte, que especializarse para cada delito; pero, recíprocamente, todo lo que constituye *un* delito debe valorizarse de modo indiviso. Es pues necesario establecer claramente cuando habrá que computar un caso práctico dado como jurídicamente *unitario,* como unidad de hecho.

1. Para ese cómputo retrocedamos al *comportamiento corporal,* a la *"acción"* del sujeto. Si ésta ha sido *única,* constituye *un* delito, con todas las circunstancias de hecho con las cuales en conjunto la correspondiente figura delictiva se ha realizado. Su unidad no se destruye por el hecho de que uno u otro de los elementos del delito-tipo se haya verificado en múltiples respectos (p. ej., substraer con un puñado varias monedas; insultar a muchas personas con una sola palabra), *"tipicidad reforzada" ("concurso ideal homogéneo").*

2. Si se trata de una figura delictiva cuyo delito-tipo es de acto doble, los dos actos en conjunto representarán el *"único"* delito (p. ej., el acto de violencia y el de substracción forman conjuntamente el robo, C. P., 249).

3. Aparte de eso, una pluralidad de acciones aisladas corresponde a *un* delito unitario, cuando aquella pluralidad constituye un *"delito continuado" (delictum continuatum).* Tal caso se presenta cuando se da una pluralidad sucesiva de acciones aisladas que caen bajo la misma figura delictiva (p. ej., A abofetea dos veces a X). No toda serie de actos aislados análogos constituye, sin más ni más, un delito continuado; existe la posibilidad de que cada acción aislada constituya un delito por sí misma y su conjunto, en consecuencia, una pluralidad de hechos (" concurso real homogéneo").

La separación entre "delito continuado" y pluralidad de delitos" no constituye una diferencia de mera técnica formal. Para el autor es visiblemente más favorable que se le computen sus acciones en conjunto como *un* delito que imputárselas separadamente como otros tantos delitos.

El C. P., en el § 74, orientando para la diferenciación, habla de "varias acciones *autónomas"* presuponiendo con ello que las acciones pueden ser también "no autónomas" (de modo que en ese caso, se presentan, en conjunto, como un solo caso penal complejo, como un delito continuado). Pero la ley no dice cuál es la característica que determina la "autonomía" o "no autonomía".

Según la doctrina y la práctica corrientes, una serie de acciones se torna un delito continuado cuando el autor, desde el primer acto, ya tenía un dolo total dirigido a los actos posteriores, mientras que habría pluralidad de hechos cuando va renovando la resolución de acción en acción. Pero no vemos cómo, el favorecimiento que importa el hecho de juzgar un caso como delito continuado habría de alcanzar precisamente a sujetos que por la misma forma genérica de su intención se muestran los más calculadores y más emprendedores, y tendría que negarse precisamente a aquellos que sólo son seducidos varias veces por las situaciones concretas y aisladas. Esa concepción, por otra parte, conduciría también, en los hechos culposos, a un tratamiento relativamente más estricto que en los dolosos, pues en ellos la posibilidad de una unidad de hecho quedaría absolutamente excluida.

Otra concepción: lo que importa es si varios actos aislados se dirigen contra el mismo bien jurídico, o si ellos se cometen utilizando la misma ocasión o a base de la misma situación, etc.

Lo mejor será no vincular fatalmente la diferencia entre delito continuado y pluralidad de delitos a ninguna característica formal externa, y considerando al delito continuado como concepto de *valor,* dejarlo librado a la apreciación judicial. Es el caso de unidad de hecho, cuando el todo contra el cual se ha dirigido el autor por medio de varias acciones se presenta, desde el punto de vista de la inflicción de la pena, como un valor unitario; como sería si el autor en vez de varias acciones temporalmente separadas hubiese procedido *de una vez* en "tipicidad reforzada"; ellos es, cuando el cómputo de los varios actos como "autónomos" significaría una agravación innecesaria.

La construcción de una unidad de hecho se presentará especialmente simplificado al juez, en los casos en los que el delito-tipo contenga en sí una "unidad legal". La importancia de ese concepto (ejemplo: la falsificación de moneda), consiste en que si bien, como en los demás casos, también en él una sola acción ya verifica el delito-tipo, en el caso de que concurran varias acciones de la misma clase, éstas se consideran, sin más, como un hecho continuado, pues sino, se desmenuzaría el conjunto de ellas de modo puramente nominal. Lo mismo puede decirse de los delitos colectivos.

Es lícito construir una unidad de hecho con acciones que se hallan mutuamente en relación de tentativa y consumación (p. ej., A, con intención homicida infiere tres puñaladas a X, de las cuales las dos primeras no son mortales y la última sí); igualmente con acciones que, de acuerdo a una figura delictiva idéntica constituyan acciones preparatorias, coadyuvantes y ejecutivas. (Sobre la relación de subsidiariedad en esos casos, ver arriba). Si, en efecto, la acción preparatoria, etc., constituye un tipo autónomo, ella integra, como tal, un delito independiente (concurso real) (Discutible). Ejemplo: envenenamiento del perro guardián con el fin de ejecutar un hurto: concurso real de daño y hurto. Enajenación de una cosa hurtada, estafando: concurso real de hurto y estafa.

Tercera Parte: El valor de la relación participativa en la conmisuración de la pena

Así como varias acciones de *un* hombre pueden jurídicamente constituir *un* delito (arriba), así también acciones de *distintos* hombres se pueden entrelazar en un todo jurídico penal desde el punto de vista de la misma figura delictiva a la cual todos tienden. Con todo, ello no significa que desaparezcan las distintas individualidades —para cada una subsiste "su" delito específicamente— sino que cada uno *cargará también con la participación del otro.*

Esta correlación entre varios suele ser designada como *relación participativa" (concursus delinquentium).*

Esta condición previa necesaria para establecer entre varias personas una relación de esta naturaleza la de que sus acciones objetivamente constituyesen en conjunto *un* solo delito (arriba) en caso de que todas ellas hubieran sido ejecutadas por una sola y misma persona.

Pero aparte de eso, para poder computar a alguien la participación de otro, es necesario que su culpabilidad se extienda también a ello (principio de responsabilidad culpable).

I. Conrreidad, C. P., 47. Se da: 1°, cuando cada uno de los sujetos, conforme a una *idéntica figura delictiva autónoma* (p. ej., asesinato) es ya, por sí mismo, "*autor* en sentido estricto", es decir, ha realizado una acción "*ejecutiva*", (por oposición a las acciones simplemente preparatorias y coadyuvantes, ver arriba; 2°, cuando las acciones, en caso de ser sólo por uno ejecutadas, constituirían para éste una *unidad de hecho;* 3°, cuando los actores han *unido psíquicamente* su común acción.

No se trata, pues, de una clase de delito ni de una forma delictiva accesoria, sino que sólo constituye la aplicación del concepto de autor a un caso especial y concreto. Es así que la existencia de una co-acción principal determina una "responsabilidad *in solidum*"; a cada uno se le imputa el todo (excluyendo las circunstancias "personalísimas", ver C. P., 50).

Esa responsabilidad global se impone aun cuando la participación del uno por sí sola constituya un delito consumado; si, p. ej., A y B han ejecutado conjuntamente daños a un monumento, cada uno de ellos se ha hecho responsable, para la conmisuración de la pena, del daño *total* (aun cuando, por lo demás, en tal supuesto la pena sigue siendo individual y no es necesario que los dos sean condenados exactamente a la misma pena).

Es aún más efectivo el influjo de la relación de co-autoría, cuando los distintos sujetos, en los delitos de "acción doble", han participado en los papeles respectivos de modo que el uno ha ejecutado un acto y el otro sujeto el otro acto (p. ej., robo entre varios, C. P., 249, A ejerce la violencia y B substrae la cosa). Aquí se les imputa a ambos los dos hechos.

II. En forma análoga pueden cometerse en común por varios sujetos la instigación y la complicidad: *co-instigación, co-complicidad.*

III. La vinculación entre un *"autor"* propiamente dicho y sus *instigadores* o *cómplices* constituye una relación de participación. Los papeles de los partícipes son aquí conceptualmente distintos: de una parte, *"el autor",* de la otra, *"partícipes accesorios"*. (La relación existente entre coautores suele designársela, por oposición, "participación principal, autónoma, equivalente").

También aquí la relación participativa importa una computación de cada sujeto con respecto a las funciones cumplidas por los otros:

a) a los instigadores y cómplices el hecho principal les es coimputable conforme a los § § 48, 49 del C. P.; arriba, 37, *II,* 2, 3;

b) a los autores principales se les imputarán las acciones de sus cómplices siempre que estuviesen comprendidas en su dolo, en su contenido objetivo (sin los elementos "personalísimos"), como si él mismo las hubiese realizado. Así resulta no sólo una conmisuración penal más estricta, sino que el hecho puede además asumir por ello el carácter de un hecho calificadamente punible (arriba); p. ej., el incendiario en sí mismo punible conforme al § 306 del C. P., lo es conforme al § 307[3] cuando se sirve de un cómplice para inutilizar los extintores del incendio. El cómplice que ha contribuido a esa agravación es punible como cómplice del delito calificado (en el caso, conforme al § 49 con relación al 307).[3]

Cuarta Parte: Concurso ideal

I. Un solo y *mismo hecho delictivo* (ya sea que consista en una acción única o en una cadena unitaria y homogénea de acciones "no autónomas", arriba), puede ser de tal modo que, con todas sus circunstancias de hecho jurídicamente valoradas, presente los *elementos de varias figuras delictivas*, y por eso tenga una *significación jurídica plural* y en consecuencia, se halle bajo el alcance de varias disposiciones penales. Esto no es posible:

a) en general, con respecto a las figuras delictivas cuyos contenidos se excluyen mutuamente (p. ej., la misma acción homicida no puede ser al mismo tiempo homicidio y asesinato);

b) con respecto a figuras delictivas que se encuentran respectivamente en relación de "concurso de leyes (arriba). La ley ha suprimido toda dificultad, excluyendo la disposición penal secundaria, cuando se aplica la primaria.

Restan, sin embargo, numerosos casos en los cuales las figuras delictivas concurrentes permanecen neutrales entre sí, p. ej.: una pedrada, con la cual el autor dolosamente destroza una vidriera — C. P., 303— y al mismo tiempo lesiona culposamente un hombre — C. P., 230—. Designación técnica de esos casos: "*concurso ideal*" ("concurso de hecho unitario", "concurso jurídico, "concurrencia jurídica", *concursas delictorum formalis),* más justamente "concurso ideal heterogéneo", ver arriba y más abajo). Esta designación significa que en *la realidad* sólo se ha producido *un caso,* pero es *unidad* real", sin embargo, "idealmente" cae bajo *varios puntos de vista apreciativos.*

La particular dificultad de esos casos consiste en que, por una parte, dos leyes penales reclaman ser consideradas, y, por otra parte, la aplicación acumulada de ambas valoraría el hecho *único* de la mismo manera que si concurrieran dos delitos, siendo que, como "único", requiere una sola retribución. El C. P., dispone en el § 73 como solución de esas dificultades que "debe aplicarse la disposición que contiene la pena más grave y entre penas de distinta clase, la de clase superior.

Este giro parece indicar que de ambas disposiciones penales la más leve queda totalmente descartada. Eso equivaldría a su "consunción", importando con ello "concurso de leyes". Así, p. ej., un perjurio que al mismo tiempo constituya estafa, se castiga simplemente como perjurio. No se comprendería, sin embargo, por qué el doble valor jurídico del hecho habría de descuidarse; con ello se llegaría al resultado de que la figura desechada —en el precedente ejemplo, la estafa— no se podría tener en consideración como fundamento de la reincidencia (ver C. P., 264), por el hecho de que el autor juntamente con ese delito haya cometido otro más grave. Por eso la ciencia y la práctica han propugnado con razón otra interpretación del § 73: el § 73 supone que se excluye la disposición penal más leve sólo con relación a su *pena,* y no con relación al carácter que imprime al hecho. El hecho, pues, en la sentencia, debe titularse doblemente (p. ej., como perjurio y estafa) y este doble carácter debe colocarse como base para la conmisuración de la pena, sólo que ésta debe extraerse *de la disposición penal más grave,* la cual, por causa de su mayor gravedad, puede simultáneamente asumir la función de la más leve. *(Principio llamado* de la "*absorción*", "*poena major absorbet minorem*"; diferencia más acusada entre "absorción" = exclusión sólo de la pena y "consunción" = exclusión de todo el precepto).

Dentro de la disposición aplicable se realiza la adaptación de la pena conforme a las reglas corrientes (de ahí que la doble relevancia del hecho deba valorarse como circunstancia agravante). En consecuencia, cuando la pena absorbida tenga un mínimum mayor que el de la mayor máximo, la pena no puede descender por debajo de aquel mínimo (otra opinión tiene el Tribunal Supremo: "exclusividad absoluta de la disposición penal más grave").

Las medidas que no son penas pueden acumularse indistintamente extrayéndolas de ambas disposiciones.

La Ley de Imp. 383, *I, II,* trata el concurso ideal de modo completamente distinto que el § 73 del C. P.

II. Si las dos figuras a las cuales corresponde la acción, constituyen dos sub-clases calificadas de un mismo delito genérico. (Ejemplo: 243^1: 243^2), sólo habrá concurso ideal de las agravantes, pero su tratamiento es idéntico al del concurso ideal propiamente dicho.

Si concurren una circunstancia calificante y una privilegiada dentro del mismo delito genérico en concurso ideal, queda absorbida la disposición que esté más próxima al delito genérico.

Si concurren dos circunstancias de privilegio del mismo delito genérico, se da el caso del concurso ideal inverso: es aplicable la menor de ambas disposiciones.

III. No se menciona en el C. P., el caso de que un hecho sea insumible en *relación múltiple* en una *idéntica figura delictiva* (p. ej., una palabra injuriosa que injuria diversas personas. Designación corriente: *"concurso ideal homogéneo";* muchas veces se ha dicho que éste debe resolverse por analogía del § 73. Esos casos, sin embargo, son, en principio, más sencillos, porque sólo se trata de la aplicación de *una* disposición, y dentro de ella, la adaptación está regida por el principio de la "tipicidad reforzada", ver arriba.

QUINTA PARTE: CONCURSO REAL

"Concurso real" (pluralidad de hecho, concurso material, *concursus delictorum realis)* significa la existencia de *varios delitos diferentes entre sí* = distintas acciones *"autónomas"* realizadas por el mismo autor, ya sea que correspondan a una y misma figura delictiva (concurso real "homogéneo", p. ej., dos homicidios), ya sea que correspondan a figuras delictivas distintas, ("concurso real heterogéneo", p. ej., un hurto y una resistencia a la autoridad).

La aplicación de la pena en el concurso real importa siempre que para cada delito la pena en que se ha incurrido, debe imponerse. *Quot crimina, tot poenae.* Las distintas penas así determinadas:

1. se imponen en general una tras otra sin disminución *principio de la acumulación,* ver, p. ej., C., 77, *II;* 78.

2. De otra forma deben aplicarse las penas *temporales privativas de la libertad para delitos o crímenes.* En tal caso rige (por cierto que con las excepciones del C. P., 75, *I,* y 77) la *"pena total"* o *"principio de agravación"* en caso de que la sentencia por los distintos hechos que concurren realmente se pronuncie al mismo tiempo, C. P., 74, o se den las condiciones del C. P., § 79 (ver también C. P. M., 54, C. de P. P., 460) según ellos, en vez de la suma de las penas aisladas (= acumulación N° 1) *sólo* se impone *una* "pena total", que es *menor* que esa suma, pero mayor que la más grave de las penas aisladas, llamada pena complexiva. Idea legislativa fundamental: la gravedad de una pena

privativa de la libertad se aumenta con su duración; si p. ej., se tienen que cumplir continuadamente 4 años de prisión, 3 y 4 años sólo aparentemente son "2" años; pero en la realidad son más; así si el autor ha merecido 2 x 2 años, impóngasele un mal menor que 4 años y debe por eso el mal que se le impone disminuirse de modo que la suma "4 años" sea adecuadamente disminuida.

Ejemplo para la fijación de una pena total: el autor merece

por una lesión 6 meses de prisión,

por un hurto 3 meses de prisión;

debe pronunciarse una sola pena total mayor que 6 meses pero menor que 9 de prisión, p. ej., 7 meses.

En casos de penas de distinta clase, la más grave de éstas sirve para la fijación de la pena total; después, con respecto a la otra pena aislada, conforme al § 21, C. P., convertirla a la clase de la más grave y calcular así la suma de ambas, a la cual la pena única no debe alcanzar. Ejemplo: El autor ha merecido

por un perjurio 2 años de reclusión,

por un hurto 6 meses de prisión;

en lugar de esta pena de prisión resultan 4 meses de reclusión; la suma de las penas particulares, será dos años cuatro meses de reclusión; pena total que debe pronunciarse, p. ej., 2 años 2 meses de reclusión, en lugar de aquéllas.

Ténganse también en cuenta los "máximos absolutos", C. P., 74, *III*.

Existe una pluralidad de delitos cuando, a través de varias acciones separadas, se producen varios resultados que vulneran otros tantos bienes jurídicos, no obstante, es posible que una sola acción vulnere dos o más bienes jurídicos a un tiempo. A esta eventualidad la denomina la doctrina jurídica, concurso ideal que se produce sea por la unívoca intencionalidad de la acción, como por la conjunción de tipos penales no excluyentes entre sí.

Si alguien con una bomba mata a su enemigo, pero la explosión alcanza a un tercero, diremos que hay una sola acción y dos hechos, el primero doloso y el segundo culposo, si en cambio el autor coloca la bomba para matar a dos personas y, en efecto, las mata, diremos que se trata de dos delitos dolosos, pero la acción seguirá siendo una sola.

Soler agrega un ejemplo ilustrativo: si de una sola imprudencia subjetiva resultan varias víctimas se dirá que hay unidad de acción no obstante la pluralidad de resultados; en cambio se dirá que hay varias acciones cuando, no obstante, la unidad de la actuación externa, ella produzca varios resultados independientes queridos (*Tratado*, t. 2, pág. 345).

Entendemos nosotros que siempre hubo una sola acción y el último de los ejemplos debe resolverse mediante la incorporación de la intención del autor, si éste quiso varios resultados comete otros tantos delitos (ejemplo de la bomba) mediante un acto unívoco, pero la hipótesis desestima el concurso ideal, trata de un concurso real a través de una sola acción, pues para el derecho penal da lo mismo que el agente dispare varias veces y alcance a más de una víctima a que llegue a idéntico resultado mediante un artefacto único y por tanto una sola actividad.

Lo que debe fundamentar el título de concurso ideal es el dolo del autor, es decir, la intención que tuvo al realizar el acto. El ejemplo de Beling, parece autorizar esta doctrina: una pedrada con la cual el autor dolosamente destroza una vidriera y al mismo tiempo, lesiona culposamente a un hombre. En el caso hay concurso ideal, pero la intención del autor ha sido destrozar el cristal de la vidriera, el remanente de lesiones lo considera, Beling, culposo.

En gran medida, el concurso ideal es, en efecto, una conjunción de dolo y culpa, en tanto que la infracción excedente es un medio para llegar al delito fin o una consecuencia no abarcada por el dolo directo del agente. La mayor gravedad del concurso ideal, respecto al delito en particular, es por el hecho de que en el primer caso, el autor demuestra un mayor grado de culpabilidad, lo cual acerca la noción a la del delito agravado (especialmente en Garraud, que estudia el concurso ideal como delito agravado), *(Droit Penal Français,* t. 3, *pág.* 16 y sig.).

En el caso en que la acción vulnere dos figuras no excluyente, como es la hipótesis del comprador que utiliza moneda falsa para estafar al vendedor, el concurso ideal se basa en la conexión de los tipos penales, esto es, en la acumulación de los mismos en una sola infracción que los "abarca" en un solo hecho.

Nuestra ley utiliza la palabra hecho y no acción, por ser un concepto más amplio y con menos problemas de interpretación, y dispone sobre la pena expresando que, si el hecho cayera bajo más de una sanción penal, se aplicara la que fije la pena mayor. Esto implica, que de ambas disposiciones penales, la más leve puede descartarse, lo que equivale a su consunción, importando con ello un concurso de leyes (Beling), pero tal cosa es más aparente que real porque lo que dispone la ley, es que se excluye la disposición penal más leve solo con relación a su pena. El hecho debe titularse doblemente y esto sirve como base para medir la sanción que debe extraerse de la más grave que, de este modo, asume la que corresponde a la inferior (principio de absorción).

Lo que subsiste, entonces, es el doble encuadramiento, lo que permite, a la figura subsidiaria en primer término, "desaparecer" como delito autónomo y, en segundo, agravar la sanción del delito de mayor entidad.

Se denomina concurso real a la concurrencia de varios delitos independientes que pueden ser causados por otras tantas acciones, e incluso por una sola acción. La cuestión dogmática no ofrece mayores dificultades, se trata de infracciones cometidas por un mismo autor, cuya pena está sometida a determinado sistema sancionatorio. A dicha acumulación, puede denominársela reiteración de delitos.

Lo que ocupa con mayor asiduidad a la doctrina, es la forma con que diversos delitos deben refluir sobre la pena aplicable. En nuestra ley, dicho sistema es la acumulación condicionada. Así el art. 55, dispone que, en caso de varios hechos independientes, reprimidos con una misma especie de pena, se aplicará como mínimo el mínimo mayor y como máximo la suma resultante de la acumulación de penas correspondientes a los diversos hechos. No obstante, esta suma no podrá exceder el máximo legal de la respectiva especie de pena.

Esta disposición se complementa con la del art. 56, que legisla sobre delitos reprimidos con penas divisibles de reclusión o de prisión, en las que se aplicará la más grave, teniendo en cuenta los delitos de pena mayor. En caso de que alguna de las penas no fuera divisible, se aplicará ésta salvo que concurrieran la de prisión perpetua y reclusión temporal, en que se aplicará la reclusión perpetua. El artículo se refiere, finalmente, a la inhabilitación y a multas que se aplicaran sin sujeción a las reglas de absorción.

SEXTA PARTE: EL HECHO CON RELACIÓN AL LUGAR Y AL TIEMPO

I Resolver cuándo y en su caso cómo alguien sea punible por una acción determinada es una cuestión que depende en muchos respectos de relaciones lugar y tiempo. Sobre esto trata el Derecho penal internacional (comisión en el interior o en el extranjero), C. P., 3 y sigs.; con respecto a la liberación de pena por el transcurso del tiempo, C.P., 67; ver además, C. P., 292, *I*, ("en lugares en los cuales no es permitido cazar"), 293 ("durante la veda, en bosques, de noche"), 329 ("en tiempo de guerra"), etc. Se ha buscado pues una doctrina general sobre "lugar y tiempo de la acción"; pero lo criterios son entre sí muy discrepantes.

1. Según la teoría (dominante) de la *residencia,* el hecho se ha cometido en el momento en que ha tenido lugar la "acción (el comportamiento corporal) y en el lugar en el cual el actor entonces corporalmente se encontraba.

2. Según la *teoría del evento,* lo decisivo es el tiempo y el lugar en que sobreviene el evento típico.

3. Variedad de la 2ª: *Teoría del evento intermedio:* lo que importa es el tiempo y el lugar del efecto antijurídico "más próximo" propuesto por la acción.

4. *Teoría combinada:* el hecho se comete tanto en el lugar de la acción como en el del evento, y lo mismo con respecto al tiempo.

5. Una teoría, a la que se puede llamar *teoría del trayecto total del hecho:* el hecho se comete aparte del lugar y el tiempo de su comienzo y el lugar y el tiempo de su fin (evento) en todos los lugares y tiempos intermedios.

II. Estas teorías contienen un error común en el planteamiento del problema, pretendiendo extraer de los hecho *reales* como tales e lugar y el tiempo de comisión, e introducir el resultado alcanzado en el conjunto de principios jurídicos como principio general y absolutamente válido. Con ello se descuida que el lugar y el tiempo del hecho deben concebirse como *conceptos jurídicamente valorantes y* que, en consecuencia, lo importante son las relaciones espaciales y temporales que el legislador tenía en cuenta.

No se puede, pues, construir una doctrina general y cerrada sobre el tiempo y el lugar de la acción de modo que sea válida para todo orden jurídico penal, y ni siquiera que, en principio, deba regir necesariamente todo precepto de un mismo orden jurídico, en el cual jueguen alguna función las relaciones temporales y espaciales. Por el contrario, para cada disposición jurídica, se requiere una interpretación específica, conforme a la *ratio* de la cual surge el papel que ha sido asignado a las relaciones espaciales y temporales.

III. Debe aún tenerse presente que:

1. Si en un precepto la cuestión del lugar y el tiempo del hecho se presenta de modo que deba ser resuelta para *acciones punibles de toda clase,* muéstrense en tal caso inaplicables las teorías *puras del evento y* la teoría del evento *intermedio* toda vez que ellas no resuelven cuándo y dónde se cometen la "tentativa" y los "delitos de pura actividad".

2 Si el respectivo precepto muestra que se ha pensado en un *determinado* punto temporal o espacial como regulador se licencian con ello las teorías *combinadas* y la de la trayectoria total.

En tales hipótesis sólo puede pretenderse aplicar la teoría de la residencia.

IV. Con respecto a la regulación dispuesta por el Derecho penal alemán para establecer el valor del lugar del hecho desde el punto de vista del *Derecho internacional* y de la *prescripción,* son oportunas estas condiciones previas.

Los § § 3 y sigs. del C. P., disponen una división total y absoluta de las acciones punibles en "hechos cometidos en el país" y "hechos cometidos en el extranjero". Esto no significa que d acuerdo a eso un solo y mismo hecho no pueda ser cometido tan en el país como en el extranjero. Y puesto que, de acuerdo a esos preceptos, los hechos sin evento deben también corresponder a una u otra de aquellas dos clases, sólo la teoría de la residencia satisface todas las exigencias. Nada afecta la justeza de la teoría de la residencia el hecho de que, conforme a ella, sean impunes los hechos que, cometidos en el extranjero, desplieguen su resultado en Alemania. Pues la exigencia —jurídico-políticamente muy justificada— de que tales hechos sean sometidos a pena, proviene del "principio real" (arriba); ahora bien, ese principio es precisamente el que el Derecho vigente — erróneamente— ha abandonado favor del principio territorial extranjero.

También debemos llegar a la teoría de la residencia en lo que respecta a la prescripción. Pues la tentativa y los delitos de pura acción son por ella comprendidos y la teoría del evento es en eso insuficiente; en consecuencia, el plazo de la prescripción no puede calcularse de acuerdo a los distintos momentos. El C. P., § 67, *IV,* aporta aquí un apoyo especial ("la acción sin considerar el tiempo en que el evento sobrevino"). Tal es la opinión predominante (El Trib. Sup. interpreta el § 67, *IV,* en el sentido de que en el "acción" significa la acción más su evento típico y que solo carecen de importancia para el comienzo del plazo de prescripción los eventos extratípicos; lo cual es legislativamente atendible; pero no puede sostenerse *de lege lata).*

V. Desde el punto de vista de la teoría de la residencia.

1. también para los *delitos de imprenta* es lógico refirmar el tiempo y el lugar de la acción misma (no es decisivo —discutible—: el lugar de la *aparición* del impreso o todo lugar en el cual se *difunda* aunque sea *un* solo ejemplar). No tiene valor para la cuestión jurídico-penal el § 7, *II,* del C. P. P. (rige sólo la cuestión de competencia).

2. En los casos de *unidad de hecho,* cuando las diversas acciones difieren espacial o temporalmente, no es posible aceptar un solo tiempo o un solo lugar del hecho (discutible). Una acción aislada impune por haberse cometido en el extranjero, sigue siendo impune, aunque, como "no independiente", constituya, conjuntamente con una acción cometida en el interior, un delito

continuado. Igualmente, la prescripción se debe calcular para cada acción aislada en particular; en consecuencia, una acción que por ello se haya tornado impune, no puede incluirse en la parte de acción que aún puede castigarse.

3. En la *coparticipación,* el lugar y el tiempo del hecho para cada copartícipe deben determinarse de acuerdo a la verdadera situación de los hechos, y especialmente la instigación y la complicidad no han de considerarse siempre como cometidas en el lugar del hecho principal (discutido).

4. En los casos de *autoría mediata* interesa el tiempo y el lugar de la acción del autor mediato. Sólo desde el punto de vista de la "teoría del evento intermedio" sería posible considerar decisivo el tiempo y el lugar de la acción del "instrumento"; sin embargo, muchos partidarios de la teoría de la residencia" inconsecuentemente la comparten.

Capítulo Sexto

DOCTRINAS SUPLEMENTARIAS

Primera Sección. Principios jurídicos de aplicación del Derecho Penal[1]

I. Por encima de la cuestión relativa a cuándo y cómo sea punible un sujeto conforme al Derecho Penal alemán actual, preséntase al juez la otra cuestión referente al alcance con el cual él, en general, tiene que fundar la sentencia penal del caso que se le presenta precisamente en el conjunto de normas del *actual Derecho Penal del Reich,* y no, por el contrario, en disposiciones *a)* de Derecho público *extranjero; b)* Derecho *anterior* del Reich; *c)* Derecho penal alemán *local.* También para esto, las disposiciones del actual Derecho del Reich alemán son reguladoras para el Juez alemán; aunque esas normas no son sistemáticamente principios de *Derecho penal,* constituyendo más bien los principios jurídicos de *aplicación* del Derecho penal; ellos sólo indican cuál es de los varios Derechos penales el que el Juez debe *escoger* y, conforme a él, afirmar o negar la punibilidad.

II. Cuando se trata de la contraposición del Derecho penal *nacional y del extranjero,* los principios de aplicación del Derecho penal se limitan (con una excepción, ver más abajo) al precepto según el cual el juez debe siempre aplicar solamente Derecho alemán y de ningún modo derecho extranjero. Aun en el caso de acciones cometidas por extranjeros contra extranjeros en el extranjero, el juez debe juzgar conforme al Derecho *alemán* si ellas son punibles. En *un* caso (el del § 4^3 del C. P.) el juez tiene, ciertamente, que establecer si el hecho es punible conforme a la *lex loci actus* extranjera, porque según el §4^3 del C. P. la punibilidad en Alemania está condicionada por la extranjera; pero una vez aclarado este punto, el juez debe condenar o absolver aplicando el Derecho *alemán.*

El juez sólo tiene que aplicar Derecho extranjero en el caso excepcional del § 4, ^{3} *II, in fine,* C. P.

(No son aquí pertinentes las disposiciones de "Derecho penal internacional" en el sentido desarrollado en el § 36. Este constituye un capítulo del Derecho penal alemán mismo; no habla de los *ordenamientos jurídicos* extranjeros, sino del alcance e importancia que *dentro de la legislación alemana* tienen las relaciones de un caso dado con el extranjero).

III. Con respecto a la relación *intertemporal:*

1° El C. P., 2, *I* (Constitución 116) señala al juez como base el Derecho penal vigente al tiempo del hecho. *Nulla pœna sine lege prœevia pœenæ.* Las posteriores variaciones del Derecho no tienen poder retroactivo.

Excepción: C. P., 2, *II:* la ley *más favorable* sancionada después de la comisión del hecho tiene poder retroactivo y es aplicable aunque sólo sea

1 Conf. Beling, *Deutsches Reichsstrafprozessrecht,* 1928, § 5.

una "ley intermedia", ello es, que al tiempo de la sentencia de nuevo rija una ley más severa. Es "más favorable" una ley cuando suprime la pena anterior o la substituye por otra menor, a cuyo fin para ambas leyes debe valorarse la totalidad de las disposiciones pertinentes (condiciones y cualidades de la punibilidad).

2° Deben colocarse aparte aquellas modificaciones del Derecho que *no tienen* contenido jurídico-penal sino que se refieren a la *antijuridicidad* de la conducta.

a) El C. P., 2, *I*, se aplica siempre que una acción que al tiempo de ser emprendida *no era antijurídica y* por eso no estuviera sometida a ninguna ley penal ya entonces existente, no tornándose punible por el hecho de que un nuevo precepto la señale como antijurídica.

b) Si una acción, al tiempo de cometerse, era *antijurídica* y punible y, sin suprimirse la ley penal (p. ej., por variación del Derecho civil) dicha acción queda despojada de su antijuridicidad, subsiste, en principio, la punibilidad (discutido). Es distinto cuando el cambio de Derecho sucede de tal forma que la acción anterior con fuerza retroactiva se torna lícita.

3° Si el autor se había hecho punible bajo la vigencia de una ley penal que por sí misma presuponía en principio una vigencia temporaria *("ley transitoria")* y su tiempo de vigencia ha transcurrido, la pena, en principio, continúa. (El §2, *II*, C. P., no es aplicable, porque sólo se refiere al caso-de la sucesión de varias leyes de contenido jurídico-penal). Otro es el caso cuando, conforme al "derecho no escrito", la no renovación deba entenderse como un restablecimiento de las anteriores prescripciones.

IV. El derecho penal local.

1° Puede aplicarlo el juez cuando se trata de "*materias*" que no ha legislado exclusivamente el Reich, (C. P., 2, /, *II*; 5, Constitución, art. 13). "Materias" son las figuras delictivas autónomas. Los países pueden, en consecuencia,

a) crear figuras delictivas y dictar leyes penales siempre que el Reich mismo no haya dictado leyes para ello ni haya omitido su delimitación como figuras delictivas entendiendo que con respecto a tales actos no cabe pena ninguna. Por medio de la interpretación debe dilucidarse si el hecho de no contenerse un tipo en el catálogo jurídico del Reich obedece o no a esa última razón. (Ejemplos: al restringirse la pena del duelo a los que se realicen con armas mortíferas, el que se realice con otras armas es declarado impune; al limitarse la pena para la falsa declaración judicial al perjurio, se declara también tácitamente por el Reich que es impune la declaración falsa no jurada).

b) con respecto a ciertas figuras delictivas creadas por el Reich, éste ha dejado a las legislaciones locales una cierta zona de precedencia, de modo que los países pueden establecer reglamentos autónomos y las disposiciones del Reich sólo aplicarse subsidiariamente. Ver la enumeración final del § 2, *II*, de la Ley de Introducción al C. P. Entre las materias allí enumeradas encuéntrame algunas que, conforme al principio sentado sub *a* no estarían dejadas a las legislaciones locales (p. ej., hurto campestre, por sí mismo punible conforme al § 242 del C. P. del Reich).

2° El contenido de las *penas* de las legislaciones locales para los delitos cuya legislación se deja a las distintas regiones es a negativamente determinado por el Reich: *a)* por los límites máximos establecidos en el § 5 Ley de Introd. al C. P., desde la vigencia del C. P., substituyendo a los derechos locales, y *b)* de los antiguos derechos locales sólo se ha dejado como aplicables algunas penas que si bien superan los límites establecidos en el § 5 Ley de Int. al C. P., correspondan sin embargo, a algunas de las clases de penas establecidas por el C. P., Ley de I. L C. P., 6, *I* (con la reserva de § 6, *II).*

3° Dentro de estos límites (1 y 2) el Derecho local tiene, en principio, libertad de acción; depende, pues de este último que las disposiciones del Reich sobre tentativa, instigación, complicidad, concurso, etc., valgan también para las figuras delictivas contenidas en los derechos locales (discutido). Sólo son inviolables para los derechos locales aquellas disposiciones generales del Reich de cuya especial *ratio* surja el carácter absolutamente obligatorio para todo el Derecho alemán (p. ej., C. P., 2, Constitución, 116).

SEGUNDA SECCIÓN. CONSECUENCIAS DEL HECHO SIN CARÁCTER PENAL

I. El legislador, al valorar jurídicamente un caso, dispone a veces, al mismo tiempo, ciertas consecuencias jurídicas cuyo fin, manifiestamente, es otro que el de imponer un mal merecido por el autor a causa de su ilicitud culpable y que sea por su monto proporcional a la ilicitud culpable. Ni necesario es que recaiga solamente sobre aquellos en quienes concurren las condiciones previas para imponerles pena, y el mal contenido en la medida con respecto al afectado, tampoco se gradúa de acuerdo a la idea del "merecimiento". Tales disposiciones, a pesar de su externa inclusión en el C. P., o en leyes penales complementarias, no son sistemáticamente preceptos de Derecho penal, sino, según el caso, del Derecho civil, administrativo, etc. Tales "*medidas extrapenales*" (que conforme a su naturaleza son a veces indemnizaciones de daño, otras, satisfacción de interese fiscales, otras, medidas de seguridad") no pueden, ni por sus presupuestos ni por su naturaleza, ser incluidas en los principios que rigen la punibilidad (p. ej. ni en el caso del concurso ideal se rigen por la absorción, ni el concurso real por la pena única total); se debe determinar en cada caso especialmente cuál es el adecuado tratamiento jurídico.

A ellas pertenecen las siguientes medidas, *II-IV.*

II. La "*Busse*" es una suma de dinero que el autor tiene que pagar al lesionado. Tiene lugar especialmente en las injurias, las lesiones (188, 231) y en la competencia desleal.

La ley designa directamente a la *Busse* como indemnización (188, *II;* 231, *II);* es pues reparación al daño (daño material o ideal), no pena; lo cual surge también del C. de P. P. 403-406.

Magnitud de la Busse: límites de 3 a 10. 000 marcos, Ord. de 6 de febrero de 1924, art. IV.

III. 1° *Confiscación, es* el traspaso de la propiedad de una cosa al fisco. Es admisible: *a)* en principio, sólo con respecto a aquellas cosas que pertenecen al autor o a un cómplice (constituye una excepción la llamada "confiscación sin distinciones", p. ej. 295); y *b)* ordinariamente sólo con respecto a los llamados *instrumenta y producta sceleris* (téngase presente también la expresión "crimen o delito doloso" del § 40).

La confiscación, por regla general, sólo es facultativa.

2° Sobre *inutilización* ver 41; es obligatoria.

El fin exclusivo de esas medidas: evitar el abuso de la cosa o el escándalo. Por eso no tienen carácter penal (ni aun, como a veces se ha dicho, cuando esas medidas alcanzan al culpable).

3° *Detención de terceros.*

Aisladamente encuéntrase en las leyes la disposición según la cual un tercer, por una pena pecuniaria impuesta a un culpable, se obligue solidaria o subsidiariamente ("afianzando") por el deudor y ante el estado; además, según las leyes locales sobre hurto campestre, responsabilidad de los padres por las penas pecuniarias merecidas por los hijos). Toda vez que la ley prescinde de la culpabilidad del tercero, no se trata de una pena, sino de un equivalente a la acción administrativa impositiva del Estado.

(OETKER incluye en la figura "responsabilidad del garante del autor" tanto los casos de confiscación y de inutilización que afectan a terceros, como los de responsabilidad del tercero, ver arriba).

IV. 1° Vigilancia policial, ver C. P., 38, 39, 45. Ver también 361[1] (quebrantamiento de la vigilancia).

2° La *remisión a las autoridades policiales locales,* C. P. 362, III, IV, es admisible en los casos 362, II, 361, [3-8] 181 *a,* C. P. Casa de trabajo, "prisión correccional suplementaria", "detención".

3° Sobre *expulsión de extranjeros* del territorio del Reich ver, p. ej., C. P. 285 *a* II, 39, [2] 362 IV. Ver también 361[2] (quebrantamiento de la expulsión).

Las medidas contenidas *sub* IV 1-3 se designan aún a veces como "penas accesorias restrictivas de la libertad"; aunque no son penas en modo alguno, sino medidas administrativas de carácter puramente preventivo ("medidas de seguridad"); tal es la opinión dominante. Ello se demuestra, en las medidas de sumisión a la vigilancia policial y de prisión correccional suplementaria, por el hecho de que ellas se imponen también por la autoridad policial (el tribunal se pronuncia sólo sobre su admisibilidad).

TERCERA SECCIÓN. QUERELLA Y AUTORIZACIÓN[2]

I. Para determinadas clases de delitos (p. ej., violación de domicilio, lesiones simples, injurias, daños) se encuentra en el C. P., o en leyes penales complementarias la disposición según la cual: "el proceso sólo tiene lugar mediante querella" ya sea del lesionado por el hecho o de ciertas otras personas (C. P., 123, 232, 194-196, 303, etc.). Para los respectivos delitos, *("delitos de acción privada")* esto significa una excepción del principio procesal de que la admisibilidad de un proceso se da sin atender si el lesionado u otra persona privada lo desea o no. La *"querella"* muestra, pues, su importancia sólo en el Derecho *procesal;* la punibilidad es independiente de ella. (Tal es la concepción predominante, que también se apoya en el C. de P. P., 260, *II).*

2 Conf. BELING, *Reichsstrafproxessrecht.* 1928, § 23.

1° Sobre las personas llamadas a querellarse, ver especialmente C. P., 65, 195, 196, 232.

Si en algún caso varias personas están autorizadas a querellarse, son entre ellas absolutamente independientes, art. C. P. 62.

2° Si en un hecho participan varios autores, la querella sólo contra todos puede interponerse, de lo contrario, no tiene lugar contra ninguno, 63. Principio de la indivisibilidad de la querella.

Este principio se aplica también en los llamados delitos de querella especial, que son acciones punibles con respecto a las cuales es necesario una querella para el procesamiento de aquellos participantes que se encuentran en una relación determinada y próxima con el lesionado (p. ej., hurto, estafa). Si en el hecho participan varias personas que se hallan en tal relación, la querella sólo puede dirigirse contra todos, o contra ninguno.

3° La querella es eficaz solamente cuando se interpone dentro de 3 meses *a die scientiæ,* 61. Excepciones, 198, 232.

4° La querella es válida solamente cuando cumple las formalidades establecidas, C. de P. P. 158, *II).*

5° En principio, la querella no es desistible. Sólo rige una excepción para los casos en que la ley prevé lo contrario (p. ej., 194, 232) y ello sólo hasta el pronunciamiento de una sentencia condenatoria, 64.

II. La llamada *autorización* requerida en el caso del § 197 C. P., es una condición procesal previa análoga a la querella. Sus diferencias esenciales de ésta son las siguientes: 1ª posible *ex officio;* 2ª no hay término ni forma; 3ª *imposible* el desistimiento, sin excepción alguna.

CUARTA SECCIÓN. ANTROPOLOGÍA, SOCIOLOGÍA Y POLÍTICA CRIMINAL

I. La *Antropología criminal* o biología criminal (Somatología y psicología criminal) hace objeto de sus observaciones con método científico-natural la personalidad individual del delincuente, para investigar las leyes naturales en las cuales se funda su naturaleza delictiva. Fundador: *César Lombroso* (doctrina del delincuente nato).

La antigua dirección de la antropología criminal partía dividiendo, en principio, los hombres en el grupo de los delincuentes y el de los "no delincuentes", y por investigaciones comparadas, elaboraba las especiales características de los delincuentes. Conforme a eso, el delincuente debía constituir una particular especie de hombres destinada inevitablemente por la naturaleza a proceder delictivamente, y, a su vez, el alma del delincuente una clase especial del alma. En ello, sin embargo, desde el punto de partida se yerra metodológicamente. "Delito" no es un concepto científico-natural, sino un concepto científico cultural, que surge de representaciones normativas (valorativas), concepto que varía mucho en su contenido según el tiempo y el lugar, y aun es a veces antagónico, mientras que una "doctrina natural" del delincuente sólo sería posible presuponiendo un ser humano delincuente igual siempre y dondequiera. El concepto "natural de delincuente que se tenía presente, importaba sólo la arbitraria selección de ciertos grupos de hombres (violentos, propensos al fraude, etc.), pero que no por ello sólo son ya "delincuentes" y, por el contrario, no se prestaba atención a numerosos sujetos que eran delincuentes.

Es, por el contrario, metodológicamente inatacable el empeño por *hacer utilizables* los conocimientos de la Antropología *general para* el Derecho penal, toda vez que un ordenamiento jurídico que contrariase relaciones causales necesarias sería impotente.

Interesa, pues, la ley de la herencia biológica según da cual todo individuo está dotado de una "herencia natural" indestructible que da orientación a su conducta. Ahora bien, si esa herencia natural fuese determinante de toda su conducta, carecería de sentido todo el ordenamiento jurídico (y con él todo Derecho penal). Sin embargo, no hay duda alguna de que el mundo social circundante tiene también influjo sobre el proceder del individuo. Y, aparte de la herencia natural, el hombre culto lleva consigo una herencia "cultural" que hace de él, de un simple ser natural, una personalidad, y lo capacita, si bien no para extirpar su herencia natural, para cultivarla y para determinarlo a seguirla o no seguirla (libertad del querer, ver arriba). Así conserva su sentido el Derecho penal con sus conceptos de culpabilidad y responsabilidad. Por otra parte, la doctrina de la herencia natural profundiza el concepto jurídico penal de la imputabilidad, destacando el poder irresistible de la herencia natural en determinados individuos.

II. La *Sociología criminal,* como parte de la teoría de la sociedad, considera los hechos delictivos en conjunto y en relación con las demás circunstancias que median en la vida social (densidad de la población, habitación, miseria, etc.). Se sirve, pues, especialmente, de la estadística (estadística criminal, falsamente llamada estadística moral). Ella enseña que las situaciones sociales, *y* cuáles de ellas, contribuyen como terreno fértil a condicionar la delincuencia. La presión social sobre el individuo puede, en ciertas circunstancias, ser tan fuerte que éste quede ante aquélla totalmente impotente; en tal caso, no podría hablarse de culpabilidad y de responsabilidad en el individuo. Pero la tesis, sostenida por una dirección extrema, según la cual los individuos no son sino única y exclusivamente exponentes del mundo social circundante, quitando con ello la base al Derecho penal construido sobre la culpabilidad, es una tesis que con su despersonalización del hombre atribuye a las demostraciones de la Sociología criminal una eficacia que no tienen.

III. La *Política criminal,* como Sociología criminal aplicada, considera los medios de poner dique a la delincuencia. Toma parte en la política social, al considerar y requerir el mejoramiento de los estados sociales desde el punto de vista especial de suprimir los factores del delito. Aparte de eso, considera la cuestión de las medidas de seguridad aplicables contra los individuos peligrosos, como también la manera de disponer las penas que las haga por una parte practicables, y al mismo tiempo educativas, mejorativas, etc., y por otra parte, evita clases de penas que faciliten la comisión de nuevos delitos, o que sean innecesarias.

QUINTA SECCIÓN. HISTORIA DEL DERECHO PENAL

I. 1° *Derecho alemán primitivo.* Punto de partida: venganza privada. Después: Sistema de la composición, ello es, penas privadas: el autor y su tribu pueden rescatarse mediante el pago de una suma de dinero, *compositio,* al lesionado o a su tribu; en el homicidio y otro crímenes graves con el *"wergeld", leudis;* en lesiones menores, con la *"Busse", emenda;* también había el pago de *"Friedensgeld", fredus,* llamados después *gewdde,* a la colectividad. Algunos delitos acarreaban penas públicas.

2° Tiempo de la legislación: en parte, penas privadas (*Wergeld, Busse y Gewedde),* en parte, penas públicas. Los hechos punibles castigados con penas públicas se llamaban *"ungerichte"* (injusticias) en sentido amplio, divididos en *a) "ungerichte"* en sentido estricto, "quebrantamientos de la paz" (*"Friedensbrüche"),* castigados con "pena aflictiva", ello es "pena de decapacitación o de cercenamiento" (*"Strafe zu Hals oder Hand"* "pena en el cuello o en la mano"); y *b) "vrevel":* "quebrantamientos" *(Brüche),* castigados con pena no aflictiva (*"Strafe zu Haut oder Haar"* "pena en el pellejo o en el cabello"). El culpable podía librarse de la imposición de las penas públicas, conviniendo con el lesionado una pena privada, llamada *"Taidigung".*

II. Derecho *romano.* 1° Tiempo antiguo: penas privadas en gran extensión (para *furtum, injuria, damnun injuria datum,* etc.); también crímenes públicos, p. ej., *perdullio* y *parricidium.*

2° Desde el año 605 a. de C. *(lex Calpurnia repetundarum: quætiones perpetuæ;* proceso de cuestiones) legislación criminal intensiva. Importantes las *leges Corneliœ (de sicariis, testamentaria nummaria,* etc.), de Sylla y las *leges juliœ (majestatis, de vi publica et privata, de adulteriis)* de César y Augusto. Pena frecuente es la del exilio.

3° En el Digesto, el Derecho penal se contiene en los *"libri terribiles"* (D 47 y 48). Cuatro clases de acciones punibles: *a) crimina legitima, b) crimina extraordinaria, c) delicta privata, d) delicta popularia.*

III. En la Iglesia de la Edad Media se desarrolló el Derecho penal *canónico.*

IV. El Derecho penal romano-canónico fue continuado y en ciertos puntos modificado por la ciencia *italiana,* que, por su parte, partía a veces de ideas jurídicas germánicas, como especialmente se hallan contenidas en los *Statuta* (Derecho locales) de los estados de la Alta Italia (lombardos). "Prácticos italianos": Guilielmus Durantis † 1296, Angelus Aretinus † alrededor de 1450, Julius Clarus † 1575, etc.

V. Este derecho penal romano modificado fue *recibido* en Alemania. Popularizado por el *"Richterlich Clagspiegel"* ("Espejo de la querella judicial") procedente del siglo XV y editado en 1516 por Sebastián Brant.

VI. Desde la mitad del siglo XV: legislación penal.

Ordenanzas criminales de Nuremberg, de 1481 y 1526.

Ordenanzas criminales (Malifizordnung) del Tirol (*Tirolensis)* de 1499.

Descollante la Ordenanza criminal bamberguesa (*Bambergensis)* de 1507, cuyo autor fue el *Barón Juan de Schwartzenberg.* El contenido de la *Bambergensis* se extendió a través del *"Layenspiegel"* (1509), de Ulrich Tengler, fuera de Bamberg. Con pocas modificaciones se introdujo la *Bambergensis* en el país francónico del margrave de Brandemburg, como *"Brandemburgica"* (1516). Apóyase especialmente sobre ella la *Ordenanza criminal de Carlos V°, Constitutio criminalis Carolina* (P. G. O., C. C. C., *Carolina)* aceptada en la dieta de Regensburg de 1532 como ley del Reich (*Bambergensis: mater Carolinœ;*

Brandenburgica: soror Carolinœ).

VII. La ciencia alemana y el *usus fori* creó, elaborando el contenido de la C. C. C. con el Derecho extranjero recibido el "*Derecho penal común alemán*", que en algunos territorios como p. ej., Mecklenburg, rigió aún hasta 1870.

VIII. Desde la mitad del siglo XVIII, legislaciones *particulares.*

Baviera: 1751 *Codex juris criminalis Bavarici* (Kreittmayr). 1813 Código Penal (FEUERBACH).

Austria: 1768 *Constitutio criminalis Theresiana;* 1787 *Constitutio criminalis Josefina.*

Prusia: 1794 Derecho general local, Parte II, Título 20; 1851 Código Penal influido por el *Code Penal* francés de 1810.

Sajonia: Código criminal, 1838; Código penal 1855, 1868.

Württemberg: Código penal, 1839.

Baden: Código penal, 1845.

Hessen: Código penal, 1841, etc.

IX. El artículo 14 de la Constitución de los países alemanes del Norte prescribió el Derecho penal de la legislación de la unión.

El 31 de mayo de 1870: publicación del Código penal para los países unidos de Alemania del Norte; después de la formación del Reich Alemán, el Código penal de los países del Norte se publicó como *Código penal para el Reich Alemán,* el 15 de mayo de 1871. (En vigencia para los países de la unión del Norte y para Sudhessen el 1° de enero de 1871; para Alsacia-Lorena, el 1° de octubre de 1872; para Baviera, Württemberg y Baden el 1° de enero de 1872).

X. Desde hace años se prepara una *reforma* del Derecho penal del Reich.

Trabajo científico preliminar: Exposición comparada del Derecho penal alemán y extranjero, parte general, 6 volúmenes; parte especial, 9 volúmenes (un volumen de índice), 1909.

Anteproyecto (de la Comisión oficial de justicia del Reich) para un C. P. alemán, con fundamentos, 1909.

Contraproyecto (de KAHL V. LILIENTHAL, v. LISZT y GOLDSCHMIDT) al anteproyecto del C. P. alemán, con fundamentos, 1911.

Colección de las opiniones sobre el anteproyecto de C. P. alemán de la Comisión oficial. Berlín, 1911.

Proyecto de la (segunda) Comisión de Derecho penal, 1913. *Ebermayer,* el proyecto de C. P. alemán. Según los acuerdos de la Comisión de Derecho penal, expuesto sistemáticamente, 1914.

Anteproyecto del Ministerio de Justicia del Reich, 1919, aparece reelaborado en 1921, con una memoria.

1925/1927. "*Proyecto oficial de Código Penal general de Alemania* orientado hacia una legislación básicamente igual para el Reich Alemán y Austria.

1927. *Proyecto oficial* de una ley sobre *ejecución de las penas.*

1929. *Proyecto oficial de una ley de introducción* al Código penal y a la ley de ejecución de penas.

DIRECTIVAS PARA EL ESTUDIO DE CASOS DE DERECHO PENAL

EL EXAMEN DEL TEMA

GENERALIDADES

Siempre que el jurista se encuentre ante un "caso jurídico", debe tener bien presente que se trata de adecuar un *estado de hecho* dado o supuesto como tal, un hecho de la vida, concreto a *preceptos jurídicos* abstractos y a su concepto. Deben, pues, plantearse, claramente separados, por una parte, lo puramente objetivo, por otra, lo jurídico-abstracto, y encontrarse, comparando, por vía de subsunción, el resultado que de ello fluye.

I. El examen del tema comienza, pues, con la perfecta comprensión de los hechos dados como tales. Ningún dato objetivo del tema debe pasar inadvertido; cada uno de tales datos debe ser considerado en su relevancia jurídica, y por eso deben evitarse equívocas o arbitrarias supresiones de la situación de hecho en el texto del tema. Por otra parte, tampoco debe llenarse arbitrariamente ninguna laguna que se encuentre en el tema con respecto a los hechos (p. ej., suponer tácitamente que el autor ha alcanzado con un tiro a otro, cuando en el tema sólo dice que contra él disparó); tales lagunas, dejadas casi siempre intencionalmente a fin de ejercitar, como cuestiones de hecho —*quœstio facti*—, deben considerarse de modo que todas las posibilidades objetivamente dadas sean jurídicamente cotejadas. Pero la existencia de una laguna, debe, con todo, aceptarse con tino práctico, sólo cuando el tema, con los datos objetivos que lo constituyen, presenta el problema de complementar las cuestiones de hecho. En poquísimos de los casos destinados a ejercicios se dice, p. ej., si el autor era o no mentalmente sano; ello no importa una "laguna" en la cuestión de hecho, sino el propósito de que la imputabilidad tácitamente se suponga y no se haga cuestión de ella.

II. 1° En la *valoración jurídica* de las cuestiones de hecho es una condición previa general para un trabajo ordenado, que las leyes lógicas generales sean observadas. Esto es tan trivial, que casi se teme afirmarlo. Y sin embargo, los trabajos de ejercicios o de exámenes demuestran que sus autores traicionan las más elementales, usando en forma incorrecta las palabras "y", "o", "pero", y especialmente "de ahí" *(cuin)* y "así". Tales errores elementales son especialmente peligrosos porque como trozos corruptos van carcomiendo a su alrededor, y faltando el necesario autocontrol lógico, pueden reaparecer en cada nuevo trabajo *.

* Las observaciones críticas formuladas aquí por Beling se refieren a modos de expresión corruptos e impropios que llevan al alumno alemán, inadvertidamente, a falsas conclusiones. Para el estudiante que se expresa en castellano, las observaciones de Beling son también exactas, aunque las expresiones equívocas de nuestra prosa jurídica sean otras. No será impertinente recordar aquí los peligros de ese tremendo gerundio que preside todo razonamiento jurídico y prolifera en gerundios menores dentro de "resultandos" y "considerandos". (N. del T.)

Las palabras "relativamente", "respectivo", pertenecen también a aquellas —desgraciadamente muy en boga— que se oponen a la exigencia de claridad lógica. Esta palabra *puede* usarse con sentido, cuando claramente signifique una "relación" (p. ej., A y B han emprendido viajes respectivamente al Sudtirol y a Berlín, con lo cual se dice que A viajó a Sudtirol y B a Berlín). Frecuentemente, sin embargo, se lo usa por descuido, sin la clara representación de lo que significa, a veces en lugar de "y", por "ello es", a veces por "ni esto... ni esto", a veces por "o" en el sentido de *sive,* a veces por "especialmente", a veces por "de una parte... de otra". Pero ¿qué debe pensarse B cuando A le dice que viajará el martes a Ausburg "respectivamente" el viernes a Regensburg? O bien que piensa comer en su casa, "respectivamente" en la fonda, "respectivamente" en "El cordero de Oro". No se puede ni para sí mismo hablar en modo tan vago.

Es preciso cuidar también el uso del giro: "se trata de... (p. ej., de un hurto)". Es ambiguo. En esas *palabras* sólo está la indicación de un objeto que está *en cuestión* y no la respuesta afirmativa de que el objeto "existe", "es real". Es verdad que este último es el sentido que suele acordarse ordinariamente a aquel giro. Pero es mejor no hacerlo, sino usar el "se trata de... " sólo como modo de indicar el estado de cosas "de que se trata" como tema a dilucidarse.

2º En el terreno del pensamiento jurídico, debe después observarse que: *a)* hay que basarse sobre *el contenido de preceptos jurídicos.* Ello significa que la solución del tema no se agota en una simple aplicación de la letra de las disposiciones pertinentes de la ley, sino que requiere también las consideraciones tácitas *subinteligenda, y* que el autor debe tender a una clara representación y a un punto de vista determinado con respecto al contenido del precepto. Para eso, naturalmente, no debe olvidarse que a *una questio juris* sólo puede dársele *una* contestación abstracta e internamente conclusiva. Si se trata, p. ej., del debatido problema de la delimitación de la complicidad con respecto a la convidad, sólo puede ser correcta o ésta o aquélla teoría. Los principiantes, aceptan gustosos el punto de vista que tal vez creen salomónico, diciendo: "*en nuestro caso* me determino (p. ej.) por la teoría subjetiva" No saben que la cuestión jurídico-abstracta debe ser planteada puramente por sí misma, para subordinar luego el caso singular al precepto jurídico ** .

Para tomar posición en cuestiones jurídicas discutidas, deben tenerse especialmente presentes los criterios del Tribunal Supremo. Para aquellos que aún no conocen la organización y el procedí miento de los Tribunales, debe sin embargo recordarse que la jurisprudencia del Tribunal no es ley ni importa un valor legislativo y que el juez sólo "a la ley" está subordinado (Ley de Org. de Trib. § 1, Constitución, art. 102), y, en consecuencia, no está obligado a

** El vicio de nuestros jóvenes juristas no es precisamente la tendencia salomónica que BELING censura aquí a los alemanes. Para nosotros el mal es precisamente el opuesto: la generalización doctrinaria, intransigente e incomprensiva de la complejidad de las razones y los preceptos jurídicos; la reducción a denominador común. "La idea *defensista*" o "*peligrosista*" es un supuesto que ha funcionado mucho para resolver casos. Durante mucho tiempo, algunas teorías han tenido tal predicamento que los casos se resolvían internamente de acuerdo con la teoría, y la ley se citaba formalmente y como para cumplir. Ese es uno de los favores que América debe especialmente al doctrinarismo positivista (N. del T.).

seguir las resoluciones del Tribunal que no crea jurídicamente convincentes. Es por eso un error —aún en los ejercicios jurídicos prácticos— basarse en una jurisprudencia *como si* con ella estuviese práctica (y aun científicamente) concluida la cuestión interpretativa. Deben, por el contrario, valorarse las concepciones opuestas y, si son convincentes, basar en ellas la solución del caso.

b) Es necesaria además una clara captación de los *conceptos jurídicos* en su oposición, subordinancia y subordinación, etc.

Es un punto principal el de distinguir en principio todo lo que en penal se suele designar como faz *"objetiva"* de lo que corresaponde a lo *anímico* del autor. No deben suceder inadvertencias como la de identificar, p. ej., la antijuridicidad con la conciencia de la antijuridicidad, o bien, para el § 307[2] del C. P., el fin de cometer un asesinato, con el asesinato mismo; (desgraciadamente, sin embargo, ello sucede y no poco, como en el increíble dicho: *"A* no ha tenido la *consciencia* de la antijuridicidad de su acción; *luego, no ha obrado antijurídicamente"*!).

Hay además otra fatal confusión de conceptos. El que aún no sabe que "tentativa" no es igual a "preparación", "correidad" igual a "complicidad", debe naturalmente fracasar. Otra diferencia que, según parece, es especialmente difícil al principiante es la de la "pena legal", por una parte, y, por otra, la "pena a imponerse". La consecuencia de la confusión es entonces, p. ej., de que sean ininteligibles los § § 73, 74 del C. R, confundiéndose la pena legal más grave con la más grave de varias penas impuestas. Debe pues aclararse bien que las penas legales son las establecidas en la ley, las cuales (prescindiendo de las raras penas absolutamente determinadas) contienen en sí muchas magnitudes penales como posibles (p. ej., *"de* 1 día *hasta* 5 años de prisión"), mientras que la pena impuesta proviene de la "individualización judicial" y constituye una magnitud determinada (p. ej., "3 meses de prisión").

Debe observarse frecuentemente que al principiante se Ir borran los límites firmes que circunscriben el contenido de los conceptos. Así sucede en conceptos que podríamos llamar "conceptos medios", que se encuentran entre otros dos a los cuales se encadenan, uno "hacia arriba" y otro "hacia abajo", como "tentativa" (entre "consumación" y "preparación"), "culpa" (entre dolo e inculpabilidad), y en los cuales se descuida fácilmente el límite inferior. Ese error es patente cuando de la afirmación de que no existe delito consumado, se deduce inmediatamente: "entonces, existe tentativa"; o bien de la afirmación de que no hay dolo se deduce la existencia de culpa.

Al contrastar los conceptos de "dolo" y "culpa", todo el que aunque superficialmente haya considerado la doctrina de la culpabilidad, tiene bien en claro que, para la existencia del dolo, la consideración pertinente es "que el autor *se haya* representado esto y aquello", de donde pues, la afirmación de que "él *debió haberse* representado", base de la imputación de culpa, es algo que se halla en terminante *oposición* con aquello. Pero existe un giro verbal que causa mucho daño y es el siguiente: "N. N. *debió saber* que... " Diciendo esto, se elude evidentemente afirmar que "N. N. *ha sabido"*. Decir que él "debió" saber, significa que *pudo y debió haberse* procurado el conocimiento. Es por eso un error lamentable el de extraer de aquel giro la conclusión de que N. N. haya obrado con dolo; en esa forma se emplea la imputación típica de la culpa para afirmar la forma contrapuesta de culpabilidad. Es, naturalmente, algo muy distinto el principio según el cual "él *debe haber* sabido". Si con el pronombre "él" se alude al autor *in abstracto,* empleando ese giro en las consideraciones sobre el concepto de dolo, entonces ello significa que un autor, *para que a su respecto puede hablarse de dolo,* debe haber sabido esto y aquello, lo cual es correcto. Si con el pronombre "él" se piensa en el N. N. concreto del caso en cuestión, ese giro implica que yo, el practicante, no puedo figurar me nada más que lo que N. N. ha sabido. Si después de eso se afirma la existencia de dolo en N. N., la afirmación es jurídicamente inatacable.

c) Existe desgraciadamente una *palabra,* empleada en la literatura en los más variados sentidos, que puede influir en forma desastrosa para la comprensión de los principiantes. Es la palabra "*Tatbestand*". Es urgente aconsejar que se use esa palabra exclusivamente en el sentido de "gesetzlicher Tatbestand" (delito tipo legal) (Esquema, § § 16, 17).

No debe llamarse "el Tatbestand" al *caso real dado,* diciendo más o menos: "El *Tatbestand* en nuestro caso es el de que el comerciante Huber, el 9 de enero, permaneció abusivamente en el taller del zapatero Söhring; ordenóle éste que se fuera, y terminó arrojándolo afuera tan violentamente, que Huber salió con un brazo roto". Eso es el *conjunto de hechos,* sobre el cual tenemos precisamente que resolver cuáles son los delito-tipos (*gesetzlichen Tatbestände)* que se nos presentan a la consideración y cuáles existen: es el *caso* mismo tal como naturalmente se presenta como caso práctico. En la solución de temas del Derecho civil, procesal, etc., podría decirse confiadamente "Tatbestand" en vez de "caso" (así como en la vida diaria con la palabra "Tatbestand" se suele designar lo realmente existente); en el Derecho penal, por el contrario, con tales usos, se introducen fácilmente perturbaciones.

Peor es aún que no se atienda a separar claramente los conceptos *Tat be stand* y *Tat um stand* (circunstancia de hecho).

En el precedente ejemplo es una circunstancia del hecho, la de que fuese en el negocio Söhring en el que Huber permaneciera; pero no es el "*Tatbestan*" ni siquiera un "elemento" de él. Las circunstancias del hecho *(Tatumstände)* son elementos del caso, el *Tatbestand* y los elementos de él son abstracciones jurídicas. La consonancia de las circunstancias de hecho con los elementos del Tatbestand es una parte del examen jurídico a efectuarse.

Pero aun dentro de la trama de conceptos jurídicos que el jurista tiene que manejar, no todas y cada una de las partes es un "Tatbestand".

Por de pronto, es innecesario hablar de un "*Tatbestand* general del delito"; que sería sólo una segunda expresión para indicar los elementos del concepto de acción punible. Evitándolo, no será necesario tampoco designar siempre al verdadero Tatbestand (delito-tipo) legal con el nombre "Tatbestand (delito-tipo) legal especial".

Es inadecuado el modo —muy corriente— de expresarse, hablando de un Tatbestand "externo" ("objetivo") y uno "interno" ("subjetivo"). Es cierto que, para que la correspondiente clase de delito pueda considerarse efectivamente ejecutada, el delito tipo 1°), debe (objetivamente) haberse realizado, y 2°), la actitud espiritual del autor debe haberse dirigido al delito-tipo. Pero, con respecto al primer punto, debe observarse que el delito-tipo y su realización son dos cosas diversas; y, con respecto al segundo punto, que para la situación anímica del autor, en cuanto se refiere a la punibilidad, ya se dispone de la general expresión corriente "culpabilidad" (dolo, culpa). ¿Para qué duplicarla inútilmente? Si se ha entendido bien que el contenido del delito-tipo es a veces "matar a un hombre", a veces "dañar una cosa ajena", se verá claramente cuán torturada es la expresión "Tatbestand interno". Para decir, p. ej., que A ha tenido la intención do malar a X, no se puede, por cierto, decir que A "subjetivamente ha matado" a X. Si en vez de "Tatbestand subjetivo" se habla simplemente de "faz interna", se evitan todas esas dificultades. No atendiendo a esas razones, tampoco se favorece la claridad cuando, p ej., se contraponen el homicidio doloso y el culposo como dos distintos delito-tipos; son distintas figuras delictivas, pero tienen un mismo *delito-tipo,* y divergen sólo en la faz culpable.

También debe evitarse la identificación del delito-tipo con las simples palabras de la ley, que en las leyes penales particulares describen las condiciones para la aplicación de la pena. A veces tales palabras no existen en absoluto (p. ej., C. P., 185), y sin embargo existe un delito-tipo (que se alcanza por medio de la interpretación). En otros casos, contienen circunstancias que no pertenecen al delito-tipo; y hay que tener especialmente presente que las palabras de la ley suelen dar también como necesarias, especialmente en la faz objetiva, ciertas condiciones "puramente objetivas" de la punibilidad, que en consecuencia, *no* pertenecen al "delito-tipo" de la clase de delitos de que se trate, y, entonces, de acuerdo al § 59 del C. P., no necesitan estar abarcados por la intención del autor. El que en el delito de "homicidio preterintencional" (C. P., 226) (lesiones seguidas de muerte), quisiera colocar la muerte del lesionado entre los elementos del "delito-tipo", do acuerdo al § 59, C. P., incurriría en un grave error.

Por otra parte, el "delito-tipo" es el característico esquema rector de las *clases y sub clases de delitos:* hay un delito-tipo del asesinato, por hurto, del hurto con fractura, etc. Pero las formas accesorias no tienen ningún "Tatbestand"; hablando correctamente, no hay "Tatbestand de la tentativa, de la instigación, de la complicidad"; lo que, por desgracia no pocas veces, se designa de ese modo, se encuentra, con respecto a los delito-tipos, en oposición conceptual, toda vez que tentativa, instigación, complicidad, sólo pueden presentar una vinculación con los delito-tipos (Esquema, § § 15, 28). Tan impropio es ello como hablar de un "Tatbestand de la correidad, de la legítima defensa, del concurso ideal", etc., como si en esos conceptos se comprendieran clases de delitos.

Finalmente es, por cierto, absolutamente equívoco que los principiantes no sepan diferenciar el delito-tipo y los *elementos* del delito-tipo y llamen a estos últimos *Tatbestände* (p. ej., "*Los Tatbestände* a considerarse para el caso del § 242 del C. P. son: 1°) debe haber una cosa mueble ajena; y 2°) esa cosa debe haber sido substraída).

No se trata en todo eso de una exagerada insistencia del técnico sino de algo más que de simples finezas estilísticas. Al criminalista ejercitado no lo desviará el ser poco cuidadoso en su modo de expresión. Pero al principiante que se abandona en ese punto, se le cierra el camino para discernir a donde va, y llega a conclusiones falsas o que adolecen de oscuridad o de contradicción.

Si, por ejemplo, se plantea así el problema a resolver: "verificar si existe el *Tatbestand* de un homicidio doloso punible, o por el contrario, el *Tatbestand* de la legítima defensa", si luego afirma ambos términos, se enredará en investigaciones carentes de sentido sobre concurso de leyes o concurso ideal con respecto a "ambos Tatbestände". O si coordina el "Tatbestand del § 185" y "el Tatbestand del § 193", y se pregunta cuál de ambos existe, al encontrar no cumplido el primero, afirma el "Tatbestand del § 193", en cuanto se presenta como una forma injuriante y se extravió inútilmente buscando punibilidad. A veces el principiante quiere castigar de acuerdo al § 226, C. P., a X, que según el tema— "pensó matar a Y, y a ese fin le infirió cinco puñaladas, de modo que Y murió a causa de ellas 3 días después" (evidente caso de homicidio o asesinato), argumentando que "el autor ha ejecutado el delito-tipo de las lesiones seguidas de muerte (§ 226) y ha conocido las circunstancias de hecho que constituyen ese delito-tipo, ello es, las lesiones y el resultado mortal (§ 59)". Tales errores, que realmente se cometen, tal como se los ha enunciado o en parecida forma, serían evitados si el practicante hubiese examinado detenidamente la expresión "delito-tipo" en lo que ella significa y en lo que ella no significa.

Un tópico especial: "Causalidad" y "resultado". Los jóvenes juristas a veces carecen de una exacta comprensión de la interpendencia de esos conceptos. Suelen escribir, poco más o menos: "I. X ha ejecutado el delito-tipo de la estafa..., perjudicando a Y en su patrimonio. II. Pero falta sin embargo la relación causal entre la inducción error y el daño patrimonial". No ven que las dos conclusiones se contradicen. El trabajador atento entenderá claramente que la causalidad sólo juega o bien como acarreamiento del evento típico, en los delitos materiales, o bien del extratípico, en caso de que en la figura delictiva correspondiente se requiera además una condición "puramente objetiva".

EL PROCEDIMIENTO METÓDICO EN LA SOLUCIÓN DEL CASO

Cuando de lo que se trata es, pues, de aplicar lo jurídico- abstracto al caso singular, para no perder el tiempo, no se debe descuidar ningún punto de vista jurídicamente esencial, y no debe hacerse peligrar la claridad del resultado del examen por oscuridades que provengan ya del planteamiento del problema. Las reflexiones que deben conducir a la solución del tema, no deben plantearse tumultuosamente, como al acaso, tan pronto en un punto, tan pronto en otro, sino que deben desde un principio ordenarse y seguirse metódicamente. El peor enemigo es el trastueque.

Ahora bien, cuando se trata del caso, el más corriente, de un "delito perfecto" (o una pluralidad de ellos), el orden metódico se construye de la siguiente manera:

1° *Desmembramiento del material objetivo:*

Se prepara ante todo el hecho histórico total, tal como se da en el tema, de modo que los *sujetos* cuya punibilidad se investiga y sus *distintas "acciones"*(Esquema § 8) se distingan y, esquemáticamente enumeradas, se anoten las distintas acciones para los correspondientes sujetos, p. ej.:

Trabajador A:	1ª	Acción del	16	de febrero,	
	2ª	Acción del	17	de febrero,	
Trabajador B:	1ª	Acción del	18	de febrero,	por la mañana
	2ª	Acción del	18	de febrero,	por la tarde,

anotándose junto a cada acción la forma de proceder, las circunstancias que la acompañaban, las consecuencias, etc., todo como el tema propone.

Entonces, cada acción de esas está *especificada* para examinar su punibilidad (salvo que las varias acciones se complementen indudablemente como caso de unidad de hecho, o que sean homogéneas).

La serie en que se disponen las distintas acciones no está dada en modo alguno solamente por su sucesión temporal. Muchas veces se reconocerá al primer vistazo que una acción no puede ser interpretada mientras no se aclare el significado jurídico penal de otra acción (del mismo o de distinto autor). En tal caso, aquélla debe posponerse y comenzarse con la otra. Si la acción A 1 era una inducción a B para matar a X, hay que aclarar ante todo lo que pasa con respecto a B, pues de ello depende cómo debe juzgarse a A (Instigación, co-autoría mediata, inducción frustrada, etc.).

2º *Desenvolvimiento del cuso dentro de la valoración jurídica*

Para apreciar jurídicamente el caso, ante todo, hay que detenerse ante el panorama de aquella *clase de delitos* (inclusive subclase), de la cual, en general, puede tratarse en el caso concreto (o asesinato, o hurto con fractura, o perjurio imprudente, etc.). Después se examina la disposición penal aplicable de manera de extraer el *delito-tipo* de la correspondiente clase o subclase de delitos, y así quedan colocados aparte los elementos suplementarios que la correspondiente figura requiere, presentando así claramente las circunstancias generales condicionantes de la punibilidad.

Después de este trabajo previo, contrariamente a la tendencia del principiante, no es aún propio comenzar el análisis de la cuestión relativa a lo que el actor haya propiamente pensado, se haya representado o haya querido y el significado jurídico que ello tenga, es decir, considerar la faz "interna", "psíquica", "subjetiva", pues la comprensión de la faz subjetiva se despeja sólo de acuerdo a la faz "objetiva". Por el contrario:

a) la primera cuestión es la de ver si la acción considerada constituye objetivamente la *realización del delito-tipo que está en consideración, o bien,* si tal no es el caso, si se encuentra con ese delito-tipo, a lo menos, en un género de relación que haga concurrir en la acción las características objetivas de una forma accesoria (tentativa, instigación, complicidad).

b) Después debe examinarse la acción en su *antijuridicidad* (lo que, por regla general, se reduce prácticamente a ver si concurre en el hecho del tema una causa de exclusión de la ilicitud).

c) Continuase el examen viendo si, conforme a los datos objetivos del tema, surge alguna duda acerca de la *culpabilidad.* En caso negativo, debe verificarse si se da en el autor o bien el *dolo* necesario, o bien la necesaria *culpa* (según el grado de culpabilidad a que se refiera la correspondiente disposición).

d) Cuando la correspondiente figura delictiva requiera aún *elementos suplementarios subjetivos u objetivos,* debe aclararse si existen o no (p. ej., fin de apropiación ilícita, C. P., 242; muerte del lesionado, C. P., 226.

e) Finalmente, vienen las *causas materiales de exclusión de pena,* y luego

f) las *causas personales de exclusión de pena* y

g) las *causas de extinción de pena.*

Si así se llega en el caso concreto a afirmar la aplicabilidad de una determinada disposición legal, con ello está dada la pena aplicable y

h) debe pasarse finalmente a las disposiciones legales que suministran los elementos de *conmisuración de la pena.* Debe sin embargo advertirse que la determinación de una pena precisa como la "merecida" en el caso (o aun la sola afirmación o negación de la existencia de circunstancias atenuantes) no es posible en la mayoría de los casos, porque el texto del tema nunca aporta detalladamente las circunstancias importantes para la conmisuración.

(Apenas será necesario observar que la ordenación metódica precedentemente expuesta para los puntos de vista jurídicos sólo constituye una *orientación* —cierto que es importante— para el *planeamiento de los problemas,* y que esas categorías, como tales, no contienen ya en sí la respuesta a las cuestiones sustanciales, sino que sirven para ordenar correctamente las elucidaciones sustanciales en aquellas categorías).

En cada uno de los grados de ese razonamiento jurídicamente ordenado (a excepción del punto *h)* puede presentarse como resultado, que las personas de que se trate, o una u otra de ellas, no sean punibles. En tal caso, regularmente no hay que entrar en los puntos metodológicamente subsiguientes, sino concluir en que no hay punibilidad. No obstante, es recomendable dar aún un vistazo sobre los puntos siguientes, para asegurarse y ver si acaso algún otro de ellos conduciría también a la impunidad. Tal prosecución del trabajo se recomienda cuando la negación de la punibilidad no aparece completamente segura ya sea porque en los hechos pertinentes exista alguna laguna del tema y hasta allí sólo *una* de las posibilidades se haya supuesto, ya sea porque la solución jurídica a que se haya alcanzado (en el sentido de la impunidad) constituya el objeto de una cuestión debatida.

LAS COMPOSICIONES ESCRITAS

En las composiciones escritas, como en el discurrir, el caso real dado y lo jurídico-abstracto deben contraponerse y llegar al resultado por la aplicación del *jus* sobre los *facta.* Es incorrecto relegar formalmente al último plano, como a veces se hace, el caso práctico dado, y considerar *exclusivamente* el problema jurídico abstracto como tal. El trabajo no debe *ir a parar en* Ja afirmación teórica de que, p., ej., la tentativa "absolutamente imposible" es realmente tentativa, sino en afirmar el sujeto N. N. del tema es o no punible. En tal sentido, pues, una teorización excesivamente extensa no es oportuna. Es inoportuna además mezclar confusamente los hechos con las figuras jurídico-abstractas. En el desarrollo de un tema que se proponía resolver si el maestro Huber era punible al tenor del § 235 del C. P., en un trabajo escrito se hallaba esta frase: "es discutible que el maestro Huber haya obrado con astucia" como si la cuestión científica en que el alumno pensaba, tuviese algo que ver con la persona del maestro Huber!

Por lo demás, también valen, naturalmente, para los trabajos escritos, las indicaciones dadas en la letra A. Lo que constituya un error en el discurso, lo es también en su materialización escrita. pero para la escritura hay que observar algunos principios especiales.

1° En primer lugar, debe tenerse bien presente que la exposición de la solución del tema no ha de ser una especia de *compte rendu* sobre todo lo que se ha pensado (A), sino que sólo debe ofrecer los desenvolvimientos teóricos necesarios *in concreto.* Por ello, en la exposición, no es siempre necesario desarrollar todo el programa fijado; bastando entrar sólo en aquellos puntos, de cuya elucidación el tema evidentemente necesita. Si, p. ej., el texto de un tema simplemente dice:

A ha alquilado un caballo a B y se ha ido llevándoselo, sería el caso de referirse sólo a los puntos *a, c, d y* es ociosa toda cuestión sobre el daño de la "acción", o la antijuridicidad, etc. Aquí no se trata de una laguna en los datos objetivos (arriba), sino de una clara limitación en el planteamiento mismo del problema. Debe evitarse exceder el marco del tema. Tácitamente deben pasarse por alto también ciertos datos del tema que se dan como evidentes (tal sería, p. ej., el modo y manera de la acción ejecutiva, el motivo del autor, etc.; mentar esas circunstancias de hecho en el tema sólo sería decorativo, para evidenciar el caso humano viviente, etc.). El recargo con consideraciones inconducentes es un error común de los principiantes (son especialmente preferidas las disquisiciones sobre causalidad, antijuridicidad e imputabilidad, que *pueden* ser necesarias, pero que frecuentemente no lo son para el caso). Es éste un error del que hay especialmente que cuidarse, pues se comprueba que suele acompañarse con el más indigente desarrollo del punto central verdadero del tema.

Si sucede que el alumno llega a la conclusión de que dentro de las rúbricas jurídicas que ha *considerado* no media ninguna circunstancia de exclusión de la pena, quedará bien, significar brevemente que no ha desconocido la correlevancia de las demás rúbricas. Si, p. ej., en el caso del que huía con un caballo alquilado hubiese encontrado la solución en el sentido de que se trata de un hurto (o inversamente, de una defraudación), debiera decir conclusivamente: "Toda vez que no se presenta duda alguna acerca de la antijuridicidad, etc., A es punible conforme al §... del (C. P).

2° El orden de la exposición se ajustará al indicado en la serle expuesta más arriba, A, II, 1 y 2 (prescindiendo de las rúbricas que, de acuerdo a las características del tema no interesen, conforme a lo dicho en Bl). Sería erróneo ordenar los puntos a desenvolverse, seriándolos conforme al orden de las palabras de la ley (p. ej., en el § 131 del C. P. disponerlos así: 1°) ¿Existían hechos falsos o desfigurados? 2°) ¿Sabía el autor que eran hechos falsos o desfigurados? 3°) ¿El autor ha obrado públicamente? 4°) ¿Ha afirmado o propalado? etc.). También sería poco prudente la disposición conformándola a la forma en que se siguen las frases en el texto del tema, y es especialmente indiferente para el ordenamiento correcto, el orden cronológico en que el tema relata los hechos.

Si un tema gira alrededor de *vanas* clases de delito es práctico contrastar sucesivamente cada acción de acuerdo a las rúbricas A, II, b-h. Si, por el contrario, se procede (como suelen hacerlo los principiantes) haciendo desfilar desde el comienzo todos los delito-tipos, afirmando su existencia, para distribuirlos luego nuevamente en cada una de las rúbricas *b-h* de acuerdo a la situación especial de cada uno, la exposición se tornará inusitadamente despedazada y especialmente cuando se trate de acciones distintas (concurso real heterogéneo).

Hay que evitar de anticipar consideraciones que sean lógicamente condicionadas por la solución de un punto que sólo más tarde se trate. Así es, p. ej., un error frecuente el de ordenar la materia de modo que primero se trata la cuestión de si A es punible como instigador, y sólo después considerar si B es punible como autor principal (a este error son inducidos los principiantes, la mayoría de las veces, porque el tema, exponiendo históricamente el caso, menciona primero el diálogo entre A y B y después lo que B ha hecho); o bien, considerar primero si existe delito continuado o concurso real y después examinar las acciones aisladas en su adecuación al tipo. Sin aclararse el significado típico de las acciones aisladas, las disquisiciones sobre participación y concurso, flotan en el aire.

Bajo ciertas condiciones es admisible posponer un punto que se presenta en el curso de la exposición y, prescindiendo de él, llevar adelante la investigación. Sobreentiéndase que la reserva de una especial consideración ulterior de ese punto debe ser *expresa.* En general, tal procedimiento no debe recomendarse a principiantes, pues de tal modo pueden pasarse por alto ciertas consecuencias que dependen conjuntamente tanto de la cuestión que se ha resuelto como de la que se ha postergado.

3° En todo punto que, de acuerdo al tema, sea dudoso, debe siempre considerarse y exponerse el principio o precepto jurídico respectivo *in abstracto* sólo en cuanto la posición que se tome sea de interés para extraer de la tesis a que se haya llegado las consecuencias para el caso.

En las disquisiciones abstractas se presentan con frecuencia puntos discutidos. En tales casos, es absolutamente insuficiente aducir *una sota* de las concepciones jurídicas discrepantes; como lo es limitarse a registrar la cuestión discutida simplemente como tal. La tarea del practicante es más bien la de valorar el pro y el contra V asumir él mismo una posición en la controversia. Si se apoya en un escritor científico o en el Tribunal Supremo, que no se exprese como si tomara esa concepción jurídica por una norma jurídica obligatoria.

4° La consideración alternativa o eventual de un punto será necesaria en la exposición (como en el razonamiento pospuesto, arriba A), siempre que exista una *questio facti o* cuando el tema mismo presente distintas posibilidades reales. También puede ser necesario, para dilucidar una cuestión debatida, suponer justo *in eventum,* el punto de vista jurídico rechazado, cuando con su aceptación, surjan aún en el caso concreto problemas ulteriores. Supongamos que, p. ej., el caso diga:

A ha enviado a B una caja llena de recortes de papel en la creencia de que contenía dinamita, con intención homicida; pero antes de la recepción, la reclama con un telegrama a la estación del lugar de destino.

En tal caso, el alumno que niegue la existencia de la tentativa de homicidio (pues como "tentativa absolutamente imposible no cae bajo el § 43 del C. P.) al mismo tiempo, puede desarrollar, el caso de que se aceptara la concepción opuesta, haciendo de ésta el punto de partida para considerar si existe desistimiento de la tentativa. La continuación de los desarrollos en tal caso, debe expresamente caracterizarse como eventual o alternativa.

5° Es un excelente medio de autoeducación para una lógica separación y penetración de la materia, la enumeración visible de los distintos capítulos con números o letras continuadas, eligiendo distintas clases de cifras o letras para indicar coordinación o subordinación, p. ej.

I. Delito-tipo de incendio?

II. Faz subjetiva:

1. ¿Dolo?

2. ¿Fin de matar o de robar? (C. F. 307 [2]).

III. ¿Arrepentimiento activo?

6° En el trabajo no debe descuidarse la necesidad mental de no contradecirse. Es inconcebible que autores de trabajos prácticos o pruebas de examen afirmen y nieguen al mismo tiempo y sin restricciones la responsabilidad del sujeto X. La experiencia desgraciadamente enseña que esto pasa. Es típico para esto el ejemplo siguiente: el autor escribe más o menos:

I. Tenemos que averiguar si A ha maltratado físicamente a X... Debe responderse afirmativamente... A *es punible* por ello conforme al C. P., 223.

II. *Ahora hay que examinar si existió legítima defensa...* En el caso concurren sus elementos... por ello A *no es más punible.*

Si el autor hubiese reservado en la conclusión *I* el examen de la antijuridicidad (ver arriba, se habría evitado la contradicción, pero debió haber expresado tal reserva).

7° El resultado a que llega el autor debe formularse de modo que sea manifiesto si toma a A (B o C.) como punibles y, en caso afirmativo, por qué clase (sub clase o forma accesoria) de delito, en qué forma de concurso, qué parágrafos de la ley se aplican y qué pena (incluyéndose las penas accesorias) y todas las medidas jurídicas restantes extrapenales. Las penas, etc., deben darse en su máximo y su mínimo (especialmente se debe atender para eso a los § § 14, *II,* 16, *I,* 17, *II,* 18, *I,* 44, 49, *II,* del C. P.).

En las formas accesorias de los delitos ha de observarse que no constituyen figuras utilizables por sí mismas. Nadie es punible "por tentativa" (o "conforme al § 43 del C. P. "), "por instigación (o "conforme al § 48 del C. R"), "por complicidad" (o "conforme al § 49 del C. P. "). Tampoco tendría sentido decir que alguien es punible "por coautoría" (o "conforme al § 47 del C. R"). Debe nombrarse siempre conjuntamente la clase o sub clase de delito y el parágrafo legal que sea aplicable.

Tal sería, p. ej., escribir:

"Según mi opinión,

1. A no es punible;

2. B y C como coautores de un hurto lo son conforme a los § § 242, 47, 248, 32, *II,* C. P., de un día a 5 años de prisión y, facultativamente, con la pérdida

de los derechos civiles de 1 a 5 años 3. D es punible por complicidad en el hurto de acuerdo a los § § 242, 49, 248, 32, *II*, con prisión de 1 día a 4 años, 11 meses, 29 días, facultativamente, con pérdida de los derechos civiles de 1 a 5 años".

No es, naturalmente, pertinente expresar los fundamentos en el *resultado.* Tampoco debe pronunciarse una pena determinada.

Este resumen del resultado es mejor que el autor lo coloque *como fin mismo de su trabajo.* Con ello no sólo merecerá el agradecimiento del que está obligado a leerlo, pues le aligera fundamentalmente el examen del trabajo, sino que se hace también un favor a sí mismo, pues así tiene siempre presente el fin de sus razonamientos y pierde con menos facilidad su ruta.

Esquema de Derecho Penal de Ernst von Beling se imprimió
en la República Argentina en abril del 2018.

www.ingramcontent.com/pod-product-compliance
Lightning Source LLC
LaVergne TN
LVHW082238051026
849532LV00012B/4033
* 9 7 8 9 5 6 3 9 2 1 5 4 0 *